rororo

Kathrin Passig, geboren 1970, ist Mitbegründerin des Blogs «Techniktagebuch». 2006 gewann sie in Klagenfurt sowohl den Bachmann-Preis als auch den Publikumspreis. Sie veröffentlichte u. a. 2012 «Internet – Segen oder Fluch» (mit Sascha Lobo) und 2020 das «Handbuch für Zeitreisende» (mit Aleks Scholz). 2016 wurde Kathrin Passig mit dem Johann-Heinrich-Merck-Preis für literarische Kritik und Essay ausgezeichnet, 2021 mit dem Heinrich-Mann-Preis für Essayistik.

Sascha Lobo, geboren 1975, ist Strategieberater, hält regelmäßig Fach- und Publikumsvorträge und veröffentlicht eine Kolumne auf «Spiegel Online». 2006 erschien «Wir nennen es Arbeit» (mit Holm Friebe), 2010 der Roman «Strohfeuer».

Dinge geregelt kriegen – ohne einen Funken Selbstdisziplin

Kathrin Passig

Sascha Lobo

Rowohlt Taschenbuch Verlag

Überarbeitete Neuausgabe
Veröffentlicht im Rowohlt Taschenbuch Verlag,
Hamburg, Mai 2022

Covergestaltung zero-media.net, München
Satz aus der Minion
bei hanseatenSatz-bremen, Bremen
Druck und Bindung CPI books GmbH, Leck, Germany
ISBN 978-3-499-00731-6

INHALT

3. ALLTAG

4. ABHILFE

5. AUSKLANG

ANHANG

EINLEITUNG

Wir schreiben dieses Buch aus Notwehr. Und weil die Welt bestimmte Bücher braucht, auch wenn man sie erst mühsam schreiben muss. Wir wollen den vielen Menschen eine Stimme sein, die zwischen den verhärteten Fronten der überfleißigen Arbeitstiere und der überzeugten Nichtstuer leben. Wir möchten uns durchaus nützlich machen – aber zu unseren Bedingungen.

Die bisherige Literatur zum Thema «Dinge geregelt bekommen» teilt sich in zwei Gruppen: Die eine wirft den ohnehin Verzweifelten direkt oder indirekt vor, selbst an ihrer Überforderung schuld zu sein, und präsentiert Lösungsvorschläge, die garantiert zum Erfolg führen, wenn man sich nur gleich ab morgen wirklich zusammenreißt. Die andere Gruppe predigt Entschleunigung, den Ausstieg aus allem Möglichen und das Recht auf Faulheit. Technischer Fortschritt sei keine Lösung, sondern die Wurzel allen Übels. Am Ende steht die resignierte Botschaft, dass man nur beim Rosenzüchten und mit selbst gepresstem Olivenöl wirklich glücklich werden kann.

Wir wollen eine andere Lösung unserer Probleme. Wir kommen mit vielem nicht zurecht, wollen deshalb aber nicht darauf verzichten, am gesellschaftlichen Leben teilzunehmen.

Wir möchten keine kräftezehrenden Tricks lernen, wie man sich in das enge, kantige Korsett von Konventionen zwischen Arbeit und Amt hineinpressen kann. Wir wollen einen neuen Standpunkt entwickeln, der das Wort Selbstdisziplin aus dem eigenen Wortschatz so weit wie irgend möglich verbannt. Denn Selbstdisziplin ist eine Kettensäge: Man kann mit ihr ganze Wälder voller Bäume fällen, sich aber auch nebenbei ein Bein amputieren. Mithilfe von Selbstdisziplin kann man sich nachhaltig durch eine Lebensgestaltung unglücklich machen, die überhaupt nicht zu einem passt. Es mag manchmal nötig sein, Dinge zu tun, die einem nicht gefallen, aber erstens ist das noch unbewiesen, und zweitens lebt man glücklicher, wenn man den Anteil dieser Tätigkeiten so gering wie möglich hält. Kurzum, wir wollen das Leben so organisieren, dass man das Leben nicht mehr organisieren muss. Das realistische Minimalziel ist, dass Sie dieses Buch lesen, in Ihrem Leben nichts ändern, sich damit aber besser fühlen als vorher.

Vorab noch ein Wort zur Warnung: Die Ratschläge in diesem Buch sind nicht für alle gleichermaßen geeignet. Nichts ist für alle gleichermaßen geeignet. Ein Umstand spricht aber jedenfalls stark dafür, dass die Grundaussage von «Dinge geregelt kriegen – ohne einen Funken Selbstdisziplin» richtig ist: Wenn es nicht möglich wäre, dass zwei Menschen, die beide den schwarzen Gürtel im Verschieben tragen, gemeinsam unter Anwendung der hier vorgestellten Techniken ein Buch schreiben, würden Sie gerade eine unbedruckte Seite betrachten. Blättern Sie ruhig noch ein Stück weiter. Wenn das Buch nicht zu zwei Dritteln leer ist, haben wir wahrscheinlich recht.

1.
AUFTAKT

WIE ES WIRKLICH WAR

Im Anfang schuf Gott erst mal gar nichts. «Dafür ist auch morgen noch Zeit», sprach er und strich sich zufrieden über den Bart.

Am zweiten Tag sprach Gott: «Ach, es sind ja noch fünf Tage übrig», und sank wieder in die Kissen.

Am dritten Tag wollte Gott schon anfangen, das Licht von der Finsternis zu scheiden, aber kaum hatte er sich auch nur einen Kaffee gekocht, war der Tag irgendwie schon vorbei.

Am vierten Tag dachte Gott ernsthaft darüber nach, jemand anderen die ganze mühsame Schöpfungsarbeit machen zu lassen. Aber es war ja noch niemand da.

Am fünften Tag hatte Gott andere Dinge zu erledigen, die viel dringender waren.

Am sechsten Tag überlegte Gott, ob es wohl möglich war, sich irgendwie aus der Affäre zu ziehen. Es fiel ihm aber nichts

Rechtes ein. Schließlich war er allmächtig, was die meisten Ausreden ein bisschen unglaubhaft wirken lässt.

Am Sonntag um fünf vor zwölf schließlich schluderte Gott hastig irgendwas hin: Wasser, Erde, Tag, Nacht, Tiere, Zeugs. Dann betrachtete er sein Werk und sah, dass es so lala war. «Aber für nur fünf Minuten», sagte er, «gar nicht so schlecht!»

ÜBERNÄCHSTER MITTWOCH IST AUCH NOCH EIN TAG

Wissenswertes über Prokrastination

> «Ein anderes Wort, das gerade erst dabei ist, in die deutsche Sprache einzudringen, und seinen bislang noch geringen Bekanntheitsgrad binnen weniger Jahre erheblich steigern wird, ist die Prokrastination. Der Begriff bezeichnet ein nicht zeitmangelbedingtes, aber umso qualvolleres Aufschieben dringlicher Arbeiten in Verbindung mit manischer Selbstablenkung, und zwar unter Inkaufnahme absehbarer und gewichtiger Nachteile.»
> (Max Goldt: «Prekariat und Prokrastination», 2006)

Jedem Anfang wohnt ein Zaudern inne. Ein großer Teil der Menschen draußen auf der Straße und ein noch größerer Teil der Menschen, denen man nicht auf der Straße begegnet, weil sie Besseres zu tun haben, schiebt alle möglichen anstehenden Aufgaben auf. Sie tragen den Müll nicht hinunter, sie tapezieren schon seit Monaten den Flur nicht, sie öffnen die Post selten, sie bringen dieses und jenes Projekt nicht zu Ende, sie rufen nicht zurück und hätten längst die Tabellenkalkulation für das dritte Quartal fertig machen müssen. Trotzdem sind sie nicht unbedingt faul, nicht alle dumm, nicht sämtlich bösartig, obwohl das die häufigsten Unterstellungen sind, mit denen sie zu kämpfen haben. Sie prokrastinieren, ein angenehmeres Wort für Aufschieben. «Cras» (morgen) ist die Wurzel des lateinischen Wortes crastinus (dem morgigen Tag zugehörig). «Prokrastinieren» (im Englischen erstmals 1588 erwähnt) bedeutet also wörtlich übersetzt: für morgen lassen. Und bis morgen kann es noch sehr lange hin sein. Wir haben diese Menschen weitgehend ohne Hintergedanken LOBOs getauft. Das steht für *Lifestyle Of Bad Organisation* beziehungsweise dessen Anhänger.

Prokrastination ist nicht auf spezielle Tätigkeiten oder Aufgaben begrenzt. Im Prinzip lässt sich alles Machbare aufschieben, sogar vollkommen Unumgängliches kann man bequem unterlassen. Die Konsequenzen sind breit gefächert. Oft passiert nichts. In schlimmeren Fällen steht ein LOBO vor der eigenen Wohnungstür und kann sie nicht aufschließen, weil jemand, der seine Berechtigung aus der kalten Wut des missachteten Apparates herleitet, ein anderes Schloss eingebaut hat. Oder Kolleginnen und Freunde ziehen Konsequenzen und wenden sich ab. Oder Strom, Gas, Wasser, Telefon oder Internet sind plötzlich abgestellt.

Diese Folgen sind der prokrastinierenden Person nicht unbekannt und in der Regel für sie ebenso unbequem wie für die meisten anderen Menschen. Sie weiß auch, dass man den Schaden vermutlich abwenden könnte, wenn man den Stapel Briefe im Flur einfach doch öffnen würde. Dennoch hält sie eine Macht davon ab. Oft wird angenommen, es handle sich dabei um Angst. Das mag manchmal stimmen, scheint aber nicht die Regel zu sein. Der wahre Grund, etwas scheinbar Notwendiges nicht zu tun, liegt in der Natur des Menschen. Tief im Innern wissen wir, dass Notwendigkeiten stets eine Einengung darstellen, die das Wohlbefinden einschränkt. Das Streben nach Glück bringt ein Streben nach weitestgehender Reduktion von Zwängen mit sich, also werden selbst vorgebliche Notwendigkeiten infrage gestellt und praktisch überprüft. Das Ergebnis ist eine unbewusst ablaufende Abwägung: Soll man jetzt einen Moment der sicheren Unannehmlichkeit verbringen – oder später einen weniger wahrscheinlichen, dafür eventuell deutlich problematischeren Moment?

Mit der Frage, warum diese Abwägung so oft zugunsten des Aufschiebens ausgeht, befassen sich unterschiedliche Fachbereiche seit den 1980er-Jahren. Woran es liegt, dass dieses Thema bis dahin trotz seiner Allgegenwart nicht erforscht wurde und warum die Wissenschaft die Prokrastination dann doch noch entdeckte, ist eine interessante Frage, die dringend von anderen Menschen als uns untersucht werden sollte. Es könnte damit zu tun haben, dass moralische Urteile allgemein nicht der Weg zu schnellen Forschungsfortschritten sind: Die Medizin- und Psychologiegeschichte ist nicht arm an Beispielen für Erkenntnisbehinderung durch die Idee, die Betroffenen müssten sich einfach nur mal ein bisschen zusammenreißen – Depressionen, Phobien, sexuelle Abweichungen, Essstörungen, sogar Schizophrenie und Autismus galten noch vor nicht allzu langer Zeit als solche Fälle. Vielleicht musste Prokrastination erst als Phänomen erkannt werden, hinter dem mehr und Interessanteres steckt als nur schlechte Manieren. In den letzten Jahrzehnten sind jedenfalls um die 1000 wissenschaftliche Veröffentlichungen zur Prokrastination entstanden. Insbesondere seit Ende der 1990er-Jahre wurde endlich auch experimentell und mithilfe von Umfragen erforscht, wie sich der Aufschiebetrieb bei Studierenden bemerkbar macht. Untersuchungen an halbwegs repräsentativen Bevölkerungsstichproben sind selten, weil mühsamer durchzuführen, aber auch hier liegen erste Ergebnisse vor.

Einigkeit herrscht darüber, dass zumindest in den bisher untersuchten Ländern große Arbeitsberge herumgeschoben werden: 75 bis 95 Prozent aller Studierenden geben in Umfragen an, wenigstens hin und wieder zu prokrastinieren, fast 50 Prozent verschieben regelmäßig Aufgaben. Bei Studierenden nehmen Prokrastinationstätigkeiten etwa ein Drittel der wachen Tageszeit ein. Nach dem Studium bessert sich die Lage, aber um die 20 bis 25 Prozent der Gesamtbevölkerung prokrastinieren weiterhin regelmäßig. Zumindest zwischen den USA, Großbritannien, Australien, Spanien, Peru und Venezuela lassen sich dabei keine Unterschiede feststellen. Die häufig vorgebrachte These «Wenn man erst mal Kinder hat, kann man es sich gar nicht mehr leisten, irgendwas vor sich herzuschieben» wird von den vorhandenen Untersuchungen nicht gestützt; die An- oder Abwesenheit eigener Kinder spielt offenbar keine Rolle.

«Dass die Sache mit Kindern nicht besser wird, kann ich bestätigen. Kinder sind der beste Grund zum Aufschieben und sind als Rechtfertigung für Aufschieben oder Bleibenlassen auch sozial anerkannt: Was ich trotzdem hinkriege, wird meist umso freudiger begrüßt. Das nutzt sich nach und nach etwas ab und ist auch ungerecht, weil ich im Hinblick auf meine Berufstätigkeit Fremdbetreuung für die Kinder ganz gut organisiert habe. Ich kann jetzt noch 13 Jahre aufschieben, bis auch das letzte Kind aus dem Haus ist.»

(Angela Leinen)

Frauen prokrastinieren genauso viel wie Männer, Verheiratete so viel wie Unverheiratete, Menschen mit Hochschulabschluss auch nicht mehr als andere. In Firmen wird mehr aufgeschoben als unter Selbstständigen. Ob die Prokrastination insgesamt auf dem Vormarsch ist, lässt sich nicht feststellen, denn erstens fehlt es an historischen Daten, und zweitens wäre selbst bei besserer Datenlage kaum zu entscheiden, ob wirklich immer mehr prokrastiniert wird oder ob sich die Einstellung zur Prokrastination geändert hat. Denkbar wäre zum Beispiel, dass es heute leichter fällt als früher, Aufschiebeprobleme einzugestehen.

Ein Hang zur Prokrastination kommt und geht nicht wie Schnupfen, sondern scheint ein recht stabiles Persönlichkeitsmerkmal zu sein. Testpersonen, die man zweimal denselben Prokrastinationstest ausfüllen lässt, erzielen ähnliche Ergebnisse, auch wenn zwischen den beiden Tests Jahre liegen. Aus Zwillingsstudien geht hervor, dass wohl eine genetische Komponente im Spiel ist, denn eineiige Zwillinge ähneln sich in ihren Aufschiebegewohnheiten deutlich stärker als zweieiige. Unter ungünstigen Bedingungen (nämlich vor allem während des Studiums) wird mehr prokrastiniert, aber im Laufe des Lebens ändert sich am Aufschiebeverhalten nicht viel. Im besten Fall entwickelt man gewisse Kompensationsfähigkeiten.

Über die Ursachen der Prokrastination hat man sich in der

Forschung bisher nicht geeinigt. Bis auf Weiteres können sich daher alle ein maßgeschneidertes Ursachenportfolio aus den verschiedenen Erklärungsmodellen zusammenstellen. Etwas Besseres als «Prokrastination ist Faulheit» finden wir überall! Aber erwarten Sie sich vom folgenden Überblick nicht zu viel. Die Ursachen für die eigenen Aufschiebegewohnheiten erkennen oder sie zu erkennen glauben, nutzt so gut wie gar nichts.

Prokrastination ist eine schlechte Angewohnheit.

Den Thesen des Behaviorismus zufolge läuft bei der Prokrastination eine «operante Konditionierung» ab: Man verschleppt zwei-, dreimal eine Aufgabe, stellt fest, dass nichts Schlimmes passiert, und wird auf der Stelle zu einem gewohnheitsmäßig prokrastinierenden Menschen. Dass dieser Mechanismus im Prinzip funktionieren könnte, liegt auf der Hand. Ob Prokrastinierende aber tatsächlich auf diese Art gemacht werden, ist nicht überprüft. Dass Prokrastination sich als stabiles Persönlichkeitsmerkmal zeigt, spricht eher gegen die Theorie.

Wer prokrastiniert, hat Angst vor dem Versagen. Oder vor dem Erfolg.

Aus «Counseling the Procrastinator in Academic Settings», einem Buch von Jane Burka und Lenora Yuen über Prokrastination an Universitäten, erfahren wir, dass Aufschiebeverhalten weder eine schlechte Gewohnheit noch moralisches Versagen darstellt. Aber das ist noch lange kein Grund, sich beruhigt zurückzulehnen, denn stattdessen handelt es sich um «ein komplexes psychologisches Problem, das auf Angst beruht» sowie – beide Autorinnen sind Psychologinnen – um die Folgen traumatischer Kindheitserlebnisse. Der Psychologe und Studierendenberater Henri Schouwenburg merkt allerdings an, dass Versagensangst gern als *Ausrede* für Prokrastination angeführt wird. Er vermutet, dass Studierende, die unter Versagensangst leiden, besonders häufig professionelle Hilfe suchen und deshalb in der Fachliteratur überrepräsentiert sind. Auch die entgegengesetzte Hypothese, Prokrastination sei das Ergebnis von «Angst vor dem Erfolg», beruht auf Einzelbeobachtungen aus der Psychotherapie. Dagegen spricht, dass es deutlich weniger mühsam wäre, sich erst gar keine großen Aufgaben vorzunehmen, wenn man einfach nur dem Erfolg aus dem Weg gehen will. Einige Fachleute argumentieren außerdem genau umgekehrt: Wer von ängstlicher Natur ist, wird anstehende Aufgaben besonders zügig erledigen, um nicht den Zorn von Behörden und Vorgesetzten auf sich zu ziehen.

Wer prokrastiniert, ist dümmer als andere. Oder schlauer.

Studierende, die sehr viel prokrastinieren, sind manchen Theorien zufolge unbegabter als ihr Umfeld und drücken sich daher vor Aufgaben, mit denen sie überfordert wären. Anderen Theorien nach sind sie überdurchschnittlich begabt und haben herausgefunden, dass sie es sich leisten können, erst in letzter Sekunde mit der Arbeit zu beginnen. Belegt ist bisher keine der beiden Varianten.

Wer prokrastiniert, ist depressiv.
Oder besonders optimistisch.

In manchen Studien zeigt sich ein Zusammenhang zwischen Depressionen und Prokrastinationsverhalten. Diesen Studien lässt sich nicht entnehmen, ob das viele Prokrastinieren unglücklich macht oder ob die Depression dazu führt, dass man alles schleifen lässt. Der Wirtschaftspsychologe und Prokrastinationsforscher Piers Steel erklärt: «Der Depressions-Zusammenhang hat offenbar vor allem mit fehlender Energie zu tun, wodurch viele Aufgaben unangenehmer werden.» Auf der anderen Seite kann übergroßer Optimismus dazu führen, dass man die eigene Fähigkeit überschätzt, langes Herumtrödeln kurz vor der Deadline wieder auszugleichen.

Wer prokrastiniert, will alles perfekt machen.

Die überraschend beliebte Perfektionismuserklärung lautet in ihrer Kurzfassung: Weil wir den Gedanken nicht ertragen können, unvollkommene Arbeit abzuliefern, tun wir lieber gar nichts. Diese Theorie ist nach neueren Erkenntnissen falsch, Perfektionsbegeisterte neigen sogar etwas weniger als andere Menschen zum Aufschieben.

Wer prokrastiniert, langweilt sich leicht.

In vielen Studien zeigt sich, dass langweilige oder unangenehme Aufgaben häufiger aufgeschoben werden. Menschen, die zum Aufschieben neigen, langweilen sich überdurchschnittlich schnell, lassen sich leicht ablenken, sind impulsiver und ungeduldiger. David Ackerman und Barbara Gross kommen in einer Studie aus der Wirtschaftswissenschaft zu dem Schluss, dass Studierende weniger prokrastinieren, wenn eine Aufgabe interessant ist und unterschiedliche Fähigkeiten erfordert, wenn zügiges Anfangen sozial erwünscht ist und belohnt wird und wenn es klare Instruktionen gibt. Angst, anderweitiger Zeitdruck, der gefühlte Schwierigkeitsgrad und die Dauer der Aufgabe hatten in dieser Studie dagegen keinen Einfluss auf das Aufschiebeverhalten.

Wer prokrastiniert, ist weniger ehrgeizig.

Eine der ältesten und inzwischen gut belegten Theorien. Es gibt Untersuchungen, denen zufolge aufschiebefreudige Menschen im Schnitt weniger beruflichen Erfolg haben und weniger Geld verdienen als besser organisierte. Womöglich stört sie dieser Umstand nicht so sehr, wie man zunächst annehmen könnte, weil ihre persönliche Erfolgsmesslatte niedriger liegt.

Wer prokrastiniert, lebt in der Gegenwart.

Mithilfe eines Standardfragebogens, des «Time Perspective Questionnaire», lassen sich Testpersonen in vergangenheitsorientierte, gegenwartsorientierte und zukunftsorientierte Menschen einteilen. Studien zeigen, dass die Zukunftsorientierten dazu neigen, mehr zu arbeiten; sie haben mehr Erfolg in Schule und Studium und halten Abgabetermine ein. Wer für den Moment lebt, legt mehr Wert auf Zwischenmenschliches, ist impulsiver, geht mehr Risiken ein und denkt nicht viel über Zukunft oder Vergangenheit nach. Menschen aus dieser Gruppe schieben mehr auf und ziehen Tätigkeiten vor, die sich nicht erst in weiter Zukunft auszahlen. Die Studien sagen nichts darüber aus, wie es zu diesen unterschiedlichen Prioritäten im Leben kommt.

Prokrastination als Symptom einer Aufmerksamkeitsstörung.

Es gibt einen statistischen Zusammenhang zwischen Prokrastination und ADHS, dem Aufmerksamkeitsdefizitsyndrom, das mit allen Varianten etwa fünf Prozent der Bevölkerung in den bisher untersuchten Ländern betrifft. Eine Erhebung unter den Autorinnen und Autoren dieses Buches ergibt eine ADHS-Quote von mindestens 50 Prozent, wir können eine Verbindung zwischen dem ADHS-Symptom «hohe Ablenkbarkeit» und Prokrastination daher aus eigener Anschauung bestätigen. Andere Symptome lesen sich ebenfalls wie ein Who's who der Prokrastinationsbegründungen: eine geringe Aufmerksamkeitsspanne und eine damit verbundene Vergesslichkeit, Konzentrationsstörungen, mangelnde (geistige) Ausdauer, häufiger Wechsel zwischen verschiedenen Aktivitäten und Hyperaktivität oder motorische Unruhe. Man geht mittlerweile davon aus, dass die Ursachen dafür überwiegend genetischer Natur sind. Trotzdem ist umstritten, ob ADHS überhaupt eine Krankheit oder Störung ist – oder eine bloße Häufung verschiedener, vollkommen normaler Eigenschaften. Jedes durchschnittliche Computerspiel und viele Bürojobs erfordern nämlich Aktivitätsfolgen, die für sich betrachtet aussehen wie eine Mischung der genannten Symptome. Sie werden dann unter dem Namen Multitaskingfähigkeit ins Positive gedreht oder werden sogar erwartet, will man nicht als Sonderling dastehen: Es dürfte mäßig erfolgreich sein, der Chefin zu erklären, dass man beim Arbeiten das Telefon nicht gehört hat, weil man eine so wunderbar niedrige Ablenkbarkeit besitzt.

Wer prokrastiniert, pflanzt sich erfolgreicher fort.

Aus der Verhaltensforschung und Evolutionspsychologie stammt eins der schönsten Erklärungsmodelle: Unter Tieren ist Nichtstun keine Untugend, sondern hilft beim Überleben. Die Evolution sorgt dafür, dass Tiere nicht mehr tun als unbedingt nötig. Untersuchungen der Energiesparstrategien von Tieren zeigen einen eindeutigen Zusammenhang zwischen Energiesparen und Fortpflanzungsvorteilen. Beispielsweise kommt die Energie, die Meeresschildkröten einsparen, indem sie einfach nur auf dem Meeresboden herumliegen, später der Menge und Qualität ihrer Eier zugute. Der Nachweis eines größeren Fortpflanzungserfolgs von Prokrastinierenden ist allerdings bisher nicht erbracht worden. Vielleicht gibt es doch einen wesentlichen, bisher übersehenen Unterschied zwischen Mensch und Meeresschildkröte.

Prokrastination als Übersprungshandlung.

Im Tierreich gibt es ein Phänomen, das der Prokrastination recht nahekommt: die Übersprungshandlung, also das Ausweichen vor einer eigentlich zwingenden Handlung oder Entscheidung. Die Übersprungshandlung galt – durchaus vergleichbar mit der Betrachtung der Prokrastination bei Menschen – als irrational und gewissermaßen als Schaltfehler im Gehirn. Das am häufigsten gebrauchte Beispiel war das der Hähne, die mitten im Kampf beginnen, nicht vorhandene Körner vom Boden zu picken. Über lange Zeit erklärten die Verhaltensbiologen solche Phänomene mit einer Ableitung von Konrad Lorenz' Instinkttheorie aus den 1930er-Jahren: Die Motivation für die Handlung Kampf sei etwa so groß wie die Motivation für die Handlung Flucht, also werde die Übersprungshandlung Körnerpicken eingeleitet. Die Lorenz-Kritikerin Hanna-Maria Zippelius stellte fest, dass scheinbar irrationale Übersprungshandlungen sehr wohl eine Funktion haben – eine soziale oder kommunikative nämlich: Mit dem Körnerpicken zeigt der Hahn sich selbst und anderen, dass ihm die Bedrohung durch seinen Kontrahenten gering erscheint. Hinzu kommt, dass es durchaus lebenserhaltend und damit sinnvoll sein kann, sich nicht mit Haut und Federn in einen Kampf zu stürzen, sondern diese Tätigkeit erst einmal vor sich herzuschieben.

Wirtschaftswissenschaftliche Theorien

In den Wirtschaftswissenschaften geht man im Unterschied zur Psychologie davon aus, dass Menschen sich nicht selbstschädigend verhalten, sondern stets bemüht sind, ihren Nutzen zu maximieren. Die wirtschaftswissenschaftlichen Theorien zur Erklärung der Prokrastination sind noch relativ neu. Zentral ist dabei der Begriff der Zeitpräferenz: 100 Euro, die man heute haben kann, sind mehr wert als 100 Euro in einem Jahr, heute ausschlafen ist besser als morgen ausschlafen. In Experimenten entscheiden sich die meisten sogar dann für die 100 sofort zu kassierenden Euro, wenn sie stattdessen in einem Jahr 200 Euro haben könnten. (Schlecht getarnt verbirgt sich hier eine Antwort auf die Frage, warum Sparen und Altersvorsorge nicht ganz so beliebt wie Prassen und Verjuxen sind.) Ein – zumindest für uns schmerzlich einleuchtendes – Beispiel der Verhaltensökonomen Dan Ariely und Klaus Wertenbroch lautet: «Lange bevor man sich beispielsweise tatsächlich verpflichtet, ein Buch zu schreiben, wirken die Vorteile einer solchen Tätigkeit überzeugend groß, und die Kosten scheinen gering. Deshalb nehmen Autoren solche Aufgaben auf sich. Aber mit dem Näherrücken der Deadline verändert sich die Kosten-Nutzen-Wahrnehmung. Die Autoren erkennen immer deutlicher die Kosten (nämlich die zur Fertigstellung benötigte Zeit), während der Nutzen immer unklarer scheint.» Auf dieser Überlegung fußen die folgenden Modelle:

«Time Discounting»

Da die zur Verfügung stehende Zeit begrenzt ist, arbeiten Menschen an dem, was ihnen den größten Nutzen bringt. Leider ist nicht immer ganz klar, was das ist. Wenn mit Aufgabe A ein größerer Nutzen einhergeht und sie zu einem früheren Termin fertig sein muss als Aufgabe B, fällt die Entscheidung leicht. Nun kommt es im Alltag häufig vor, dass Aufgabe B zwar weniger sinnvoll ist, aber vor A fertig sein muss («erst Fahrrad reparieren, dann Diplomarbeit schreiben»). Weil der Nutzen, der sich aus Aufgabe A ergibt, so weit in der Ferne liegt, sieht er kleiner aus als der Nutzen von Aufgabe B. Das führt dazu, dass Aufgaben mit weit entfernter oder fehlender Deadline und Aufgaben, deren Nutzen sich erst später zeigt, zugunsten unwichtiger, aber dringender Aufgaben vernachlässigt werden.

«Discounted Expectancy»

Wir müssen uns ständig zwischen unterschiedlichen Beschäftigungen entscheiden. Unsere Beweggründe für diese Entscheidungen lassen sich in einer einfachen Formel ausdrücken: Nutzen = (Erfolgswahrscheinlichkeit mal Wert) geteilt durch (Verspätungsempfindlichkeit mal Wartezeit). Je höher der Nutzen, desto leichter fällt die Entscheidung für eine bestimmte Tätigkeit. «Erfolgswahrscheinlichkeit» beschreibt, wie wahrscheinlich die Tätigkeit zu einem bestimmten Ergebnis führt, «Wert» gibt an, wie erfreulich dieses Ergebnis ist. Die Wartezeit gibt an, wie lange man durchschnittlich warten muss, um das Ergebnis einer Tätigkeit genießen zu können. Je länger diese Wartezeit, desto weniger erstrebenswert erscheint die ganze Angelegenheit. Während der Nutzen einer Beschäftigung wie «im Bett herumliegen und Serien gucken» kaum schwankt, wächst der Nutzen anderer Beschäftigungen wie «arbeiten und Geld verdienen» mit dem Näherrücken der Deadline. Irgendwann ist der Punkt erreicht, an dem die Geldverdien-Kurve die Herumliege-Linie schneidet, also der Nutzen der zu erledigenden Aufgabe den Nutzen aller Alternativen übersteigt. Jetzt springt man aus dem Bett und fängt an zu arbeiten. Ungeklärt bleibt hier wiederum, wie es zu den individuell unterschiedlichen Werten für die Verspätungsempfindlichkeit kommt.

Das duale System

In diesem Modell wird jeder Mensch von einem kurzsichtigen und einem langfristig planenden Wesen bewohnt. Die beiden haben viele Interessen gemeinsam, handeln aber unabhängig voneinander. Die kurzfristig planende Persönlichkeit sorgt für das Wohlergehen in Gegenwart und naher Zukunft. Die langfristig planende Persönlichkeit ist bereit, momentane Bequemlichkeiten zugunsten größerer zukünftiger Vorteile zu opfern. Was von außen betrachtet wie das unlogische Verhalten einer einzigen Person wirkt, ist in Wirklichkeit das vollkommen rationale Verhalten zweier unterschiedlicher Unterpersönlichkeiten. Aus Magnetresonanztomografie-Studien geht hervor, dass für impulsive, schnelle Entscheidungen tatsächlich andere Teile des Gehirns zuständig sind als für die langfristige Planung. Die Rollenverteilung zwischen den beiden Persönlichkeiten ist allerdings nicht rein schwarz-weiß: Das impulsive Ich fordert nicht immer nur schnellen Sex und ungesundes Essen, sondern ist durchaus auch in der Lage, zum Beispiel durch spontanes Unterschreiben eines Ökostromvertrags das langfristig planende Ich zu steuern.

Die kanadische Autorin Margaret Atwood hat öfter in Interviews über ihren Hang zur Prokrastination gesprochen, den sie durch innere Zweiteilung handhabt:

Margaret Atwood: Ich bin mit einem anderen Namen aufgewachsen, dadurch hatte ich zwei zur Auswahl. Ich hatte eine doppelte Identität. Also ist Margaret fürs Schreiben zuständig und die andere für den ganzen Rest.

Adam Grant: Atwoods anderes Ich heißt Peggy.

Atwood: Das ist eine schottische Koseform von «Margaret».

Grant: Wenn du mit dir selbst redest, benutzt du dann beide Namen?

Atwood: Na klar.

Grant: Im Ernst?

Atwood: Du siehst ja, was mir das für Möglichkeiten eröffnet.

Grant: Unterhalten sich Margaret und Peggy in deinem Kopf?

Atwood: Nein, sie führen ziemlich getrennte Leben. Peggy macht die Wäsche. Ein paar Überschneidungen gibt es schon. Manchmal macht Peggy die Wäsche, und Margaret denkt währenddessen über das Schreiben nach. Margaret entscheidet, *was* geschrieben wird. Die Entscheidung, *wann* geschrieben werden soll, ist manchmal ein Tauziehen.

(Margaret Atwood, interviewt von Adam Grant für den Podcast «WorkLife», März 2020)

Die Tatsache, dass es derart viele Modelle gibt, deutet darauf hin, dass Prokrastination entweder aus vielen verschiedenen Quellen entspringt oder die Wissenschaft das Thema noch nicht so ganz im Griff hat. Vermutlich ist beides richtig. Und vielleicht stellt sich auch nach weiteren Jahren der Prokrastinationsforschung heraus, dass sich alles anders verhält. Nämlich zum Beispiel wie in dieser Theorie von Jochen Reinecke: «Ich bin Dezember 1995 in die Eisenacher Straße zu Berlin gezogen, in eine schmucklose Neubauwohnung, die unbeschreibbare Vorhänge und Gardinen enthielt. Von 1995 bis 2000 schaffte ich es nicht, diese zu entfernen, geschweige denn durch etwas Schmückenderes zu ersetzen. Januar 2001 zog ich um. Manchmal gehe ich an der alten Wohnung vorbei, die Vorhänge und Gardinen sind immer noch da. Möglicherweise handelt es sich um Prokrastinationserzeuger.»

Da sie je nach Situation und Fragestellung zwanzig bis fünfundneunzig Prozent der Bevölkerung betrifft, ist Prokrastination wohl kein Ausnahmezustand, sondern der Normalfall. Soll man sie überhaupt als problematisch betrachten – und wenn ja, ab wann? Wo liegt die Grenze, ab der die sympathische Trödelei zum Problem für einen selbst und andere wird? Kann man kurzerhand die oberen fünf oder zehn Prozent der in der jeweiligen Studie gefundenen Prokrastinierenden für krank erklären? Das wäre schön für alle, die ihr Geld mit Psychotherapie verdienen, ist aber ziemlich willkürlich. Die Beraterinnen Jane Burka und Lenora Yuen stellen fest: «Prokrastination, in der man sich gemütlich eingerichtet hat, unterscheidet sich von problematischer Prokrastination darin, wie *belastend* man das eigene Aufschiebeverhalten wahrnimmt.» Allerdings taugt auch Leidensdruck als Abgrenzungskriterium nur bedingt, weil er oft genug durch dubiose Ansichten der Mitmenschen erzeugt wird: Wer einer sexuellen Minderheit angehört und in einem repressiven Land lebt, leidet zwar vermutlich. Das Problem ist aber nicht die sexuelle Orientierung, sondern der Wohnort.

Der Psychologe und Studierendenberater Norman Milgram (nein, nicht der mit dem Milgram-Experiment) zieht die Grenze dort, wo Chancen vertan werden: «Wenn wir prokrastinieren, verschwenden wir Zeit, verpassen Gelegenheiten und leben kein authentisches Leben.» Das Verschwenden von Zeit gilt aber zum Glück bisher noch nicht als Anzeichen für Therapiebedarf, genauso wenig wie das Führen eines inauthentischen Lebens, und zumindest in reicheren Ländern sind viele Menschen von Chancen derart umstellt, dass man zwangsläufig für jede Gelegenheit, die man ergreift, andere verpasst. Wer sehr viel aufschiebt, nutzt vielleicht nur ein Prozent der vorhandenen Möglichkeiten. Wer gar nichts aufschiebt, nutzt stattdessen zwei Prozent. Die restlichen 98 Prozent sind unausgeschöpftes Potenzial, und zwar bei allen Menschen. Jede unserer Entscheidungen hat sogenannte Opportunitätskosten, also Kosten, die dadurch entstehen, dass wir in der Zeit, in der wir Sport treiben, nicht Klavier spielen lernen können. Wir können nicht alle 130 Millionen Bücher lesen, die es gibt. Wenn wir uns wirklich ranhalten, schaffen wir im Leben ein paar Tausend. Dann bleiben immer noch ungefähr 129 000 995 ungelesene Bücher. Jedes Jahr kommen 100 000 Neuerscheinungen auf Papier dazu, jede Sekunde zigtausend neue Fotos, Videos und Texte im Netz, ganz zu schweigen von den hundert Dingen, die man einmal im Leben gemacht haben sollte, und den eintausend Orten, die man gesehen haben muss. Das Problem lässt sich nicht durch mehr Zusammenreißen und härtere Arbeit lösen. Unser Leben ist zu kurz für fast alles.

Der Prokrastinationsforscher Clarry H. Lay schlägt als Maßstab für Erfolg im Leben die «zeitnahe Umsetzung von Plänen» vor: Wenn immer wieder große zeitliche Lücken zwischen Plänen und ihrer Verwirklichung klafften, sei das kein gutes Zeichen. Auch dieses Symptom ist derart häufig, dass es sich wohl eher nicht zur Identifikation von Problemfällen eignet. In anderen Worten: Selbst extreme Formen der Prokrastination sind ziemlich normal, wenn man mit «normal» das bezeichnen will, was Millionen andere Menschen auch tun.

FÜNF WIRKUNGSLOSE MITTEL GEGEN DAS AUFSCHIEBEN

1. **Schreckensszenarien.** Im Fachbuch «Procrastination and Task Avoidance» heißt es: «Aus unserer klinischen Erfahrung heraus können wir feststellen, dass das Konfrontieren der Betroffenen mit Schreckensszenarien so gut funk-

tioniert wie in anderen Bereichen der Verhaltensänderung auch – nämlich wenig bis gar nicht. Das gilt insbesondere dann, wenn jemand sowohl geringe Gewissenhaftigkeit als auch große Ängstlichkeit an den Tag legt. Tadel, gutes Zureden, Drohungen und andere laienhafte Techniken sind offenbar genauso wirkungslos.»

2. **Angstlösende Medikamente.** Der Prokrastinationsforscher Joseph R. Ferrari und sein Team berichten aus ihren Erfahrungen mit Studierenden, dass angstlösende Medikamente die Situation «in der Regel verschlimmern, vermutlich, indem sie die Angst zu stark reduzieren und in den Betroffenen eine ‹Mir doch egal›-Haltung hervorrufen».
3. **Psychotherapie.** Als dieses Buch zum ersten Mal erschien, gab es noch sehr wenig Fachliteratur, der man irgendetwas über die Wirksamkeit von Therapien entnehmen konnte. Die Forschungslage hat sich seitdem etwas verbessert. (Die Anzahl der Studien steht allerdings nach wie vor in keinem sinnvollen Verhältnis zur Anzahl der Selbsthilfebücher voll angeblich wirksamer Strategien.) Einem Überblicksartikel von Wendelien Van Eerde und Katrin Klingsieck aus dem Jahr 2018 zufolge sind die Erfolgsaussichten gar nicht so schlecht, vor allem bei einer Verhaltenstherapie. Außerdem kann es passieren, dass im Rahmen einer Therapie zufällig ein behandelbarer Grund für das Prokrastinieren entdeckt wird, zum Beispiel eine Aufmerksamkeitsstörung (siehe Kapitel TODO). Leider ist es schon für organisierte Menschen ausgesprochen mühsam, einen Therapieplatz zu bekommen. LOBOs sollten hier auf einen längeren Vorgang gefasst sein und sich weder Vorwürfe noch Sorgen machen, wenn es ein paar Jahre dauert.

4. **Bewährte Prokrastinationstätigkeiten über Bord werfen.** Gibt man aufgrund guter Vorsätze die sozialen Medien oder das Seriengucken auf, um sich ganz der «eigentlichen Arbeit» zu widmen, wächst sofort eine neue Beschäftigung nach und füllt die Lücke. Im schlimmsten Fall handelt es sich dabei um ein Multiplayer-Onlinespiel. Das neue, funkelnde Spielzeug verschlingt alle verfügbare Zeit, und für die Arbeit bleibt nichts mehr übrig. Während man die frühere Gewohnheit halbwegs im Griff hatte und seine Arbeit halbwegs um sie herum anordnen konnte, muss das neue Prokrastinationsinstrument seinen Ort erst finden. Es dauert viele Wochen oder Monate, bis man wieder so arbeitsfähig ist wie zur Zeit der sozialen Medien oder des Serienguckens.
5. **Gleich ab morgen alles ganz anders machen.** Jeder Mensch braucht zwar, wie wir aus der Gute-Vorsätze-Forschung erfahren, im Schnitt vier bis fünf Anläufe zur Verwirklichung eines Vorsatzes. Klappt es aber nach dem zehnten Mal immer noch nicht, ist das ein Anzeichen dafür, dass der ganze Lösungsansatz verfehlt ist. Vielleicht passt das Kamel wirklich nicht durch das Nadelöhr. Vielleicht genügt es, wenn das Kamel außen um die Nadel herumgeht.

DER ÄUSSERE SCHWEINEHUND

Überforderung durch die Umwelt

«Die Nachricht von seinem Tod kam für niemanden in der Nationalversammlung wirklich überraschend. Er war dort vor allem wegen der Schwierigkeiten bekannt, die er hatte, sich ein Bett zu kaufen. Schon vor Monaten hatte er den Kauf beschlossen; doch die Verwirklichung dieser Absicht erwies sich als unmöglich. Die Anekdote wurde gewöhnlich mit einem leisen ironischen Lächeln erzählt. Obwohl es da nichts zu lachen gibt: der Kauf eines Betts stellt einen heutzutage tatsächlich vor große Schwierigkeiten, die in manchen Fällen bis zum Selbstmord führen können. Zunächst muss man sich um die Auslieferung kümmern, das heißt in der Regel, einen halben Tag Urlaub nehmen, mit all den Problemen, die das mit sich bringt. Manchmal kommen die Auslieferer nicht, oder es gelingt ihnen nicht, das Bett durch das Treppenhaus zu befördern, und man kann noch einmal um einen halben Tag Urlaub bitten. Diese Schwierigkeiten wiederholen sich bei sämtlichen Möbelstücken und Haushaltsgeräten, und die Anhäufung von Ärger, die dadurch entsteht, kann bereits genügen, um ein sensibles Wesen ernsthaft zu erschüttern.»

(Michel Houellebecq: «Ausweitung der Kampfzone»)

Die Welt ist zu kompliziert. Es ist kompliziert, sich einen Studienplan zusammenzustellen, es ist kompliziert, einen Router einzurichten, es ist kompliziert, die Papiere für eine Wohnungsanmietung zusammenzustellen, es ist kompliziert, bei der Deutschen Bahn die gesammelten Bonuspunkte einzulösen, es ist kompliziert, einen verlorenen Hausschlüssel nachmachen zu lassen, es ist kompliziert, sich eine absetzbare Quittung korrekt ausstellen zu lassen, und für den gesamten Kontakt mit Administration und Apparat muss dringend ein beschreibendes Wort erfunden werden, weil «kompliziert» nicht ausreichend die dahinterstehende Bedrohung für das seelische Wohlbefinden durch bunte Briefe wiedergibt. Damit fängt es an, aber leider hört es damit nicht auf, denn zusätzlich wird einem von Beginn an nahegelegt, gefälligst damit zurechtzukommen. Andernfalls gilt man als verpeilt, woran man auch noch selbst schuld sein soll.

Das eigentliche Drama aber ist der äußere Schweinehund. Damit ist nur zum Teil die Kompliziertheit der Welt gemeint, mit der käme man im Einzelnen vermutlich zurecht. Vielmehr ist es die unendliche Vielschichtigkeit der gleichzeitigen Anforderungen, die viele Menschen in Prokrastination und Versagensangst drängt. In Mitteleuropa muss man Spezialist in mindestens allem sein, um geschmeidig und unversehrt durch das Dickicht der Zwänge und Möglichkeiten des Alltags zu gelangen. Prokrastination ist häufig eine Folge der Überforderung durch die Umwelt. Es ist eine natürliche Reaktion, bei einer Vielzahl verschiedener Anforderungen die meisten – zeitweise sogar alle – auszublenden und damit Arbeit liegen zu lassen. Dieser Zusammenhang zwischen Überforderung und Prokrastination betrifft die gesamte Gesellschaft – manche Menschen kommen nur besser damit zurecht.

Es ist keine Schande, überfordert zu sein, sondern die Normalität des Lebens im 21. Jahrhundert. Das ist die Kernbotschaft, die sich eigentlich schon aus der oberflächlichen Analyse der Umwelt ableiten lässt. Bleibt man in Europa und sucht nicht gerade in den Zellen eines Trappistenklosters mit Schweigepflicht, kann man davon ausgehen, dass es zwei Arten von Menschen gibt: diejenigen, die überfordert sind, und diejenigen, die nicht merken, dass sie überfordert sind. Um sich der Überforderung im Alltag inhaltlich zu nähern, unterteilen wir sie in verschiedene Bereiche: die technische, die berufliche, die informationelle und die soziale Überforderung; von der emotionalen Überforderung wollen wir aus Komplexitätsgründen einmal absehen.

Technische Überforderung

Um die Blickrichtung festzulegen: Wir halten technologischen Fortschritt für einen Segen und glauben, dass es für viele soziale Probleme eine technische Lösung gibt. Bedauerlicherweise sind viele dieser Lösungen noch nicht gefunden, und wenn, halten sie sich im Wust der technischen Gerätschaften verborgen. Das klassische Beispiel für die Alltagsüberforderung, die blinkende Zeitanzeige 00:00 auf Haushaltsgeräten, ist ein Symbol für die technische Überforderung, die auch statistisch untermauert ist. Über alle Geschlechts- und Altersgrenzen hinweg sind sich über 70 Prozent der Deutschen einig, dass Bedienungsanleitungen fast immer unverständlich formuliert sind («GEO», Mai 2005, repräsentative Umfrage des Instituts für Demoskopie Allensbach unter 2000 Bundesbürgern).

Mit der digitalen Revolution ist die Beherrschung der Technik Voraussetzung für die normale Teilnahme an der Gesellschaft geworden. Schon wer U-Bahn fahren möchte, muss sich mit Geräten auseinandersetzen, an denen der junge Leibniz sein logisches Genie hätte aufreiben können. Die Berliner Verkehrsbetriebe bieten 255 verschiedene Ticketvarianten an, von der Kleingruppenkarte ABC (26,50 Euro) über die 10-Uhr-Karte BC im Abo (585,00 Euro) bis zur Berlin WelcomeCard Museumsinsel (55 Euro). Technik, die eigentlich dem Menschen dienen sollte, erledigt inzwischen zwar anstrengende Arbeiten und reduziert im Alltag auch die Qualen der Konfrontation etwa mit handgeschriebenen Texten. Leider vereinfacht die an sich zu preisende Technologie viel zu oft einen Lebensbereich um den Preis der Komplexität in einem anderen. Die schiere Masse der zu beherrschenden Technologien wird zur Überforderung, selbst wenn ein Teil der Technik durchaus einfacher wird. Ein Telefon in den 1980er-Jahren hatte im Schnitt ein Dutzend Funktionen, ein Telefon heute bietet Aberhunderte Funktionen, darunter einige, mit denen man weitere Funktionen selbst programmieren kann. Das ist an sich gut, weil so alle das Gerät ihren Bedürfnissen anpassen können. Oder könnten, denn leider hält – wie im Eingangsbeispiel beschrieben – die Bedienbarkeit nicht mit der Vervielfachung der Wahlmöglichkeiten Schritt.

Gleichzeitig existiert eine Art «Dialektik des Fortschritts», denn der Effekt technologischer Aufrüstung ist nicht automatisch gleichbedeutend mit mehr Freizeit. Robert Levine schreibt in «Eine Landkarte der Zeit»: «Neuere Forschungen zeigen, dass Bauersfrauen in den zwanziger Jahren, die ohne Elektrizität auskommen mussten, deutlich weniger Zeit auf die Hausarbeit verwendeten als die Hausfrauen in den Vororten in der zweiten Hälfte des Jahrhunderts mit ihrem ganzen modernen Maschinenpark. Ein Grund dafür ist, dass fast jeder technische Fortschritt mit einer Steigerung der Erwartungen einhergeht.» Ein anderer Grund dafür ist schlecht gemachte Technologie. Sie verfehlt ihre eigentliche Aufgabe, nämlich das Leben der Menschen einfacher zu machen, und löst stattdessen ungeheure Aggressionen aus – wer war noch nie Zeuge eines technikinduzierten Wutanfalls? Für eine ganze Generation, die die anfangs eher unbeholfene Digitalisierung des Alltags mitbekommen hat, ist das Scheitern am Gerät zu einer selbstverständlichen Erfahrung geworden.

Berufliche Überforderung

Die technische Überforderung im Alltag überschneidet sich hauptsächlich via Computer mit der beruflichen Überforderung. Seit nicht einmal mehr Brötchen ohne die Hilfe von Informationstechnologie gebacken werden, ist für viele Berufe die Beherrschung zumindest der Office-Programme die unabdingbare Basis. Wer je versucht hat, eine Word-Vorlage herzustellen, die das tut, was sie soll, weiß, dass Beherrschung im Feld MS Office eine sehr relative Angelegenheit und ein ebenso steter wie überraschender Quell der Überforderung sein kann. Auch nach Jahrzehnten tagtäglicher Rückmeldungen zu den Unzulänglichkeiten der Software ist die Hilfefunktion bei Word eine Bedienungsanleitung, für die man eine Bedienungsanleitung bräuchte. Obwohl man zugeben muss, dass es sogar der komplizierten Berufswelt gegenüber ungerecht ist, ausgerechnet Microsoft Word als Beispiel auszuwählen.

Dass die Komplexität der Aufgaben und Anforderungen in den meisten Berufen und nicht nur den klassischen Büro- und Universitätsjobs zunimmt, ist auch eine Folge der zunehmenden Technisierung und Spezialisierung von Wirtschaft und Industrie. Stärker aber noch als unvollkommene Technik bewirkt eine allgemein als verbindlich angesehene, gesellschaftliche Arbeitswut, dass sich viele Menschen überfordert fühlen und dem unnatürlichen Druck auf vielerlei verschiedene Arten ausweichen wollen oder müssen. (Siehe Kapitel «Der innere Zwingli».) Die Maxime der andauernden Arbeitsamkeit führt zu einem ungeheuren Anstieg von Scheintätigkeiten, wie man auch ohne wissenschaftliche Studien erfährt, wenn man in einem Großraumbüro das geschäftige, papierbeladene Hin-und-her-Hasten – nur unterbrochen durch langwierige Meetings zur Meetingvorbereitung – beobachtet. Wer neu im Büro ist, bekommt augenzwinkernd beigebracht, wie man möglichst nie unbeschäftigt aussieht.

Auch Selbstständigen steht ihr Arbeitseifer oft im Wege, weil sie viel zu viel arbeiten. Unkontrolliert wird ein Projekt auf das andere gestapelt, zu schlechter Arbeitseinteilung kommt der finanzielle Druck, viel zu arbeiten, und so haben die klassischen Selbstständigen wie Rechtsanwältinnen oder Architekten mit die längsten Arbeitszeiten überhaupt. 70 Wochenstunden sind nach Auskunft der jeweiligen Berufsverbände keine Seltenheit. Das große Geschenk der freien Zeiteinteilung endet für Selbstständige darin, dass man sich den Tag in der Woche aussuchen kann, an dem man ausnahmsweise keine Überstunden macht.

Als Symptom der verbreiteten beruflichen Überforderung

kann man auch den überwältigenden Erfolg der Gegenreaktion werten: das Buch «Bonjour Paresse» der Französin Corinne Maier, die darin beschreibt, wie man sich eine beschauliche, stressarme Nische im Angestelltendasein zimmert, indem man Betriebsamkeit bis zur Überforderungsgrenze vortäuscht. Die heimliche innere Kündigung samt Arbeitsschauspiel mag eine verständliche Reaktion sein – glücklich mit seinem Arbeitsplatz wird man mit diesem Beschäftigungssurrogat im Leerlauf eher nicht, wenn man nicht gerade einen Bestseller darüber schreibt und deshalb nie wieder so arbeiten muss.

«Ich bin überzeugt, dass die 40-Stunden-Woche viel dazu beiträgt, dass die Menschen unzufrieden sind. Man kann nicht 40 Stunden arbeiten und daneben einen Haushalt führen und die Kinder unterhalten. (...) Man ist am Abend müde und geschafft, kocht das Nötigste und lässt die Unordnung Unordnung sein. Wer das nicht aushält, sondern aufräumt und bügelt, ist danach zu müde für Sex. Das ist, als würde man versuchen, einen Tisch mit einem zu kleinen Tischtuch zu bedecken. Irgendwo ist immer eine nackerte Stelle. Also kommt die Frau drauf, der Mann ist schuld, denn er ist zu wenig da und macht nix. Das stimmt ja meistens. Und der Mann findet, die Frau ist nicht mehr für ihn da, sondern kümmert sich nur um die Kinder. Dann sind beide der Meinung, mit einem anderen Partner ginge es besser. In Wirklichkeit ist es die 40-Stunden-Woche.»

(Helene Klaar, Scheidungsanwältin, in einem Interview der Süddeutschen Zeitung, Februar 2016)

Informationelle Überforderung

Die informationelle Überforderung des Menschen wird spätestens seit der Erfindung der Massenmedien festgestellt, und mit dem Eingang der elektronischen Medien in die Lebenswelt ist die Zahl der vom Gehirn zu verarbeitenden Daten exponentiell gestiegen. In «Everything Bad is Good For You» legt Autor Steven Johnson dar, dass bereits ein durchschnittliches Computerspiel ähnlich komplexe Reaktionsmuster erfordert wie die Steuerung eines Kampfjets unter ungünstigen Bedingungen. Um genau zu sein, ist die Steuerung eines Kampfjets unter ungünstigen Bedingungen eines der beliebtesten Computerspielgenres. In den letzten Jahren sind vernetzte, taktische Gruppenspiele hinzugekommen. Engagierte spielen sie mit zwei oder mehr Bildschirmen, sind gleichzeitig in verschiedenen Chats und unterhalten sich zur taktischen Koordination mit sämtlichen Teammitgliedern per Headset. Die Drohkommunikation mit den Feindesgruppen über verschiedene Kanäle ist dabei noch nicht mitgerechnet, ebenso wenig wie das Spiel selbst. Natürlich trainiert eine solche extreme Reizüberflutung auch und erleichtert so den Umgang mit dem Alltag, der sich seinerseits bereits ungeheuer beschleunigt hat – so die These von Steven Johnson. Die Spieler setzen sich dieser informationsüberfordernden Situation selbst aus und haben daran sogar Spaß. Ein deutlicher Hinweis darauf, dass die gleichen Stress-Belastungen positive oder negative Folgen haben können, je nachdem, ob sie absichtlich und freiwillig oder unter einer Form des Zwanges geschehen.

Der informationellen Überforderung ist jedoch schwer auszuweichen, wenn man am sozialen Leben teilnehmen möchte. Handy, Internet, klassische Massenmedien wie Radio, Fernsehen, Zeitung und die entsprechenden Mischformen haben die Zahl der Informationen, denen man täglich ausgesetzt ist und auf die man zu reagieren hat, vervielfacht. Fünfzig Mails im Laufe eines Arbeitstages sind keine ungewöhnliche Erfahrung, Messenger, Chats und ihre Fortentwicklungen erhöhen die Informationsflut weiter. Zweifellos liegt darin in erster Linie ein enormer, vor allem sozialer Nutzen. Gleichzeitig aber tänzelt das Individuum - ob absichtlich oder nicht - an der Grenze der informationellen Überforderung herum, die in guten Momenten fasziniert und in schlechten Grund genug ist, sich zurückzuziehen und erst einmal nichts zu tun.

Soziale Überforderung

Im Schnitt hat jede Einwohnerin und jeder Einwohner Deutschlands tagtäglich Kontakt mit beinahe einhundert Menschen; dieser Wert differiert zwischen Stadt und Land und je nach Alter, steigt aber beständig an. Die Erklärung liegt nicht allein in der Veränderung der Gesellschaft, also der zunehmenden Zersplitterung verschiedener sozialer Gruppen wie Familie oder Freundeskreisen, sondern auch in zunehmender Mobilität. Die wichtigste soziale Veränderung hat natürlich das Internet mit sich gebracht: Es ist leichter geworden, Menschen kennenzulernen und Kontakt zu ihnen zu halten.

Während aber die sozialen Netzwerke die Erfüllung vieler sozialen Bedürfnisse vereinfachen, hat sich eine Welt aufgetan, in der man leicht in die soziale Überforderung geraten kann: Pflege der Freundschaften bei einer drei- oder vierstelligen Anzahl von Kontakten in mehreren Netzwerken kann eine tag- und abendfüllende Aufgabe werden. Ginge man mit einer

Social-Network-Freundschaft wie mit einer herkömmlichen um, man wäre im Nu Vollzeitfreund oder -freundin von Beruf. Geht man gar nicht damit um, bleiben einem große Teile der Welt verschlossen.

Die Anforderungen steigen also nicht nur, was Fachkenntnisse und Technologien angeht, sondern auch, was die erwartete Anpassungsfähigkeit betrifft – man hat mit immer mehr unterschiedlichen Aufgaben, Ansprüchen und Szenarien gefälligst zurechtzukommen.

Leistet man diese aktive Anpassung nicht, ist die Gefahr groß, dass man die Schuld bei sich selbst sucht. «Andere Menschen kommen schließlich mit ähnlichen Belastungen zurecht», vergleicht man sich. Dabei wird ignoriert, dass sich äußerer Anschein und inneres Empfinden erheblich unterscheiden können. Scheinbar hoch kompetente Personen leiden abends heimlich unter der Bettdecke. Zu leicht und vorschnell ziehen LOBOs den Schluss, die Überforderung und damit das Aufschieben ganz allein verschuldet zu haben, und resignieren, obwohl tatsächlich die Ansprüche in ihrer Summe zu hoch sind. Diese Selbstzweifel sind ebenso weitverbreitet wie weitgehend falsch. Nur an einer Stelle ist es wirklich sinnvoll, die Schuld bei sich selbst zu suchen: LOBOs sind dafür verantwortlich, sich eine Umgebung zu suchen oder zu schaffen, die so gut wie möglich zu ihren Fähigkeiten passt.

«Ein großer Teil der Überforderung durch die Welt entsteht durch eine Angewohnheit von Problemen, die sie mit Menschen gemein haben: Sie machen sich fast immer

wichtiger, als sie sind. Probleme korrekt wahrzunehmen und einzuordnen, ist mit zunehmender Komplexität des Alltags schwieriger geworden.
Dagegen kann helfen auszuprobieren, was passiert, wenn man auf etwas gemeinhin als absolut unfassbar wichtig Empfundenes einfach nicht reagiert. Ein schönes Trainingsfeld sind Amtsbriefe, deren Farbcodierung sicher wissenschaftlich daraufhin optimiert wurde, maximale Sofortbesorgnis beim Empfänger zu verursachen. Ein Proband aus Berlin, nennen wir ihn Sascha L., hat ein solches Experiment unfreiwillig veranstaltet. Die Ausgangslage war ebenso einfach wie unangenehm: Er empfand Auto fahrend eine Ampel als gerade noch ausreichend grün. Das an der Kreuzung aufgestellte Blitzgerät gelangte zu einer anderen Meinung.
Es folgte eine Kaskade von Briefen in einem Crescendo der Bedrohlichkeit, die Sascha L. wegen seiner ausgeprägten Stärke, Briefe ungeöffnet liegen lassen zu können, erst ein gutes Jahr später überhaupt zu Gesicht bekam. Der erste Amtsbrief enthielt ein Foto, das qualitativ durchaus als Daguerreotypie hätte durchgehen können. Anhand seiner markanten Gesichtsbehaarung war L. trotzdem leicht zu identifizieren. Neben dem offensichtlichen Schuldbeweis enthielt das Schreiben auch eine Aufforderung an den Halter des Fahrzeugs, doch bitte zum Vorwurf Stellung zu nehmen. Selbst wenn L. den Brief zeitnah geöffnet hätte, wäre eine Beantwortung unwahrscheinlich gewesen: Zur Stärke des Ungeöffnet-Liegenlassens gesellte sich in diesem Fall die Stärke, offene Fragen unbeantwortet zu lassen. In den folgenden Briefen, die

etwa im Monatsrhythmus eintrafen, nahm der Ton der Aufforderung an Schärfe zu. Schließlich drohten die Briefe unverhohlen mit einer gerichtlichen Eskalation; die vom Amt dafür verwendeten Formeln sind zu unerfreulich, als dass sie hier reproduziert werden könnten, und müssten dafür ja auch erst mal nachgelesen werden. Das Experiment schien seinem Höhepunkt mit der Härte des Gesetzes entgegenzustreben, L. war beim Öffnen des letzten Briefes darauf gefasst, eine in Abwesenheit gefällte Verurteilung zu Geldbuße und Haftstrafe aus dem Umschlag zu ziehen und schon Stunden später in Handschellen abgeführt zu werden. Stattdessen stand dort, dass das Verfahren mangels Beweisen eingestellt worden war. Ohne Strafe, ohne Punkte in Flensburg, ohne Konsequenzen, einfach eingestellt.
Wir lernen daraus, dass Probleme selten so wichtig sind, wie sie sich nehmen, und dass nicht zu reagieren manchmal die beste Reaktion darstellt. Jede Äußerung des Halters wäre hier als Schuldeingeständnis interpretiert worden – oder man hätte doch zumindest erkannt, dass sich hier jemand mit der Sache befasst. Probleme sind wie hässliche, dreibeinige Hunde: Sie kommen zu demjenigen, der sich um sie kümmert, und bleiben dann dort, selbst wenn man sie jeden Tag beschimpft.»
(Sascha Lobo)

TRIUMPH DES UNWILLENS

Von Haltung und Gewissen

> «An guten Vorsätzen war er unerschöpflich – Dies machte ihn aber auch beständig mit sich selber unzufrieden, weil der guten Vorsätze zu viele waren, als dass er sich selber jemals hätte ein Genüge tun können.»
>
> (Karl Philipp Moritz: «Anton Reiser»)

In diesem Moment lesen Sie ein Buch, obwohl Sie eigentlich zu tun hätten. Eigentlich sollten Sie Ihren Schreibtisch aufräumen, dringende Korrespondenz erledigen und endlich die To-do-Liste abarbeiten beziehungsweise erst mal anlegen. Dann aber ist Ihnen dieses Buch in die Hände gefallen, als Sie nach Druckerpapier suchten, um etwas ungeheuer Wichtiges auszudrucken. Und Sie haben die Gelegenheit ergriffen, es zu lesen – das hatten Sie sich wahrscheinlich schon mehrmals vorgenommen, aber irgendwie immer wieder aufgeschoben. Zum Zeitpunkt der Neuauflage 2022 bekommen wir immer noch Nachrichten von Menschen, die sich das Buch im Jahr 2008 gekauft haben, aber kürzlich erst dazu gekommen sind, es auch zu lesen oder wenigstens damit anzufangen. Wir nehmen Ihnen das alles nicht übel; lesen Sie das Buch einfach genau jetzt, denn vermutlich hängen auch Sie dem Lifestyle of Bad Organisation an – oder vielmehr hängt der Lifestyle Ihnen an: Schlechte Organisation sucht man sich selten aktiv aus.

Es leiden offenbar so viele unter einem mehr oder weniger organisationsfernen Lebensstil, dass es sich lohnt, tonnenweise Ratgeberliteratur in die Buchregale zu pressen. Dagegen wäre nichts einzuwenden, nur setzt die überwiegende Mehrheit am völlig falschen Ende an, nämlich an der schlechten Organisation statt am Leiden selbst. Als Hauptgrund für diesen Lebensstil werden in der Regel Disziplinlosigkeit, Angst und einige andere negative Charakterzüge genannt. Die meisten empfohlenen Maßnahmen bestehen aus einer Variation der Aufforderung «Reiß dich endlich zusammen» oder versorgen die Hilfesuchenden mit 139 einfachen Tipps und 56 Listensystemen für einen unkomplizierten Alltag. Joseph Ferrari, Psychologieprofessor an der DePaul-Universität in Chicago und Experte für Prokrastination, sagt deutlich, was von solchen Aufforderungen zu halten ist: «Einem aufschiebenden Menschen zu sagen, er solle einen Wochenplaner kaufen, ist so, als würde man jemandem mit chronischen Depressionen befehlen, einfach mal fröhlicher zu sein.» Das mag vom Ansatz her stimmen – geht uns aber nicht weit genug. Denn das Zitat legt nahe, dass Menschen, die Aufgaben aufschieben, unter einer Krankheit oder zumindest einer sozialen Deformation leiden. Wir möchten dieser Auffassung nicht folgen. Nicht die Aufschiebenden sind lebensuntauglich, vielmehr ist ihr Umfeld mit falschen Erwartungen und überkomplizierten Organisationsstrukturen verseucht. Eigentlich müsste man also einen Ratgeber für das Umfeld und den Alltag schreiben, wie sie besser mit LOBOs zurechtkommen. Trotzdem handelt nur ein kleiner Teil des

Buches davon, denn Umfeld und Alltag kommen selten zum Lesen.

Um für die Aufschiebenden die Wartezeit bis zur Besserung der Verhältnisse erträglicher zu gestalten, haben wir ein Ein-Schritt-Verfahren entwickelt. Herkömmliche Ratgeber raten, sich zu ändern, indem man Selbstdisziplin erlernt – unter Zuhilfenahme von: Selbstdisziplin. Unser Ein-Schritt-Verfahren geht einen einfacheren Weg. Wir raten, stattdessen die eigene Haltung zu Menschen und Dingen zu ändern. Dass darüber hinaus auch einige Tipps zu Kommunikation, Organisation und Arbeit im Buch enthalten sind, betrachte man als Kollateralnutzen. Bis auf die Änderung der Haltung ist kein Ratschlag so substanziell, als dass er nicht auch weggelassen werden könnte. Überhaupt wird bei den meisten Ratgebern vollkommen unterschätzt oder ausgeblendet, wie unterschiedlich die Menschen sind. Selbst Probleme, die von außen ähnlich geformt und gleich gefärbt scheinen, können von innen so grundverschieden sein wie ihre Besitzerinnen und Besitzer. Deshalb geben wir zusätzlich zu der Empfehlung, die eigene Haltung zu ändern, eine größere Anzahl von Ratschlägen, von denen man sich je nach Gusto die am besten passenden aussuchen kann. Die unpassenden werden sowieso nicht funktionieren.

Auch ganz ohne die Gesellschaft und ihre Umstände ist es normal, Aufgaben vor sich herzuschieben, Arbeiten nicht in kürzester Zeit zu erledigen und vieles einfach zu ignorieren. Das ist keine Resignation oder Kapitulation vor der Welt, sondern im Gegenteil für sehr viele Menschen die einzige Möglichkeit, überhaupt zu kämpfen – nämlich nicht an allen Fronten gleichzeitig. Carsten Zorn identifiziert in «Das Populäre der Gesellschaft» den Kapitalismus und seine «magische Empfehlung und Forderung, sich ununterbrochen zu bemühen», als den neuzeitlichen Übeltäter, der uns zwingt, ein Drittel der Wachzeit mit durchorganisierter Arbeit zu verbringen, auch die Freizeit möglichst noch sinnvoll zu nutzen und natürlich erst recht so effektiv wie möglich zu schlafen. Diese Ansicht können wir teilen, wollen aber allzu zornige Kapitalismuskritik vermeiden und vielmehr fragen, wie man sich der Forderung, sich ununterbrochen zu bemühen, entziehen kann, ohne dass das globale Wirtschaftssystem Stunden später in sich zusammenfällt.

Die Antwort liegt im einzigen Schritt, die eigene Haltung zu ändern: Nicht ich bin unzulänglich, die Welt ist ungünstig eingerichtet und falsch gewartet. Noch dazu bin ich mit dieser Problematik alles andere als allein. Aus dieser Einstellung heraus ergeben sich andere Prioritäten, es empfehlen sich andere Handlungsweisen. Eventuell muss man die eigene Motivation, die persönlichen Ziele und sogar den Beruf infrage stellen und der neuen Haltung angleichen. Bin ich im Angestelltendasein gut aufgehoben, wenn ich grundsätzlich mit allen Vorgesetzten aneinandergerate? Ist ein Ganztagsjob für mich das Richtige, wenn ich selten länger als zweieinhalb Stunden konzentriert arbeiten kann? Bei der Änderung der Haltung sollte man trotz allem der Welt ihre Unzulänglichkeit großmütig nachsehen und nicht vergessen, sich selbst und die eigenen Erwartungen an sich und das Leben zu überprüfen. Dabei sollte man sich nicht durch das Tagesgeschäft ablenken lassen, sondern versuchen, so viel Distanz wie möglich zum eigenen Alltag zu gewinnen, denn von innen betrachtet sehen die Umstände stets dringender und zwingender aus, als sie eigentlich sind. Scheinbaren Dringlichkeiten zu trotzen und im richtigen Moment auch mal nichts oder nicht das Geforderte zu tun, ist wesentlich häufiger richtig, als man glaubt.

Nichtstun bei lautestem Schrillen der Alarmglocken hat sogar einmal die Welt gerettet. Stanislaw Petrow, damals verantwortlicher Offizier für die atomare Abwehr der Sowjetunion, entnahm dem Überwachungssystem am 26. September 1983, dass fünf US-amerikanische Atomraketen auf dem Weg nach Russland seien. In den Wochen zuvor hatte es eine Fülle von Nickeligkeiten zwischen den Supermächten im Kalten Krieg gegeben. Gewitzt tat Petrow nichts. Er hätte mit einem Knopfdruck einen nuklearen Gegenangriff auf die USA starten können, und genau das wäre letztlich seine einzige Aufgabe gewesen. Er riskierte damit mindestens sein Leben, falls die Bedrohung sich als real erweisen würde. Auch wer sich in der Geschichte des Kalten Krieges nicht so gut auskennt, ahnt an dieser Stelle, dass sich die Systemmeldung als Fehlalarm erwies; eine besondere Wolkenkonstellation hatte Sonnenlicht ungünstig reflektiert und die Satelliten des Überwachungssystems, offenbar ohne funktionierendes Flusensieb, getäuscht. Der Zwischenfall darf als gleißender Meilenstein in der Kunst gelten, scheinbar Dringliches aufzuschieben, bis etwas mehr Ruhe und Klarheit herrscht.

Das Ziel sollte sein, zur richtigen Zeit das Richtige zu tun und davon nur so viel wie unbedingt nötig – und das ist in den meisten Fällen weniger, als man annimmt. Für den Alltag übersetzt, bedeutet das, den ständigen Beschuss der allerwichtigsten Notwendigkeiten, dem wir unterliegen, sinnvoll einzuordnen und sich nicht davon verrückt machen zu lassen – auch und besonders nicht davon, dass man einen Teil der scheinbaren Notwendigkeiten ignoriert.

In diesem Mechanismus liegt ein wesentlicher Bestandteil der Haltungsänderung verborgen: die Abschaffung des schlechten Gewissens. Es ist so selbstverständlich geworden, mindestens fünf Tage die Woche zu arbeiten, Überstunden zu leisten, im Urlaub wenigstens eine Sprache zu lernen, ein paar Fachbücher zu lesen und fitter zu werden, dass man vor seinem Gewissen kaum mehr eine Mittagspause verantworten kann, die länger dauert als eine halbe Stunde. Viele Unternehmen verlangen darüber hinaus, dass man seinen knappen Begeisterungsvorrat in ihre mäßig interessanten Arbeitsprozesse investiert, dass man mit Haut, Haaren und Herzblut Protokolle schreibt, Akten abheftet und das menschenverachtende Intranet auf Lotus-Notes-Basis benutzt. Erfüllt man diese hohen Erwartungen nicht, fühlt man sich schlecht, weil man sich schlecht fühlen soll. Selbst durchschnittlich disziplinierte Angestellte haben mit den Full-Service-Ansprüchen der Unternehmen oft Probleme. LOBOs aber benötigen in disziplinkritischen Bereichen den dreifachen Energieaufwand, um ein Drittel zu erreichen. Das kann einen kräftezehrenden Teufelskreis der Anstrengung in Gang setzen, wenn die scheinbar eigene Unzulänglichkeit mit noch mehr Arbeit wettgemacht werden soll.

Aber nicht nur bei Angestellten, auch unter Selbstständigen ist das schlechte Gewissen weitverbreitet. Das Fehlen geregelter Arbeitszeiten kann dazu führen, dass man sich selbst nach zwölf Stunden im Homeoffice schlecht fühlt, weil man schon aufhört, wo doch so viel Arbeit übrig ist. Müsste man nicht noch mehr Energie einsetzen, um ein besseres Ergebnis abzuliefern? Wird man den eigenen und fremden Ansprüchen gerecht? Der so aufgebaute Druck ist oft höher als der tatsächliche Druck der Kundschaft, und am Ende stehen Verzweiflungskäufe von Zeitmanagement-Literatur. Hier hilft ein Blick in das Kapitel «Halbe Kraft voraus!», um die Forderungen gegenüber sich selbst auf ein geeignetes Maß herunterzuschrauben.

Aus dem schlechten Gewissen der Freiberuflerin, wenn sie sich mitten in der Woche ein, zwei freie Tage nimmt oder es nicht schafft, eigenen oder fremden Ansprüchen gerecht zu werden, kann eine anhaltende Unzufriedenheit mit der eigenen Arbeit resultieren. Als Reaktion werden die Bemühungen intensiviert. Feierabend wird zu einem Wort aus einer Gewerkschaftsbroschüre, und man würde ausbrennen, wenn man es sich irgendwie leisten könnte. Das schlechte Gewissen, weil man Arbeiten nicht rechtzeitig oder nicht gut genug oder überhaupt nicht erledigt hat, führt so ebenfalls in einen Teufelskreis.

Die Lösung liegt in der Selbstkenntnis und der Abschaffung des schlechten Gewissens, wenn man etwas nicht schafft oder nicht so schafft wie gewünscht. Man hat mit dem Leben als solchem doch schon alle Hände voll zu tun. In vielen Ländern ist es beinahe ein Vollzeitjob, Staatsbürgerin oder Staatsbürger zu sein; in Italien nehmen sich Menschen einige Tage frei, wenn sie einen Amtsgang tätigen wollen, in Argentinien ist die Beschaffung eines neuen Ausweises ein bürokratischer Akt, der den Job des Warteprofis hervorgebracht hat: Warteprofis stellen sich gegen Geld in die verschiedenen Schlangen, unterschreiben qua Vollmacht und informieren per Handy die so vertretene Person, falls deren persönliche Anwesenheit kurzfristig nötig ist.

Seit weit über zweitausend Jahren forscht man in der Philosophie, Moraltheorie, Ethik, Theologie und seit einiger Zeit auch in der Neurologie daran, wie ein Gewissen zustande kommt und wie und warum es so schnell schlecht wird. Aus der Mehrzahl der Theorien und Erklärungsversuche lässt sich destillieren, dass das Gewissen ein Handlungskorrektiv auf der Basis von Wertvorstellungen ist: Es soll uns davor bewahren, Schlechtes zu tun – wobei wir die Definition von «Schlechtem» aussparen wollen, um uns nicht in philosophische Grabenkämpfe einzumischen, bevor die eine oder andere Seite gewonnen hat. Das Gewissen bezieht sich also auf Gegenwart und Zukunft, die beiden Handlungsebenen, die man noch beeinflussen kann. Das schlechte Gewissen hingegen bezieht sich auf die Vergangenheit und hat es dementsprechend schwer, noch etwas zu ändern.

Statt sich dem schlechten Gewissen hinzugeben, das doch der Fehlervermeidung dienen sollte, kann man sich fragen: Was genau werfe ich mir eigentlich vor? Habe ich tatsächlich etwas falsch gemacht? Wenn ja – wie kann ich den gleichen Fehler beim nächsten Mal vermeiden? Oder wenigstens beim übernächsten? Das schlechte Gewissen entsteht nämlich mit Vorliebe dann, wenn man ein vermutetes eigenes Fehlverhalten im Diffusen belässt. Sobald man über die Fehler nachdenkt und sich damit auseinandersetzt, verschwindet es. Oft muss darauf nicht einmal eine Aktion folgen, denn günstigerweise laufen viele Lernprozesse ohne unser Zutun im Hintergrund ab.

Aber auch für Menschen, die der Auseinandersetzung mit den eigenen Handlungen lieber ausweichen, hält unsere Natur Lösungen parat. Schon mit geringem Aufwand lässt sich schlechtes Gewissen in Reue umwandeln. Außer ein wenig Einsicht erfordert Reue nämlich keinerlei Tätigkeit, die man nicht auch im Liegen oder nebenbei beim Radfahren verrichten könnte. Dafür reinigt Reue die Seele wie eine Beichte bei sich selbst. Sogar wer weder sich analysieren noch irgendetwas bereuen möchte, hat noch Chancen auf die Abschaffung des schlechten Gewissens. Ein Forscherteam aus Toronto und Chicago hat kürzlich nachgewiesen, dass simples Waschen auch das Gewissen reinigt. Besonders die Hände zu waschen, wirkt hier wie eine Säuberung von Schuld und Selbstvorwürfen. Nicht zufällig gibt es in den Religionen, die seit Jahrtausenden am spirituellen Markt von den Kunden gut nachgefragt werden, symbolische Waschzeremonien: die christliche Taufe, die jüdische Mikwe, das islamische Wudū', die Buddha-Waschung im Buddhismus und viele andere.

Besser noch, als das schlechte Gewissen loszuwerden, nachdem es entstanden ist, ist zweifellos, es gar nicht erst entstehen zu lassen. Die vorher angesprochene Haltungsänderung ist dafür von großem Vorteil, wie in den folgenden Kapiteln des Buches zu sehen sein wird. Den ersten Schritt in diese Richtung kann man gehen, indem man sich sein Lebensziel ins Bewusstsein ruft. Diejenigen, die jetzt etwas vollkommen anderes als «glücklich werden» anführen, möchten sich bitte die entsprechenden Ratgeber wie «Stinkreich in 30 Tagen», «Pflichterfüllung – weil es sich so gehört» oder «Ein besserer Mensch nach nur 50 Wiedergeburten» kaufen. Wir möchten uns in diesem Buch darauf konzentrieren, wie man selbst in diesem Leben mit so wenig zusätzlichem Aufwand wie möglich glücklicher wird. Die Abschaffung des schlechten Gewissens in Arbeitsdingen und anderen Pflichten gehört dazu. Dabei folgen wir dem Utilitaristen Jeremy Bentham ein gutes Stück des Weges. Zur Erinnerung: Utilitaristen glauben, dass man stets so handeln solle, dass das größte Glück für die meisten Beteiligten dabei herauskommt. In der Frage, woher dieses Glück kommen sollte, war Bentham nicht wählerisch: «Das Pushpin-Spiel ist genauso viel wert wie Musik und Dichtung», wobei Pushpin ein Kinderspiel mit Stecknadeln war. Dahinter steht die Ansicht, dass es keine prinzipiell besseren oder schlechteren Tätigkeiten gibt, sondern nur solche, die Menschen froh machen, und solche, die das eben nicht tun.

In der näheren Definition des Utilitarismus kann man sich sicher jahrelang verheddern, vor allem in der für uns relevanten Frage, ob und wie sich das Unglück des einen mit dem Glück des anderen aufwiegen lässt. Wir möchten lediglich dezent darauf hinweisen, dass die Linderung unseres Leidens am Organisiertheitsdiktat nicht zwingend das Unglück derjenigen bedeutet, die darunter weniger leiden. Die Menschen sollen um 6.30 Uhr ins Büro gehen dürfen, sie sollen weiterhin Steuerberatungssoftware für Hunderte Euro kaufen können, sie sollen gern auch in Zukunft bereits bei der allerersten Aufforderung sämtliche Aufgaben auf Listen notieren, erledigen und an alle Beteiligten kommunizieren. Aber wir wollen nicht mit schlechtem Gewissen dastehen müssen, wenn wir die Dinge anders erledigen. Oder später. Oder auch nicht.

«Ich glaube, es war meine erste Amtshandlung im Jahr 2018, am ersten Werktag nach Neujahr: den Therapeuten anrufen. Und ihm auf die Mailbox sprechen. Ich wäre nun so weit. Die Medikamente, bitte. Also, ich würde das gern mal ausprobieren. Die Praxis war gerade geschlossen, der Therapeut hatte noch eine andere Nummer, auch da rief ich an, aber dann verpassten wir einander ein- oder zweimal am Telefon. Noch ein paar Jahre oder sogar Monate zuvor wäre das für mich Grund genug gewesen, mir und zum Beispiel meiner Frau zu sagen: Ich hab's versucht, irgendwie klappt das gerade nicht. Und dann alles auf ewige Wiedervorlage: Niedergeschlagenheit, Arbeit und Leiden, Scham, sich nicht helfen lassen.

Meine Frau hatte vor einiger Zeit die Nummer der Depressionsambulanz vom Universitätsklinikum Eppendorf für meine Mutter herausgesucht. Stattdessen rief ich jetzt dort an. Ich glaube, ich hatte meinen Termin drei oder vier Wochen später, jedenfalls gerade noch im Januar.

Also, um das mal aufzudröseln, chronologisch: Die Empfehlung, ich bräuchte eine begleitende Therapie, bekam ich Ende Januar 2018. Im April 2018, als ich bei meinem Hausarzt war, weil ich ein neues Rezept brauchte, gab er mir die Namen und Telefonnummern von drei Therapeutinnen, zwei Männern und einer Frau, und einen Überweisungsschein. Für mich hatte ich beschlossen, lieber zu einer Frau zu gehen, er aber empfahl mir dringend, erst die Männer zu versuchen, er kannte sie und fand sie für mich besonders passend, keine Ahnung, weshalb (er sah mich normalerweise nur alle zwei Jahre zur Vorsorgeuntersuchung). Wenn ich nun auf eigene Faust die Frau anrief und nicht die Männer, dann fragte vielleicht mein Hausarzt eines Abends beim Polo (?) oder Wasserball (?) oder im Aquarellkurs (?) seine beiden Kollegen, ob ich mich denn schon gemeldet hätte, und wenn nicht, dann wären die irgendwie … Nun gut, jetzt, wo ich es hier so hinschreibe, kommt es mir selbst lächerlich vor, das gebe ich zu. Aber über solche Gedanken verstrich das Quartal, und ich hätte eine neue Überweisung gebraucht (nein, hätte ich nicht, aber ich dachte es), doch um die wollte ich nun aber nicht noch einmal bitten, denn das hätte womöglich geheißen, die ganze Männer-Frauen-Diskussion zu führen, also tat ich gar nichts. Was ich damit andeuten will: Wahnsinnig viel mehr Energie und Tatkraft hatte ich nun auch nicht, aber ich schämte mich nicht mehr so dafür, ich ließ es geschehen und machte das Beste daraus. Und das Beste daraus machen heißt und hieß eben manchmal, oder sogar recht oft, gar nichts tun.

Die Adresse von einem neuropsychiatrischen Zentrum in meinem Stadtteil, von dem man Therapieangebote bekommt, besorgte ich mir, ein gutes Jahr nachdem ich die Sache mit den drei Empfehlungen und der Überweisung verbummelt hatte, also etwa im Frühsommer 2019. Im Sommer kümmerte ich mich dann da um einen Termin. Die Psychiaterin im neuropsychiatrischen Zentrum erklärte mir: Wenn ich auch bereit wäre, mich von einer Therapeutin in Ausbildung behandeln zu lassen, könnte ich mit einer Wartezeit von drei bis sechs Monaten rechnen, ansonsten würde das vermutlich viel länger dauern. Mir gefiel der Gedanke auf Anhieb: nicht lange warten zu müssen.

Im Sommer 2019 also bekam ich die Adressenliste, und als ich Anfang 2020 meine Schublade aufräumte, schlug ich sie endlich auf und rief das erste, mir nächste Institut an, eine Einrichtung an der ganz neu gebauten Universität in der Hamburger Hafencity. Das gefiel mir besonders gut: ein künstlicher und von vielen als anonym und

unpersönlich abgelehnter Stadtteil, darin ein ganz neu errichtetes Institutsgebäude, das von außen aussieht wie die Firmenzentrale einer Autoversicherung und von innen ehrlich gesagt auch. Das stellte ich befriedigt fest, als ich Ende Januar 2020, zwei Jahre nach meinem Besuch in der Depressionsambulanz am UKE, dort meinen ersten Termin hatte.
Zwei Jahre also. Die ich gebraucht habe, um zwei oder drei Telefonate zu führen und zwei Termine zu vereinbaren. Von wegen gewissenhaft. Früher hätte ich das als lähmende Niederlage empfunden. Jetzt dachte und denke ich: Na, zwei Jahre, das ist doch noch überschaubar. Das erste Mal hast du zwanzig Jahre gebraucht. Das ist doch auch ein bisschen lustig.»

(Till Raether, gekürzter Auszug aus «Bin ich schon depressiv, oder ist das noch das Leben?», Rowohlt 2020)

2. ARBEIT

DER INNERE ZWINGLI

Vom Arbeitsethos

> «Persönlich habe ich überhaupt nichts gegen Arbeit, insbesondere, wenn sie still und unauffällig von jemand anderem erledigt wird. Ich glaube nur nicht daran, dass Arbeit der passende Anwendungszweck für eine ‹Ethik› ist.»
>
> (Barbara Ehrenreich: «Goodbye to the Work Ethic», 1988)

Unser Körper ist unserem Bewusstsein weit voraus; er hat das Energiesparen zur Kunstform erhoben, tut gerade eben das Notwendigste und manchmal nicht einmal das. Der menschliche Körper schafft es, mit ein paar Hundert Gramm Schlachtereiabfällen und fermentierten Pflanzenresten jeden Tag ein bis mehrere Zentner Knochen, Fleisch und Ausrüstungsgegenstände durch die Welt zu bewegen. Die meisten Menschen können aus dem Stand weitgehend problemlos einige Wochen fasten und fühlen sich dabei meistens sogar besser als vorher. Andere Lebewesen haben sich deutlich anstrengendere Modelle ausgesucht: Die Spitzmaus muss jeden Tag ihr eigenes Körpergewicht in Würmern und Insekten verzehren, weil ihr Stoffwechsel ein Workaholic ist – man möchte sich nicht vorstellen, wie die Welt aussähe, wenn der menschliche Körper ähnlich eingerichtet wäre. Was in Gesellschaft und Politik erst in letzter Zeit zum Topthema geworden ist, hat sich in den Millionen Jahren der Entwicklung des menschlichen Körpers als wichtigstes Prinzip herausgestellt: Energiesparen ist mehr als eine Tugend, es ist eine Voraussetzung zum Überleben. Und immerhin ist der Mensch der Spitzmaus nach Ansicht von Experten in einigen Bereichen überlegen. Von der unbemühten Effizienz des Körpers lernen heißt liegen lernen, heißt Energie sparen lernen, und über viele Tausend Jahre war den Menschen das auch bewusst.

Bis zum späten Mittelalter arbeitete die Mehrzahl der (freien) Menschen maximal sechs Stunden am Tag. Der Autor Graham Robb vertrat in der «New York Times» vom 25. November 2007 gar die These, dass eine Art Winterschlaf in vielen Regionen Europas bis ins 19. Jahrhundert hinein üblich war, und das nicht nur in winters unwirtlichen Gegenden wie den Alpen oder Russland, sondern auch zum Beispiel unter Winzern in Burgund. Nach der letzten Weinernte verbrannte man das übrig gebliebene organische Material, reparierte ein paar Geräte und legte sich bis zum Frühjahr hin. Robb zitiert einen französischen Staatsbeamten, der 1844 die wirtschaftliche Situation dieser Weinbauern untersuchen sollte und überrascht feststellte: «Diese lebhaften Menschen werden nun ihre Tage im Bett verbringen, eng zusammenliegend, um warm zu bleiben und weniger Essen zu brauchen. (…) Die Einwohner von Beaucaire an der Rhône haben auf dem Markt im Sommer genug verdient, um den Rest des Jahres damit zu verbringen, zu rauchen, Karten zu spielen, zu jagen und zu schlafen.»

Der Psychologe Robert Levine untersuchte für sein Buch «Eine Landkarte der Zeit», wie Menschen in verschiedenen

Kulturen mit Zeit umgehen. Er fand heraus, dass sich der Entwicklungsstand eines Landes daran ablesen lässt, wie viel Zeit seine Bürger mit Arbeit verbringen: Je entwickelter ein Land ist, desto weniger freie Zeit bleibt pro Tag. In Jäger-und-Sammler-Gesellschaften wird, so Levine, am wenigsten gearbeitet: «Die Kapauku auf Papua sind davon überzeugt, dass es nicht gut ist, an zwei aufeinander folgenden Tagen zu arbeiten. Die !Kung arbeiten zweieinhalb Tage pro Woche, normalerweise sechs Stunden pro Tag. Auf den Sandwich-Inseln arbeiten die Männer nur vier Stunden pro Tag.» An dieser Stelle könnte man einwenden, sie machten sich auf Kosten der Frauen einen schönen Lenz, und man hätte damit völlig recht. Auch Frauen aber arbeiten, so Levine, in weniger entwickelten Wirtschaftssystemen durchschnittlich 15 bis 20 Stunden pro Woche, also immer noch deutlich weniger, als in Europa vorgesehen. Das schlechte Gewissen, heute schon wieder nichts Vernünftiges getan zu haben, ist eine relativ neue Erscheinung.

In unserer heutigen Gesellschaft gibt es ebenfalls eine Reihe von Menschen, die in einigen Monaten genügend verdienen, um theoretisch den Rest des Jahres nicht arbeiten zu müssen oder sich dem Fluss des täglichen Passierens hinzugeben. Hinzu kommt, dass allein im Jahr 2006 die ungeheure Summe von 150 Milliarden Euro in Deutschland vererbt worden ist, naturgemäß zumeist an Menschen im arbeitsfähigen Alter. Aber hört man oft davon, dass sich der begüterte Teil der erbenden Generation von der Büroarbeit ab- und dem geliebten Hobby zuwendet, weil mit dem Erbe die finanzielle Absicherung erreicht ist? Nein, davon hört man wenig, denn in der kapitalistischen Gesellschaft gilt alles, was nicht zielgerichtet, produktiv und effektiv erscheint, als Makel. Daher kennen auch wenig bis gar nichts Erbende, die zugegebenermaßen die Mehrheit stellen, aus anderen Gründen als nur dem finanziellen einen diffusen Arbeitsdrang.

Wir glauben, dass in der allgemein als verbindlich angesehenen gesellschaftlichen Arbeitswut eine der Ursachen dafür liegt, dass sich viele Menschen überfordert fühlen. Wir möchten das Gefühl der ständigen Arbeitsverpflichtung sezieren, was per definitionem erfordert, es vorher abzutöten. Vor diesem Hintergrund lohnt es sich zu fragen, wo es seine Wurzeln hat und weshalb es vielen Menschen zunächst Unbehagen bereitet, sich davon frei zu machen.

Folgen wir an dieser Stelle Max Weber, um den Ursachen der aktionistischen Arbeitswut auf den Grund zu gehen. Mit seiner Schrift «Die protestantische Ethik und der Geist des Kapitalismus» bringt er uns auf den richtigen Pfad: Das protestantische Arbeitsethos der reformatorischen Bewegung im 16. Jahrhundert ist die Keimzelle des schlechten Gewissens, das wir bekommen, wenn wir uns nicht ständig Mühe geben und nicht bei jeder Aufgabe an unsere Grenzen gehen. Der Urvater dieser lästigen Arbeitsauffassung hatte einen der hässlichst vorstellbaren Namen, der zudem als *telling name* verstanden werden möchte: der Schweizer Reformator Huldrych Zwingli. Seine reformatorischen Bemühungen fußten auf einer talibanesken Gedankenwelt, die es an Freudlosigkeit mit jedem unbeleuchteten Vakuum aufnehmen kann. Zu einem Musikverbot (zumindest in der Kirche) gesellten sich die üblichen protestantischen Zumutungen, gipfelnd in der Einstellung zum Thema Arbeit. Fortwährende, freudlose Arbeit setzte er gleich mit Gottesfurcht, harte Plackereien waren in seinen Augen Gebete.

Der ihm wenige Jahre später nachfolgende Johannes Calvin verfeinerte diese Einstellung des Grauens noch und schuf mit seinem Calvinismus die religiösen Voraussetzungen für den durchschlagenden Erfolg des Kapitalismus und der Doktrin des Mühegebens. Max Weber stellte den ursächlichen Zusammenhang zwischen protestantischer Religion und dem arbeitsamen Streben folgendermaßen dar: «Erwerb von Geld und immer mehr Geld, unter strengster Vermeidung alles unbefangenen Genießens, so gänzlich aller eudämonistischen oder gar hedonistischen Gesichtspunkte entkleidet, so rein als Selbstzweck gedacht, dass es als etwas gegenüber dem ‹Glück› oder dem ‹Nutzen› des einzelnen Individuums jedenfalls gänzlich Transzendentes und schlechthin Irrationales erscheint.»

Der Historiker Sigmund Widmer schreibt dazu: «Reichtum und Wohlhabenheit der heutigen Staaten deckt sich, von wenigen Ausnahmen abgesehen, mit der Adaption von Zwinglis Arbeitsethos.» In anderen Worten: Wenn unsere Vorfahren sich die protestantische Arbeitsethik nicht zu eigen gemacht hätten, stünden wir heute ohne Gitarrenverstärker da, womöglich gäbe es noch nicht einmal Internet. Da liegt die Forderung nahe, wir hätten es ihnen gleichzutun, anstatt uns im gemachten Bett zu räkeln. Zum einen heiligt aber der wirtschaftliche Erfolg einer Idee nicht unbedingt alle Mittel. Immerhin haben die Römer auch den Aquädukt, das Dampfbad und die Zentralheizung zustande gebracht, ohne dass wir deshalb heute den Einsatz von Sklaven für das Nonplusultra der betrieblichen Organisation halten. Zum anderen hat die immense Steigerung der Produktivität seit Zwinglis Zeiten nicht so sehr mit Fleiß als vielmehr mit Nachdenken über geeignetere Arbeitsmethoden und -mittel zu tun. Versuchen wir daher lieber, das

Gute an der protestantischen Einstellung zur Arbeit behutsam vom Schlechten loszulösen: Der Wunsch nach ständiger Verbesserung und die Aufmerksamkeit für Verbesserungsmöglichkeiten ist nicht dasselbe wie der Wunsch, sich zwecks größerer Gottgefälligkeit 18 Stunden täglich abzuplagen.

Weil das protestantische Arbeitsethos sich längst zu einem Bestandteil des Kapitalismus ausgewachsen hat, muss man nicht lange suchen, um seinen Geist auch im verpflichtenden Gesetzeswerk wiederzufinden. Außerhalb des unbezahlten Urlaubs existiert keine angemessene gesellschaftliche Einordnung für eine Arbeitspause wegen Lustlosigkeit oder einer dringenden zweijährigen Weltreise, man muss stattdessen Arbeitslosigkeit, Selbstständigkeit oder gar ein Studium vortäuschen, wenn man nicht gravierende Nachteile in Kauf nehmen möchte. Dem protestantischen Arbeitsethos zum Dank zählt die ebenso unnatürliche wie unermüdliche Konstanz auch in der Rentenversicherung absonderlich viel, eine Beitragsunterbrechung kann die Rente empfindlich mindern.

Man kann sich leicht vorstellen, dass der Zwingli in uns in Verbindung mit den heute üblichen Arbeiten zwischen Büro und Fabrikhalle uns überhaupt nicht mehr zur Besinnung kommen lässt, weil er das Erwerbsleben vierzig Jahre lang in Arbeit und Erholung von der Arbeit unterteilt. Noch dazu dient der «Erholungsurlaub» arbeitsrechtlich der Erhaltung der Arbeitskraft. Das Bundesurlaubsgesetz (§ 8) schreibt vor: «Während des Urlaubs darf der Arbeitnehmer keine dem Urlaubszweck widersprechende Erwerbstätigkeit leisten.» Diese gesetzlich unterstützte Fixierung auf die konstante Leistungserbringung lässt kaum Zeit zum Nachdenken und für wirklich sinnvolle Tätigkeiten.

Die große Welle an Produktivitätsblogs, -websites und -ratgebern, die etwa seit der Jahrtausendwende – vor allem aus Amerika – über uns hereingebrochen ist, zeigt, dass gerade ein uralter, schon seit der industriellen Revolution gehegter Vorgesetztentraum wahr wird: Mussten Angestellte früher noch beständig kontrolliert, zur Arbeit angehalten und ermahnt werden, nehmen sie es heute selbst auf sich, alles einzuüben, was der vermuteten Steigerung ihrer Produktivität dient. Abseits der protestantischen Irrwege ist auch die Arbeitskultur in Japan auf einem unschönen Weg. Selbstdisziplinierte Arbeitswut gilt dort als derart erstrebenswerte Eigenschaft, dass nicht selten Angestellte gezwungen werden müssen, ihren Urlaub zu nehmen. Die direkte Folge dieses Disziplinexzesses ist Karoshi, der Tod durch Überarbeitung, der seit Ende der 1980er-Jahre als gesellschaftliches Problem wahrgenommen wird.

Mit Zwingli und Calvin ist die Schweiz das Ursprungsland des deformierten Arbeitsethos im Westen. Gewissermaßen als Wiedergutmachung wurden dort inzwischen eine Reihe von Instrumenten eingeführt, die der Natur des Menschen entgegenkommen: Teilzeitarbeit auch in hoch qualifizierten Jobs, munter zwischen 25 und 100 Prozent hin- und herskalierbar, ist anders als in Deutschland gesellschaftliche Normalität. In Schweden und Norwegen existiert ein gesetzliches Recht auf ein Sabbatjahr. Und sogar im kapitalistischen Herzen des protestantischen Arbeitsethos, in den USA, gibt es Gegenbewegungen. «Best Buy», mit weit über 1000 Ladengeschäften und mehr als 30 Milliarden Dollar Jahresumsatz der größte Elektronik-Discounter Nordamerikas, hat in seiner Zentrale zwischen 2005 und 2008 ROWE eingeführt. ROWE, erfunden von den Best-Buy-Mitarbeiterinnen Jody Thompson und Cali Ressler, steht für «Results Only Work Environment» und bedeutet im Wesentlichen, dass egal ist, wie viel, wie, wann und wo man arbeitet, wenn die Ergebnisse stimmen. In einigen Abteilungen stieg die Produktivität daraufhin um bis zu 35 Prozent; die Mitarbeitenden-Fluktuation sank um 90 Prozent. 2013 bekam Best Buy einen neuen CEO, der ROWE gleich wieder abschaffte. Spätestens während der Corona-Pandemie ab 2020 mussten sich aber viele Unternehmen damit arrangieren, dass ihre Mitarbeitenden die Arbeit nicht mehr dort ausüben, wo man ihre Anwesenheit ständig kontrollieren kann, sondern zum Beispiel zu Hause. Die freie Ortswahl ist bei den Arbeitenden beliebt, sie spart CO_2 und Pendelzeiten, und auch die Unternehmen scheinen von ihr zu profitieren. Allerdings ist man bei allen solchen Modellen auf kluge Vorgesetzte angewiesen, die ihre Mitarbeitenden nicht sofort mit der doppelten Menge Arbeit eindecken, sobald sich herausstellt, dass sie weniger als acht Stunden am Schreibtisch verbringen.

Trotz dieser Anzeichen, dass es in westlichen Gesellschaften eine Gegenentwicklung zum protestantischen Arbeitsethos gibt, peinigt die meisten von uns noch immer die Einstellung, Arbeit müsse mit der Selbstdisziplinierung beginnen, möglichst lange dauern und dürfe nicht allzu viel Freude bereiten. Zum Glück kann man das schlechte Gewissen zielgerichtet bekämpfen. Der erste und wichtigste Schritt ist, sich der anerzogenen Mechanik bewusst zu werden. Man muss das Arbeitsethos ja nicht gleich abschaffen, aber in seiner jetzigen Form kann man es beruhigt in eine Schublade legen und in ein paar Jahren mal nachsehen, ob man es vermisst hat.

FLEISSLOS GLÜCKLICH

Lob der Disziplinlosigkeit

> Aber kein Papa war zu sehen und auch keine Mama, und Annika fragte ängstlich:
> «Wohnst du hier ganz allein?»
> «Aber nein, Herr Nilsson und das Pferd wohnen ja auch hier.»
> «Ja aber, ich meine, hast du keine Mama und keinen Papa hier?»
> «Nein, gar nicht», sagte Pippi vergnügt.
> «Aber wer sagt dir, wenn du abends ins Bett gehen sollst und all so was?»
> «Das mach ich selbst», sagte Pippi. «Erst sag ich es ganz freundlich, und wenn ich nicht gehorche, dann sag ich es noch mal streng, und wenn ich dann immer noch nicht hören will, dann gibt es Haue.»
> (Astrid Lindgren, «Pippi Langstrumpf»)

Die Rolle der Selbstdisziplin im Alltag ist nicht so ausgiebig erforscht, wie man vielleicht denken könnte. Professor Dr. Reinhard Tausch von der Universität Hamburg, Fachbereich Psychologie, stellte 2004 beinahe empört fest: «Trotz der Bedeutung der Selbstdisziplin für die Verminderung von nachteiligem Gesundheitsverhalten fanden wir keine empirische Untersuchung, die die Vorgänge bei der Selbstdisziplin im Alltag klärt!» Aus diesem Grund veranlasste er selbst eine solche Untersuchung mit 225 Teilnehmenden, die uns ein empirisch untermauertes Bild vermittelt. Der Glaube an das Wundermittel Selbstdisziplin scheint fest in den Köpfen der Menschen verankert zu sein, wenn es darum geht, Ziele zu erreichen – auch wenn man auf die entsprechende Arbeit keine Lust hat. Der Grund für diese Unlust wird aber zu selten hinterfragt. Stattdessen glauben 77 Prozent der von Tausch für die Studie Befragten, dass «Selbstdisziplin hilft (...), schwierige Aufgaben durchzuhalten». Leider hilft Selbstdisziplin ebenso, bescheuerte Aufgaben durchzuhalten: Sie ist nämlich ein Mittel der Überwindung der eigenen Gefühle, der eigenen Intelligenz und damit der Freiheit der Entscheidung. Die Notwendigkeit von Selbstdisziplin ist ein klares Zeichen dafür, dass etwas falsch läuft und das Unterbewusstsein diesen Umstand nur früher begriffen hat. Der fatale, aber verbreitete Irrtum besteht darin, Selbstdisziplin mit Motivation zu verwechseln, also sich selbst zu zwingen, etwas zu wollen; eine absurde Konstruktion.

Ein häufig zwischen Küchenmedizin, Volksweisheit und Erziehungsversuchen gehörtes Argument lautet, dass man «auf seinen Körper hören» solle. Kaum jemand wird etwas dagegen haben, körperliche Signale wie Übelkeit und Unwohlsein ernst zu nehmen. Warum aber wird so gut wie nie davon gesprochen, man solle «auf seine Seele hören»? Vermutlich, weil es arg esoterisch klingt. Aber wenn die Seele sich sträubt, bestimmte Tätigkeiten zu verrichten, kann es sich um den gleichen Widerwillen handeln, der einen davon abhält, die Hand auf die heiße Herdplatte zu legen. Der Akt an sich würde nicht besser dadurch, dass man sich mithilfe von selbstdisziplinierenden Maßnahmen dazu zwingt.

Selbstdisziplin ist keine Tugend, sondern zunächst die Negation der eigenen Bedürfnisse. Es lohnt sich fast immer, hier die Frage zu stellen: Warum versuche ich überhaupt, Selbstdisziplin einzusetzen? Selbstdisziplin wird oft dort angewandt, wo man Schwächen hat. Wo die eigenen Stärken liegen, ist von ihr selten die Rede. Die Arbeit an den eigenen Schwachstellen macht nicht nur viel weniger Spaß als der Einsatz der vorhandenen Fähigkeiten, sie ist auch nicht besonders effizient. Mit großer Mühe wird man schwach ausgeprägte Fähigkeiten um ein paar Prozentpunkte steigern können. Konzentriert man sich dagegen auf seine Stärken, kommt man ohne Selbstdisziplin aus und erreicht mehr. Training ist in angenehmen Disziplinen effektiver als in verhassten, weil man motivierter bei der Sache ist. Gegen die Vorlieben anzutrainieren bedeutet, gegen die eigene Persönlichkeit zu arbeiten. Aber alles Training der Welt wird aus einer Zange bestenfalls einen mittelmäßigen Hammer machen.

Wer sein bisheriges Leben auf Selbstdisziplin aufgebaut hat, sollte den Entzug schrittweise vornehmen, denn es können ganze Sinngebäude in sich zusammenfallen, wenn man den Selbstzwang zu schnell entfernt. Trotzdem ist eine Kündigung des verhassten Jobs auch nach fünfundzwanzig Jahren kein Fehler, sondern ein Schritt in die richtige Richtung. Auch jüngere Menschen fühlen sich allzu oft für immer festgelegt, wenn sie etwa eine Ausbildung begonnen haben. Abbruch oder Änderung kommen für sie nicht infrage, weil damit für sie alle bisherigen Bemühungen vergebens erscheinen würden – eine unglückliche und gefährliche Betrachtungsweise.

Ein schmerzhafter Klassiker der falsch eingesetzten Selbstdisziplin ist das Studium, das nicht den eigenen Stärken entsprechend ausgewählt wurde, sondern um Eltern oder den Berufsberatungen des Arbeitsamts zu genügen. Besonders geeignet wirken Fachrichtungen mit hohem gesellschaftlichem Renommee oder scheinbar guten Karriereaussichten. Ein solches Image vergrößert das Risiko, einem gefährlichen Trugschluss zu erliegen und sich per Wahl des Studienfachs oder der Ausbildung zu disziplinieren.

Oft sollen die Teufel Lustlosigkeit und Unkenntnis der eigenen Ziele mithilfe des Beelzebub Selbstdisziplin ausgetrieben werden. Auch mit einer Reihe natürlicher und chemischer Hilfsmittel lassen sich täglicher Lernschmerz oder bohrende Langeweile auf interessante Art und Weise lindern. Die Frage ist aber, weshalb man sich durch die Vorlesungen, Seminare und Repetitorien quält, anstatt darüber nachzudenken, warum einem die Hausaufgabe über die Ausnahmeregelung für die Ausnahmegenehmigung für einen Handwerkerparkausweis für Servicefahrzeuge nach Paragraf 46 der Straßenverkehrsordnung (im Regierungsbezirk Düsseldorf, in der Region Köln/Bonn, im Ruhrgebiet, in Ostwestfalen-Lippe, im Münsterland und in der Region Aachen) so schwerfällt.

Wenn man sich in einem schwergängigen Arbeitsfeld plagt, statt einfach aufzuhören (siehe Kapitel «Jedem Ende wohnt ein Zauber inne»), führt der Einsatz von Selbstdisziplin für LOBOs letztendlich sogar zu mehr Prokrastination: Man läuft

Gefahr, seine Zukunft mit Arbeit zu verbringen, die aufschiebefördernd wirkt, weil sie freudlos daherkommt. Wer weniger Aufgaben hat, die Selbstdisziplin erfordern, wird automatisch weniger prokrastinieren.

ARBEIT, SCHMARBEIT

Die zwei Geschmacksrichtungen der Arbeit

> «Eigentlich ist gar nichts Arbeit. Außer dann, wenn man lieber etwas anderes tun würde.»
> (J. M. Barrie)

Vielleicht würde es helfen, wenn man zwei verschiedene Worte für Arbeit hätte. Eines für schöne Arbeit und eines für unschöne Arbeit – Arbeit und Schmarbeit, zum Beispiel. Das gesellschaftliche Bild der Arbeit ist vergiftet vom unschönen Anteil und dem politisch-bürokratischen Getöse drum herum. Arbeit gilt als etwas Lästiges, etwas Anstrengendes, das man vermeiden und reduzieren sollte, eine Tätigkeit, für die man eine Art Schmerzensgeld bekommt, für das man obendrein auch noch Steuern bezahlen muss. Das 20. Jahrhundert hat nicht viele gute Haare am Begriff der Arbeit gelassen. Vermutlich zu Recht, wenn man ein Fabrikfließband oder den Steinkohlebergbau betrachtet, nicht zu reden von Arbeitskonstellationen in anderen Teilen der Welt. Aber wir wollen das 21. Jahrhundert im reichen Europa betrachten. Eine schöne Arbeit kann jede Arbeit sein, wenn man sie subjektiv gut findet – und wir wollen niemandem vorschreiben, welche ästhetischen Maßstäbe an die eigene Arbeit anzulegen sind.

Die meisten Ratgeberautorinnen und -autoren haben keine hohe Meinung von der Arbeit. Das Buch «Counseling the Procrastinator in Academic Settings» kommt recht harsch zu dem Schluss, dass Arbeit gefälligst nichts mit Inspiration, Begeisterung oder dem richtigen Moment zu tun haben soll. Arbeit habe als anstrengend und lästig akzeptiert zu werden, alles andere sei eine irrationale Idee einiger unordentlicher Studierender. Schlimmer noch der Vorwurf: «Prokrastinierende leben für den Moment (...). Für sie ist Zeit etwas, das man auskosten und genießen sollte. Die Zukunft betrachten sie als eine Verlängerung ihres Studierendenlebens, und häufig verhalten sie sich, als gäbe es kein Morgen.» Solche Klagen hören sich zwar wissenschaftlicher, aber kaum besser an als das autoritäre «Flausen austreiben», mit dem Generationen von jungen Menschen für jede halbwegs freudvolle Arbeit absichtlich verdorben wurden.

Auf der anderen Seite hat sich eine amorphe Front derjenigen Autoren gebildet, die Arbeit und ihre Notwendigkeit anders einschätzen. Der Prokrastinationsberater Neil Fiore diagnostiziert in «The Now Habit» das Aufschiebeverhalten nicht zuletzt als Symptom einer latenten Überarbeitung und rät dazu, sich generell weniger vorzunehmen. Piers Steel, Professor für Personalwesen und Organisationsdynamik in Calgary, erklärt, dass die sogenannte «task aversiveness» eine entscheidende Rolle bei der Prokrastination spielt, eine (echte oder vermutete) Unangenehmheit einer zu erledigenden Aufgabe. LOBOs macht diese Unangenehmheit ganz besonders zu schaffen, so wie einige Menschen unter Lärm mehr leiden als andere.

Der Prokrastinationsforscher Allan Blunt unterscheidet ebenfalls gute und schlechte beziehungsweise zielführende oder nicht zielführende Arbeit und stellt fest, dass Prokrastination ein Zeichen von «verinnerlichten, aber falschen Zielen» sein kann. Die Arbeit wird also aufgeschoben, weil man im Innern weiß, dass sie einem nicht nutzt oder sogar schadet. Wer Selbstdisziplin einsetzen muss, um eine unschöne Aufgabe, einen lästigen Job zu verrichten, isst einen Teller vergifteter Suppe auf, ohne sich durch den alarmierend üblen Geschmack davon abbringen zu lassen.

Uns kommt es darauf an, die Haltung zur Arbeit zu überdenken und als Gegenpol zur hässlichen Fratze der Schmarbeit nicht nur die Faulheit gelten zu lassen, sondern auch die schöne Arbeit. Wir schlagen als Definition vor: Schöne Arbeiten sind solche, die man sich samt Rahmenbedingungen überwiegend selbst ausgewählt hat und an denen man deshalb Freude hat. Das Leben der meisten Menschen in Westeuropa enthält einen Anteil schöner und einen Anteil unschöner Arbeit. Das Ziel sollte sein, das Verhältnis zu optimieren. Zwar wird es nicht gelingen, die unschöne Arbeit vollumfänglich zu verbannen – aber auf eine Verbesserung kann man immer hinwirken.

Zweifler mögen einwenden, Arbeit müsse eben Mühe machen, sonst könne sie nicht produktiv sein, der tägliche Kampf ums Überleben im Kapitalismus sei eben ein Kampf, und Kämpfe schmerzten. Aber wie kommt es dann, dass jeder Mensch eine Reihe von Dingen lernt und sich erarbeitet, die nützlich sein können und nicht als mühsame Arbeit empfunden werden? Kinder lernen Laufen, Sprechen und Nasebohren mühelos mit dem Antrieb von Neugier und Begeisterung, hoch komplizierte Computerspiele mit der Steuerungskomplexität einer Raumfähre werden von Erwachsenen mit Freude konsumiert, obwohl sie objektiv betrachtet mindestens so kompliziert, redundant und langwierig sind wie der Kampf auf Leben und Tod mit einer Exceltabelle. Für Arbeitsferien auf dem Bauernhof bezahlen die Gäste, während sie Ziegen hüten, Hühner schlachten und Rüben ernten. Auch in Berufen, in denen viel und hart gearbeitet werden muss, gibt es Menschen, die genau diese Arbeit mit Freude erledigen.

Arbeit macht nämlich nicht dann Spaß, wenn sie einer bestimmten Kategorie «besserer» Arbeit angehört, sondern dann, wenn man sie freiwillig und zu den eigenen Bedingungen ausübt. So erklärt sich auch die Karriere einiger Tätigkeiten wie Stricken, Schreinern, Töpfern, Angeln und Gartenarbeit. Sie waren einst ganz normale Arbeit, haben diesen Schmuddelkindstatus aber mittlerweile abgelegt. In Deutschland ist kaum mehr jemand dazu gezwungen, die eigene Kleidung, die Möbel oder Nahrung selbst herzustellen. Das ebnet den Weg für eine Umdeutung dieser Tätigkeiten zu wohltuenden Freizeit-Fingerübungen. Am eigentlichen Vorgang des Angelns oder Unkrautjätens hat sich dadurch aber nichts geändert.

Alles spricht also dafür, unschöner Arbeit nicht nur kurzfristig durch Prokrastination aus dem Weg zu gehen, sondern sie strategisch so weit wie möglich zu verbannen. Die Entdeckung des ungarischen Glücksforschers Mihály Csikszentmihályi kann man sich nicht oft genug als Leitstern auf dem Weg zu einer schönen Arbeit vor Augen halten: Der Mensch ist erwiesenermaßen am glücklichsten, wenn er arbeitet, und zwar dann, wenn es sich um eine schaffbare, aber fordernde und vor allem selbst gewählte Aufgabe handelt. Nur dann gelangt man in den Flow-Zustand, der so heißt, weil er einen bei der Arbeit

Zeit und Raum vergessen lässt; der Flow-Zustand ist so etwas wie der Heilige Gral der Motivation und damit der Arbeit. In diesem Zustand der produktiven Glückseligkeit schüttet der Körper Hormone aus, die auch beim Verliebtsein und beim Sex in die Blutbahn gepumpt werden. Kurz, eine Arbeit, die einen in diesen Zustand versetzt, ist eine, mit der man nicht nur kurz-, sondern auch langfristig glücklich wird. Selbst wenn es sich um etwas handelt, was bisher nicht alle Arbeit nennen.

«Ich habe Ende 1997 den sogenannten großen BGB gemacht, den letzten Schein, den ich brauchte, um mich zum Examen anmelden zu können. Das juristische Staatsexamen erfordert im Schnitt eine Vorbereitung von einem Jahr. Mein Plan war immer, an einem Montag anzufangen. Aber montags habe ich immer den Spiegel gelesen. Und an einem Dienstag fängt man ja keinen Marathon an. Ich mochte zwar Aspekte meines Studiums ganz gern, aber wenn man zwanzig Juristen nimmt und sie in ein Repetitorium steckt, dann weiß man, dass Sartre recht hatte, als er sagte: Die Hölle, das sind die anderen. Die Kultur, die sich um das Juristische herum entwickelt hat, ist mir immer fremd geblieben. Beige Dieseljeans, Halbschuhe mit Bommeln bei den Männern, Perlenketten bei den Frauen. All das ist vermutlich an jeder Uni so, dass man die Juristen erkennt. Mein ganzes Studium durch musste ich mir anhören: ‹Du siehst gar nicht aus wie ein Jurist.› Die Leute hatten recht. Nun wäre diese Erkenntnis ja ein Grund gewesen, das Studium zu schmeißen und etwas anderes zu machen. Ich hatte aber Gefallen daran gefun-

den, nichts zu tun. An guten Tagen schaffte ich es, mein Leben so zu organisieren, dass ich mich nicht bewegen musste, an sehr guten bekam ich jemanden dazu, mich zu versorgen. Das waren dann natürlich meistens Mädchen, Prokrastinieren macht mit Mädchen zusammen wesentlich mehr Spaß als alleine. Noch besser als nur Spaß: Eine Freundin suchen, die streitlustig ist. Dann ist immer etwas los, und die Dinge schieben sich von ganz alleine auf. Da man ja vielleicht nichts tun kann, aber nicht nichts denken, glich mein Leben mit der Zeit einem Trainingscamp für ‹Wer wird Millionär›. Ich häufte Wissen an, Wissen, das kein Mensch braucht. Nichts von dem, was ich tat, konnte für den Lebenslauf verwendet werden. Als ich dann zufällig zum Bloggen kam, zeigte sich, dass der ganze Quatsch, den ich mir angefuttert hatte, wunderbar Artikel um Artikel hervorbrachte. Artikel schiebe ich übrigens nie auf, als Autor bin ich ein Streber. Was die Vermutung nahelegt, dass Prokrastination eine Verweigerung von Dingen ist, die man wirklich nicht machen sollte.»
(Malte Welding)

DAS SPÄTER-PRINZIP

Wie man professionell prokrastiniert

> Bernd: «Gut, dass mein Talk morgen früh fertig sein muss. Endlich hab ich alle Protokolle gelesen. Irgendwann musste ich es ja tun.»
> Mela: «Brauchst du die für den Talk?»
> Bernd: «Nein.»
> Mela: «Willst du noch die Fenster putzen?»
> (Mela Eckenfels, Twitter, 8. Oktober 2018)

Nur selten lässt die Evolution ein wirklich sinnloses Ding entstehen. Unnütze Körperteile wie der Blinddarm und die Mandeln sind in den letzten Jahren rehabilitiert worden (sie gelten seitdem als «irgendwie gut fürs Immunsystem»), und selbst Wespen dienen immerhin anderen Tieren als Nahrung. Das menschliche Aufschiebeverhalten ist mindestens so nützlich wie Blinddarm, Rachenmandel und Wespe zusammen, denn es funktioniert als sinnvoller Reizfilter, als Schutz vor unnötiger Arbeit, es hilft, spontan Chancen wahrzunehmen und in komplexen oder überfordernden Situationen die benötigte Distanz zu schaffen. Das Aufschieben hat eine psychische Pufferfunktion, die den steilen Berg Aufgaben, der sich vor einem auftürmt, vielleicht nicht bezwingbar, aber immerhin umgehbar erscheinen lässt. Menschen, die trotz ihrer Aufschiebegewohnheiten ab und zu Dinge geregelt bekommen, haben für sich einen Weg gefunden, die Mühsal angemessen dosiert zu sich zu nehmen. Davon kann man lernen, denn die meisten arbeitenden Menschen leiden von Zeit zu Zeit oder auch ständig an Überlastung. Vieles deutet außerdem darauf hin, dass Prokrastination ein schwierig zu kontrollierender, aber wichtiger Bestandteil kreativer Prozesse ist. Das kecke Tierchen Inspiration kommt nur selten aus dem Bau, wenn man auf den Boden stampft und darauf beharrt. Man legt besser Nüsschen hin, nimmt eine spannungslösende Position ein und wartet gezielt ab, möglichst ohne sich selbst oder die Inspiration unter Druck zu setzen. (Siehe hierzu das Kapitel «Heute jedoch nicht».)

Der erste Schritt zum professionelleren Prokrastinieren ist das Lockerlassen. Die Journalistin Harriet Wolff berichtet: «Ich bin mittlerweile netter zu mir selber. Früher konnte ich mich richtig gegen mich stellen und hatte einen solchen Hass auf mich selber. Man hadert dann so mit sich: ‹Was ist das für eine beschissene Arbeitseinstellung!› Und dann geht erst recht gar nichts mehr. Das mache ich nicht mehr, den Selbstterror muss man echt unterbinden. Seitdem geht's ein bisschen besser.» Durch Selbstvorwürfe sorgt man nicht nur dafür, dass das Aufschieben noch viel weniger Spaß macht als die so vermiedene Arbeit. Es wird durch die so erzeugte schlechte Laune auch noch schwerer, jemals mit der Arbeit anzufangen. (Zu den Ursachen siehe Kapitel «Nimm 2!».)

Das Hadern ist aber schon deshalb unangebracht, weil Umgehen und Aufschieben nicht – wie Unerfahrene gern annehmen – mit Faulheit zu verwechseln ist. Unter den Beschäftigungen, denen man nachgehen kann, während man um die eigentliche Arbeit herumschleicht, belegt untätiges Herumliegen keineswegs einen der vorderen Plätze. Im Gegenteil: Je dringender man arbeiten müsste, desto stärker wird die Motivation, stattdessen etwas ganz anderes zu tun. Tatendrang wird wie, sagen wir, Spucke oder Galle ständig gebildet und braucht einen Abfluss. Beschließt man jetzt, sich «nur noch der Magisterarbeit zu widmen», die man dann natürlich erst mal monatelang nicht schreibt, entsteht ein enormer Tatendrangstau. Bei Ungeübten entlädt er sich in sinnlosen Tätigkeiten wie dem gründlichen Putzen auch hinter dem Kühlschrank. Profis kann es stattdessen gelingen, dabei Open-Source-Software, ein Buch oder ein paar Kinder in die Welt zu setzen.

Der Philosophieprofessor John Perry beschreibt die Technik auf seiner Website structuredprocrastination.com: «Ich wollte diesen Essay schon seit Monaten schreiben. Warum fange ich heute endlich damit an? Weil ich endlich die Zeit gefunden habe? Nein. Ich müsste Hausarbeiten benoten, Lehrbücher bestellen, einen Antrag begutachten, Dissertationsentwürfe lesen. Ich arbeite an diesem Essay, um dem allen aus dem Weg zu gehen.» Perry rät dazu, sich Aufgaben vorzunehmen, die ungemein dringend und wichtig erscheinen, ohne es tatsächlich zu sein. Während man ihnen ausweicht, erledigt sich andere, wichtigere Arbeit wie von allein. «Zum Glück herrscht im Leben kein Mangel an solchen Aufgaben. An Universitäten fällt die überwiegende Mehrheit aller Arbeiten in diese Kategorie, und ich bin mir sicher, dass es in den meisten großen Institutionen nicht anders ist. Nehmen wir zum Beispiel den Eintrag, der gerade ganz oben auf meiner Liste steht. Ich muss einen Essay für einen Sammelband über Sprachphilosophie zu Ende schreiben. Abgabetermin war vor elf Monaten. Ich habe eine

Unzahl wichtiger Dinge zustande gebracht, indem ich mich vor dieser Aufgabe gedrückt habe.»

In manchen Fällen ist diese Ersatztätigkeit weder angenehmer noch interessanter als die Pflicht, der man aus dem Weg geht. Dass sie nicht die «eigentliche Arbeit» ist, genügt bereits, um sie attraktiv zu machen. Dieser Umstand birgt eine nicht unwesentliche Gefahr, denn Ungeübte neigen dazu, sich mit schlecht gewählten Beschäftigungen vor der Arbeit zu drücken. Der Softwareentwickler Paul Graham erläutert in seinem Essay «Good and Bad Procrastination»: «Je nachdem, was man tut, anstatt an einer bestimmten Aufgabe zu arbeiten, gibt es drei Varianten der Prokrastination: Man kann a) nichts tun, b) etwas weniger Wichtiges tun oder c) etwas Wichtigeres tun. Die dritte Sorte, behaupte ich, ist gute Prokrastination.»

Wie wichtig eine bestimmte Tätigkeit eigentlich war, lässt sich allerdings meistens erst im Rückblick feststellen. Samuel Pepys war ein fleißiger britischer Staatssekretär des 17. Jahrhunderts, der heute vergessen wäre, hätte er nicht ein privates Tagebuch geführt, in dem er von Auseinandersetzungen mit seiner Frau, aber auch von der Pest und dem großen Brand Londons berichtet. Die Flickr-Gründer entwickelten die Foto-Sharing-Plattform, die sie später reich machen sollte, nebenbei und zum Spaß, während sie ein längst vergessenes Spiel für ihre «eigentliche Arbeit» hielten. Wir empfehlen daher als Indikator eher die Begeisterung, mit der man sich einer Aufgabe widmet. Das Sortieren von Belegen, das Aufräumen des Kellers und das Bügeln und Falten sämtlicher Socken verdanken ihre Beliebtheit als Ausweichtätigkeiten jedenfalls nicht ihrer Wichtigkeit, sondern allein ihrer gewissensberuhigenden Wirkung. Sie sollten nur von ahnungslosen Neulingen im ersten

Prokrastinationssemester ausgeübt werden (und natürlich von allen, denen diese Tätigkeiten wirklich Freude machen, denn auch das gibt es).

Prokrastinationsprofis gelingen oft herausragende Leistungen. Linus Torvalds brauchte acht Jahre, um sein Informatikstudium abzuschließen, weil er währenddessen das Betriebssystem Linux entwickelte. Isaac Newton vernachlässigte die Arbeit auf der Farm seiner Mutter, weil er lieber Bücher las. Robert Schumann spielte Klavier, anstatt sich seinem Jurastudium zu widmen. Und Leonardo da Vincis Arbeit als Hofmaler blieb liegen, weil Geometrie ihn mehr interessierte. Die Brüder Joel und Ethan Coen schrieben das Drehbuch zu «Barton Fink», weil sie mit der Arbeit am Drehbuch zu «Miller's Crossing» nicht vorankamen:

Ethan: «Es ging nur ganz langsam voran. Wir haben ewig dafür gebraucht. Ich glaube, weil der Plot so verwickelt war, hatten wir es irgendwann einfach satt. Wir haben dann beschlossen, Urlaub vom Drehbuch zu machen, indem wir was anderes schreiben, und das war dann ‹Barton Fink›.»

Joel: «Wir waren etwa halb fertig, und … es war keine richtige Schreiblähmung, aber manchmal kommt man einfach beim Plot oder an irgendeiner Stelle nicht mehr weiter, und es geht einfacher, wenn man über was anderes nachdenkt. So ist ‹Barton Fink› entstanden. Das ging dann ganz schnell, wir haben ungefähr drei Wochen für das Drehbuch gebraucht. Ich weiß auch nicht, was das heißt.»

Ironischerweise handelt «Barton Fink» von einem Drehbuchautor mit Schreibhemmung, ein klassisches Beispiel für ein konstruktiv gewendetes Problem. (In dieselbe Kategorie gehört das vorliegende Buch.)

Die Regisseurin und Drehbuchautorin Miranda July erklärt im Vorwort ihres Buchs «Es findet dich», dass das Buch als Ausweichprojekt entstand, während sie ebenfalls gerade in einem Drehbuch feststeckte:

> «Das Lustige an meiner Prokrastination war, dass ich das Drehbuch beinahe fertig hatte. Ich hatte quasi Drachen besiegt und Gliedmaßen eingebüßt und war durch Sümpfe gewatet, und jetzt kam endlich das Schloss in Sicht. Winzig klein konnte ich schon die Kinder erkennen, die auf dem Balkon Fähnchen schwenkten – ich brauchte nur noch ein einziges Feld zu überqueren. Aber plötzlich wurde ich sehr, sehr müde. Die Kinder trauten ihren Augen nicht, als ich auf die Knie sank und mit offenen Augen vornüberkippte. Reglos lag ich da und beobachtete, wie die Ameisen in ein Erdloch huschten und wieder heraus. Ich wusste, dass das Aufstehen tausend Mal schwerer sein würde als das mit dem Drachen oder dem Sumpf, daher versuchte ich es gar nicht erst. Ich klickte mich einfach von einer Seite zur nächsten und zur nächsten.»
>
> (Miranda July: «Es findet dich»)

Aus diesem Weiterklicken ist ein Buch über Menschen entstanden, die Dinge über eine Second-Hand-Plattform verkaufen. Das Drehbuch zum Film «The Future» wurde etwas später auch noch fertig.

Aber natürlich müssen bei der Prokrastination keine Drehbücher, Betriebssysteme oder andere Wunderwerke entstehen. Auch ganz alltägliche Tätigkeiten, die sich in ihrer Erfreulichkeit nicht spürbar unterscheiden, lassen sich mit etwas Glück und Übung zu einem Prokrastinationszirkel zusammenschließen. Man erledigt dann jede Aufgabe, um sich einer anderen nicht widmen zu müssen, bis man am Ende versehentlich die ursprünglich vermiedene Tätigkeit hinter sich gebracht hat. Solange die gewählten Übersprungshandlungen ohne Hadern, Unglück und Sockenbügeln vonstattengehen, ist alles in Ordnung. Eine nicht zu große Prise Schuldgefühle verleiht mit dicken Romanen, Serien oder mit gar nichts verbrachten Tagen schließlich erst die richtige Würze.

«Prokrastination war immer gut zu mir. Mit dem Studium fing es an, denn kaum hörte man auf, mich wie zu Schulzeiten in enge, tägliche Hausaufgabendeadlines einzusperren, lag ich nur noch herum und las Krimis. Das brachte mir einen schönen Job in einer Krimibuchhandlung ein. Mein Freund P., den sein Studium so sehr langweilte, dass er überhaupt nicht mehr hinging, saß zu Hause herum und guckte Glücksrad, und weil man nicht den ganzen Tag Glücksrad gucken kann, programmierte er nebenher eine eigene Glücksrad-Version. Schon bald wurde er in einem Multimediaunternehmen angestellt und hängte sein Studium an den Haken, heute hat er seine eigene Softwareagentur. Ich prokrastinierte in der Krimibuchhandlung weiter, indem ich der Buchhandlung eine Website baute, was wiederum Aufträge von Verlagen nach sich zog, die ins Internet wollten. An die Uni ging ich jetzt noch seltener als früher, ich hatte auch kaum Zeit dazu, denn weil ich auch gut im Glücksradgucken gewesen war, saugte die Multimediabranche mich gleich mit auf. Während ich mich um die Krimibuchhandlung, die Verlage, die Multimedia-Handlangerdienste und mein Studium hätte kümmern sollen, verbrachte ich viel Zeit in einem SM-Chat. Daraus entstand ein Sachbuch über SM, und weil ich eigentlich das Buch hätte schreiben sollen, gelang es mir, mein Studium abzuschließen. Als das erledigt war, gründete ich mit Freunden zusammen eine Firma, die Zentrale Intelligenz Agentur. Es mussten dringend neue, firmenfremde Ausweichtätigkeiten her, deshalb nahm ich nebenher einige neue Jobs an und trieb mich viel im Internetforum hoefliche-paparazzi.de herum, einem Tempel der Zeitverschwendung. Dort lernte ich unter anderem Aleks Scholz und Sascha Lobo kennen, mit denen ich später Bücher schrieb, um mich so vor anderen Tätigkeiten zu drücken. Das alles führte dazu, dass ich indirekt für jahrelanges Herumhängen in Internetforen viel Geld ausgehändigt bekam. Das Einzige, was sich merkwürdigerweise nie für mich ausgezahlt hat, war eine ausgedehnte Tetrisspielperiode in meiner Zeit als studentische Hilfskraft. Aber das kann ja noch kommen.»

(Kathrin Passig)

6 EMPFEHLUNGEN FÜR PROFESSIONELLES PROKRASTINIEREN

1. **Prokrastination rechtzeitig üben.** Wenn dann eine Lebensaufgabe auftaucht, die bei den meisten Menschen mittelschwere bis dramatische Arbeitsstörungen verursacht, ist man gut vorbereitet. Im Fachbuch «Procrastination and Task Avoidance» heißt es dazu: «Dissertationsprokrastination kommt anders als andere Formen der Prokrastination tatsächlich häufiger bei gewissenhaften Studierenden vor. (…) Die Arbeitsstörungen, die bei der Dissertationsprokrastination auftreten, sind für die Betroffenen gewöhnlich sehr verstörend, weil ihnen die umfangreiche Erfahrung mit unvollendeter Arbeit fehlt, über die der typische Prokrastinierer verfügt. (…) Die Unfähigkeit, eine Aufgabe zu Ende zu bringen, ist sehr beängstigend und bedeutet Kontrollverlust. Genau das macht das Verhalten für die Betroffenen so beunruhigend. Überraschend viele bis dato sehr erfolgreiche Promovierende suchen wegen ihrer Dissertationsprokrastination therapeutische Hilfe.» Ein Beispiel aus der Praxis:

«Im Studium lief eigentlich alles super, ich habe ein sehr gutes Vordiplom gemacht, ein fast genauso gutes Diplom, ich habe zwischendurch die Statistik-Hausaufgaben fürs halbe Semester gemacht. Aber mit dem Ende der Diplomarbeit kam die Arbeitsblockade. Ich habe ein halbes Jahr gebraucht, um mit der Doktorarbeit anzufangen, und anfangen heißt in dem Zusammenhang, den Arbeitsplatz überhaupt einzurichten. Klugerweise hatte ich mir für

die Doktorarbeit ein Thema ausgewählt, das von anderen Leuten als vollkommen undurchführbar bezeichnet wurde. Ein Jahr lang habe ich vielleicht einen Tag in der Woche tatsächlich was dafür getan und mich ansonsten vor der Arbeit gedrückt. In der Zeit habe ich mir Programmieren beigebracht, einen IRC-Client programmiert, mir das Webseitenmachen beigebracht, diverse Web-Projekte gestemmt und Perl gelernt und damit ein kleines Content-Management-System geschrieben. Dann war die Zeit vorbei, und meine Förderung war ausgelaufen. Und irgendwann bin ich dann einfach gegangen und habe die Tür zugemacht.»
(Johannes Jander)

2. **Ausschlafen.** Unangenehm viele Produktivitätsratgeber empfehlen, früh aufzustehen oder sich im Extremfall mit «polyphasischem Schlafen» zu befassen, einer Technik, die die Gesamtschlafzeit auf zwei Stunden reduzieren kann. Eigentlich sollte als Gegenargument genügen, dass es sehr schön ist, im Bett herumzuliegen, und noch viel schöner, lange dort liegen zu bleiben. Aber für Menschen, denen Produktivität wichtiger ist als Wohlergehen, sei auf ein Ergebnis der Schlafforschung hingewiesen: Ausgeschlafene Versuchspersonen, die man vor ein Problem stellt, kommen eher auf die schnelle, einfache Lösung, während unausgeschlafene sich in mühsame Lösungswege verbeißen. Am Schlaf sparen heißt daher am falschen Ende sparen.
3. **Sich nicht zu wenig vornehmen.** Wenn eine Prokrastiniererin zehn Aufgaben vor sich hat, wird sie vielleicht ein

bis zwei davon erledigen (dafür aber zwölf andere). Gibt man ihr einzig und allein einen Bleistift zu spitzen, bleibt der Bleistift auf ewig ungespitzt. Für dieses Phänomen gibt es eine verhaltensökonomische Erklärung: Wer gleichzeitig an mehreren voneinander unabhängigen Projekten arbeitet und eine Aufgabe heute nicht erledigt, muss diese Aufgabe später auf Kosten der anderen Projekte erledigen. Wer prokrastiniert, tut das, weil die Kosten des Aufschiebens gering sind. Für Vielbeschäftigte bringt aber auch das Aufschieben höhere Kosten mit sich. Der Autor und Astrophysiker Aleks Scholz berichtet: «Seltsamerweise habe ich in der Zeit, in der ich am ‹Lexikon des Unwissens› geschrieben habe, nicht weniger Astronomie, sondern mehr gemacht. Arbeit ist irgendwie magnetisch. Fängt man einmal damit an, kann man nicht mehr aufhören.»

4. **Alles gleichzeitig anpacken.** Selbst in den weniger schlechten Selbsthilfebüchern wird dazu geraten, sich immer nur auf eine einzige Aufgabe zu konzentrieren. Eine Begründung dafür lautet, dass die «Einrichtungskosten» einer bestimmten Tätigkeit, also die Zeit, die man mit Vorbereitung und Einstieg zubringt, konstant sind und bei jedem Wechsel der Beschäftigung neu anfallen. Aber führt diese Überlegung etwa dazu, dass man bei Tisch zuerst den ganzen Reis, dann das ganze Gemüse und dann das Fleisch isst? Springt man im Schwimmbad erst eine Stunde vom Sprungbrett und isst dann eine Stunde lang Eis? Robert Levine erklärt in «Eine Landkarte der Zeit», dass Monotasking eine spezifische Angewohnheit in «Uhrzeitkulturen» – also den meisten westlichen Ländern – ist. In «Ereigniszeitkulturen» dagegen ziehen die meisten Men-

schen eine polychrone Planung vor, tun also gern viele Dinge gleichzeitig: «In der polychronen Zeit widmet man sich einem Projekt, bis eine Neigung oder Anregung auftaucht, sich einem anderen zuzuwenden, das wiederum zu einer Idee für ein weiteres führen kann. Dann kehrt man vielleicht zum ersten zurück, mit eingeschobenen und unvorhersagbaren Pausen und Wiederaufnahmen der einen oder anderen Aufgabe. In der P-Zeit machen alle Aufgaben jeweils nur kleine Fortschritte.» Levine rät zum flexiblen Wechsel zwischen polychroner und monochroner Zeit. Kompromisshalber kann man wenigstens innerhalb einer Aufgabe herumhüpfen – beim Schreiben heißt diese Technik «The Fieldstone Method» und wird von Gerald M. Weinberg im gleichnamigen Buch näher beschrieben. Wenn es an einer Stelle klemmt, geht es dafür an einer anderen voran. Weinberg, Autor zahlreicher Sachbücher, erklärt dazu: «Persönlich weiß ich so gut wie gar nichts darüber, wie man einen Text nach dem anderen schreibt (…) Betrachten wir einmal die Texte, an denen ich gerade arbeite – mein ‹work in progress›-Verzeichnis. Zählt man das vorliegende Manuskript mit, liegen hier über dreißig Bücher in verschiedenen Stadien der Fertigstellung oder Unfertigkeit herum. Ich habe 36 unvollendete Artikel für meine monatliche Kolumne und 27 für andere Medien oder unbestimmte Zwecke. Dazu kommt ein unüberschaubares Sammelsurium von kleinen Einzelteilen ohne bestimmten Anlass. Vielleicht finde ich eines Tages Verwendung dafür. Vielleicht auch nicht.»

5. **Arbeit liegen lassen.** Noch einmal Aleks Scholz: «Ich habe so einige Leichen im Keller, halb fertige wissenschaft-

liche Publikationen, über die ich seit Jahren mit schlechtem Gewissen nachdenke. Bei Gesprächen an der Uni habe ich gemerkt, dass ausnahmslos jeder solche Arbeiten herumliegen hat. Dann bin ich zu dem Schluss gekommen, dass diese im Keller vergrabenen Leichen womöglich die eigentliche Triebfeder für alles waren, was ich seitdem erledigt und veröffentlicht habe.»

6. **Keine Produktivitätsblogs lesen.** Begründung: siehe den Erfahrungsbericht im folgenden Kasten.

«Ich leide unter schwerer Getting-Things-Done-ADHS. Die bekommt man, wenn man sich so intensiv mit der Frage befasst, wie man produktiv wird, dass man sich nicht mal auf eine einzige Aufgabe konzentrieren kann, weil man stattdessen über den Prozess nachdenkt, wie man *alles* erledigt. Das System beschäftigt mich so, dass ich mich nicht auf die eigentlich anstehende Aufgabe konzentrieren kann. Jedes Mal, wenn ich mich hinsetze, um an meinem E-Book zu arbeiten, frage ich mich, ob das jetzt der beste Einsatz meiner Zeit ist. Wenn ich mich hinsetze, um eine Strategie für meine Zeiteinteilung zu entwickeln, frage ich mich, ob ich nicht das ganze Planen lassen und es *einfach mal machen* sollte. Ein unproduktiver Teufelskreis!
Schuld daran ist die ‹Getting Things Done›-Methodik und die unrealistischen Erwartungen, die sie weckt. Dahinter steckt eine zentrale Vorstellung: Wenn man sich erst mal ein ‹perfektes› Organisationssystem eingerichtet hat, vergisst man nichts mehr, man wird doppelt so

produktiv, man schafft mehr in kürzerer Zeit, und alles ist stressfrei und eitel Sonnenschein. Okay, vielleicht übertreibe ich, aber so kommt es mir jedenfalls vor. Ich stelle mir vor, dass Leute, die *richtig* produktiv und organisiert sind, in einer Welt leben, die ich nie kennenlernen werde. Sie sind mir zehn Schritte voraus, und ich muss mich schon anstrengen, um auch nur den Kopf über Wasser zu halten. Alles, was ich mit meiner kostbaren Zeit anfange, fühlt sich plötzlich wie Zeitverschwendung an. Ich bekomme Panik, dass ich nicht hundertprozentig bei der Sache bin.

Und das Traurigste daran: Wenn ich das Gefühl bekomme, dass meine Projekte mich überschwemmen, dass ich nicht weiß, wofür ich meine Zeit verwenden soll und dass ich mich nicht darauf konzentrieren kann, auch nur *eine* Sache zu erledigen, was mache ich dann? Ich lese Produktivitäts-Blogs. Kein Witz. Ich kann stundenlang Zen Habits, Achieve-IT, LifeDev, Ian's Messy Desk und Organize IT lesen. Ich springe in totaler ADHS-Trance im Internet herum, ich konzentriere mich auf nichts, aber ich habe immer das Gefühl, dass ich die nötigen Informationen zusammentrage, die mich irgendwann in die endgültige ‹Produktivitätszone› befördern werden.»

(Chrissy Clayton: «The Executive Assistant's Toolbox», ehemals eatoolbox.com)

SCHNARFEN UND GOLKEN

Die Wahrheit über Zeitverschwendung

> «‹Tu ich etwa nichts?›, fragte das rothaarige Mädchen. ‹Ich hüpf hier, was das Zeug hält, und jetzt kommst du und sagst, dass ich nichts tue. Hüpf selbst, dann wirst du sehen, dass man was tut, wenn man hüpft.›»
> (Astrid Lindgren: «Pippi Langstrumpf»)

Vor nichts werden aufschiebeanfällige Bevölkerungsgruppen so oft und eindringlich gewarnt wie vor der Zeitverschwendung. Dabei ist echte Zeitverschwendung gar nicht leicht zu finden. In der Online-Enzyklopädie «h2g2» heißt es unter dem Stichwort «Effiziente Zeitverschwendung»: «Wenn eine bestimmte Zeitspanne als verschwendet gelten soll, darf sich keinerlei persönlicher, spiritueller, sozialer oder materieller Nutzen daraus ergeben. Daraus folgt, dass viele Tätigkeiten fälschlich als Zeitverschwendung eingestuft werden. Tatsächlich kann sich fast jede Beschäftigung auf die eine oder andere Art als nützlich erweisen.» Dann listet die Enzyklopädie Ratschläge auf, die verhindern sollen, dass man versehentlich von künstlerischem Schaffen, Philosophie, Soziologie oder dem Internet profitiert. Wer Computerspiele spielt, lernt dabei womöglich eine Fremdsprache, schult das logische Denken und die Reflexe oder trainiert Projektleiterfähigkeiten beim Anführen einer «World of Warcraft»-Gilde. Selbst in einem geisteswissenschaftlichen Studium kann man dazulernen, wenn man nicht sehr auf der Hut ist. Spätestens seit es möglich ist, mit hauptberuflichem Computerspielen Geld zu verdienen, ist echte, nachweislich sinnlose Zeitverschwendung so rar geworden, dass man sie vermutlich demnächst unter Naturschutz stellen und von bezahlten Teilzeitkräften ausüben lassen wird, um sie vor dem Aussterben zu bewahren.

Wird eine bestimmte Tätigkeit als Zeitverschwendung kritisiert, heißt das näher betrachtet nur, dass sie gegenwärtig am eigenen Wohnort wenig soziale Anerkennung genießt. Deshalb ist solche Kritik ein gutes Indiz dafür, dass man sich dieser Beschäftigung wirklich aus Begeisterung widmet. Denn der Mensch ist ein leicht zu beeinflussendes Tierchen und tut vieles auch einfach nur, weil die Gesellschaft ihn dafür hinter den Ohren krault. Eine Beschäftigung, der man aus eigener Motivation heraus nachgeht, macht normalerweise mehr Spaß als eine, an der man teilnimmt, weil es alle anderen auch tun.

Diese Freude an einer Tätigkeit ist eigentlich schon Rechtfertigung genug. Aber weil die Welt unerfreulich viele Menschen enthält, die darauf entgegnen werden: «Spaß, Spaß! Man kann nicht immer nur an den Spaß denken!», sei an dieser Stelle darauf verwiesen, dass auch ein Nutzen für den Rest der Welt sich überdurchschnittlich oft dann ergibt, wenn jemand das tut, was ihn begeistert. Ein solcher Nutzen ist allerdings nicht immer auf Anhieb zu erkennen, insbesondere nicht für Eltern oder Lehrkräfte. Charles Darwins Vater hatte große Bedenken gegen die Pläne seines Sohns, mit dem Forschungsschiff «Beagle» zu einer Weltreise aufzubrechen. Die Reise sei schädlich für Darwins Karriere als Geistlicher und außerdem komplette Zeitverschwendung. Zum Glück ignorierte Darwin diesen Einwand, bereiste die Welt und entdeckte die Grundprinzipien der Evolution. Übrigens dauerte es danach noch fast dreißig Jahre, bis er seine Erkenntnisse in «The Origin of Species» veröffentlichte.

Zeitverschwendungsprofis mag es gelingen, Beschäftigungen zu finden, die tatsächlich nicht den allergeringsten Nutzen mit sich bringen. Auch dagegen ist nichts einzuwenden, denn der Tag hat ziemlich viele Stunden, und es gibt kein Gesetz, das vorschreibt, sie allesamt sinnvoll zu nutzen. Wenn wir nur eine einzige Stunde arbeiten, sind wir schließlich, dem technischen Fortschritt sei Dank, immer noch produktiver als die meisten unserer Vorfahren an einem ganzen Arbeitstag.

Halten wir fest, dass es keine prinzipiell «besseren» und «schlechteren» Beschäftigungen gibt. Alle dürfen ohne schlechtes Gewissen das tun, was sie am meisten interessiert. Übellaunige Ratschläge wie diese kann man getrost ignorieren:

«Tauschen Sie lieber zunächst nur einen Fernsehabend pro Woche gegen einen Leseabend, als dass Sie sich das Fernsehen ganz verbieten. Und am Anfang müssen es auch nicht gleich drei Lesestunden am Stück sein. Wenn Sie täglich nur 10 Seiten lesen, schaffen Sie ein 200 Seiten dickes Buch in 20 Tagen. Und das wiederum macht etwa 18 Bücher im Jahr – falls Sie keine Lesepausen einlegen.»
(Marco von Münchhausen: «So zähmen Sie Ihren inneren Schweinehund»)

«Unterbrechen Sie den Serienzwang. ‹Daily soaps› und andere Serienprogramme können süchtig machen. Falls Sie infiziert sind, sehen Sie sich nur noch jede zweite Sendung an. Dann bekommen Sie die Handlung immer noch mit, sparen Zeit und kommen leichter davon los.»
(Werner Tiki Küstenmacher: «Simplify»)

Wem ist damit gedient, wenn sich ein armer Mensch dazu zwingt, achtzehn Bücher im Jahr zu lesen, anstatt Serien zu gucken? Früher waren es die Romanlektüre und der Kirchweihtanz, dann das Radio und die Schundhefte, vor denen man die Bürger eindringlich warnte, heute sind es Fernsehen, Internet, das Handy und der Teufel «Ständige Erreichbarkeit». In zwanzig Jahren wird es ein neues Schreckgespenst geben, und die warnfreudigen Menschen der Zukunft – also eventuell wir selbst – werden die Jugend ermahnen, mehr im Internet herumzulungern und weniger zu schnarfen und zu golken. Oder was es dann eben so gibt.

HEUTE JEDOCH NICHT

Der richtige Moment

> «Da gibt es kein Geheimnis. Man muss nur zur rechten Zeit die rechten Tasten mit der rechten Stärke drücken, dann gibt die Orgel ganz von selber die allerschönste Musik.»
> (Johann Sebastian Bach)

Das Warten auf den richtigen Moment wird oft als erbärmliche Ausrede der LOBOs verdammt. Der richtige Moment sei eine üble Schimäre. Man solle sich hüten, an seine Existenz auch nur zu glauben, und ihn erst recht nicht als Erklärung, Begründung oder Ausrede für Prokrastination verwenden. Jetzt ist der richtige Moment gekommen, um den richtigen Moment zu rehabilitieren. Es gibt ihn, und ihm wohnt genau die Kraft inne, von der man immer geträumt hat. Leider ist er ein scheues Wesen, das sich nicht beliebig und zu jeder Aufgabe anlocken lässt. Der wichtigste Ratschlag muss deshalb wie so oft lauten: Nachdenken. Lohnt es sich für diese spezielle Handlung, auf den richtigen Moment zu warten, oder nicht? Dabei ist es zunächst unerheblich, ob es sich um ein hoch kreatives Werk mit Weltgeltungsabsichten oder um das Tapezieren des Flurs handelt.

Dann sollte man sich der Suche nach dem richtigen Moment für eine Aufgabe widmen; die Lösung reicht naturgemäß von sofort bis nie. Beide Extreme sollten als Möglichkeit stets in Betracht gezogen werden – gerade der Charme der Entdeckung, dass der korrekte Zeitpunkt für eine Tätigkeit eventuell «nie» ist, darf nicht unterschätzt werden. Peter Glaser, Spezialist der ersten Stunde für die digitale Gesellschaft, schreibt in einer Kolumne über das von ihm so benannte Elvis-Presley-Prinzip der Informationsverarbeitung: «It's now or never». Er bezieht sich auf die Entscheidung, sich nicht sofort mit Artikeln, Mails, Medieninhalten zu befassen, sondern sie in einen Ordner «Noch erledigen» zu sortieren, sie zu markieren oder auf einen Papierstapel zu legen, der bereits aus drei Pfund zu bearbeitendem Papier besteht. Die Welt ist voll von solchen Stapeln. Die meisten wachsen einfach vor sich hin, bis sie irgendwann versehentlich oder absichtlich weggeschmissen werden. Peter Glaser hat für sich und uns entdeckt, dass zumindest im Bereich Information und Medien kein Später existiert. Wir danken ihm, werfen ab heute alles weg, was nicht sofort verarbeitet werden kann, und versuchen, dieses Prinzip auch für andere Bereiche zu überprüfen.

Etwas komplizierter wird es, wenn der richtige Zeitpunkt für eine Tätigkeit nicht jetzt oder nie ist, sondern dazwischenliegt, zum Beispiel in sechzehn Jahren. Das bekannteste Gemälde der Kunstgeschichte, Leonardo da Vincis «Mona Lisa», wurde vermutlich im Frühjahr 1503 begonnen. Leonardo selbst rechnete zunächst mit der Fertigstellung innerhalb eines Jahres, was bereits für eine einigermaßen legere Zeiteinteilung spricht. Einer der ersten Biografen da Vincis, Giorgio Vasari, berichtete schon im 16. Jahrhundert explizit, da Vinci habe das Gemälde nach vier Jahren noch immer nicht beendet. Leonardo behielt es bis kurz vor seinem Tod im Jahr 1519 – vermutlich, weil es ihm noch unfertig erschien. Ungesichert hingegen ist die Anekdote, dass er erst ganz zuletzt das Lächeln gemalt haben soll, das dem Bild seine Unsterblichkeit verliehen hat. Falls sie nicht nur gut erfunden ist, müsste man aus heutiger Sicht sagen, dass da Vinci glücklicherweise sechzehn Jahre mit dem Malen des Lächelns gewartet hat. Was für ein Verlust für die Menschheit, wenn er sich bereits nach zwölf Jahren mit einem halb garen Grinsen zufriedengegeben hätte!

Die Geschichte der Mona Lisa lässt den Suchenden nach dem richtigen Moment, den Wartenden mit der Vision am Horizont, den Lethargischen mit der Hoffnung auf Energie und allen anderen Aufschiebenden die Möglichkeit, sich auf dem richtigen Weg zu glauben, wenn das halb oder drittel fertige oder schon beinahe begonnene Werk eben noch in der Ecke liegen und reifen muss, vielleicht, weil seine Schöpferin auf die richtige Inspiration wartet. In der Wendung «auf Inspiration warten» ist der Warteprozess korrekterweise zentral integriert. Das gesellschaftliche Verständnis für diese Form des Wartens auf den richtigen Moment beschränkt sich allerdings fast ausschließlich auf anerkannte Kunstschaffende. Niemand findet etwas dabei, wenn eine Band drei Jahre für ihr neues Album braucht, das aus neun Liedern à drei Minuten besteht. Kaum eine Schriftstellerin wird nörgelnd befragt, weshalb sie für ihren Zweitling, eine Sammlung von kurzen Erzählungen, vier Jahre gebraucht hat. Und auch bei der sechzehnjährigen Abwartezeit im Leonardo-Beispiel würden die ärgsten Prokrastinationsfeinde freundlich mit den Schultern zucken. Im sozialen Alltag schlägt LOBOs jedoch schon Verachtung entgegen, wenn nicht wenige Stunden nach dem Einzug alle Umzugskartons geleert und die Habseligkeiten in Schränke und Regale einsortiert sind.

Zweifellos existiert in den meisten Kulturen ein Hunger danach, den richtigen Zeitpunkt für eine Handlung zu kennen. Die chinesische Philosophie des I Ging schlägt dem Menschen vor, geduldig zu warten, bis die Zeit gekommen ist; unterdessen könne man einigermaßen sinnvolle Dinge tun. Im alten Rom wie in vielen indigenen Kulturen Nord- und Mittelamerikas gab es Auguren und Schamanen, zu deren Aufgaben unter anderem die Bestimmung des richtigen Zeitpunkts gehörte. Auch heute versuchen sich Menschen in der westlichen Zivilisation, auf mehr oder weniger spirituelle Weise dem richtigen Zeitpunkt zu nähern: Der Biorhythmus ist eine pseudowissenschaftliche Methodik, die intellektuelle Verfassung, emotionalen Zustand und körperliches Wohlbefinden beschreiben und vorhersagen möchte. Es mangelt nicht an Büchern, die Mondphasen für alles menschliche Schaffen verantwortlich machen, und das angesichts des Esoterikbooms beinahe klassisch zu nennende Horoskop besteht ebenfalls zum großen Teil aus Empfehlungen, was man wann tun und lassen soll.

Tauchen wir aus dem Morast der Vermutungen auf und wenden uns anerkannten wissenschaftlichen Erkenntnissen zu: In der Fachrichtung Chronobiologie geht es darum, den Einfluss von Zeitrhythmen wie Tagen, Monaten oder Jahren auf biologische Systeme zu erforschen. Was den Menschen betrifft, so hat die Chronobiologie uns ein paar Erkenntnisse beschert, die man eventuell schon vorher geahnt hat, aber es ist ja immer ganz schön, sein Bauchgefühl universitär bestätigt zu bekommen. So unterteilen Chronobiologen Menschen in Lerchen und Eulen. Lerchen singen und tirilieren morgens, wohingegen mit Eulen vor dem Abend wenig anzufangen ist. Leider kommt der gesellschaftliche Tagesrhythmus arg lerchig daher. Eulen tun vollkommen recht daran, eine Arbeit, die ihnen von einer gewissenlosen Cheflerche morgens um neun aufgebürdet wird, bis in den späten Nachmittag hinein liegen zu lassen. Denn die Leistungsfähigkeit in kognitiven Prozessen kann je nach Tageszeit stark differieren. Interessanterweise gilt das besonders für zwei eigentlich gegensätzliche Eigenschaften, nämlich für die Assoziationsfähigkeit – eine der Grundlagen der Kreativität – und für die Ergebnispräzision etwa beim Multiplizieren von Zahlen. Energiehaushalt, Körpertemperatur, Puls und viele andere physische Kennziffern sind ebenfalls von der Tageszeit abhängig; das Prinzip dahinter ist der zirkadiane Rhythmus, ein schöner Fachbegriff mit mittelgroßem Imponierpotenzial für den etwa 24 Stunden dauernden Tagesrhythmus des Menschen.

So gibt es um drei Uhr morgens einen allgemeinen Höhepunkt an Geburten, um neun wird das meiste Testosteron produziert, um zwölf zirkulieren die meisten Bluteiweiße, um neunzehn Uhr hat man am häufigsten Zahnschmerzen (was aber auch daran liegen kann, dass dann soeben sämtliche Praxen geschlossen haben), und wieder um vier Uhr morgens scheint der beste Zeitpunkt zum Sterben gekommen zu sein. Zieht man die Tatsache hinzu, dass sich das Wetter, vor allem Temperatur und Lichtaufkommen nachweislich auf Laune, Energiehaushalt und Leistungsfähigkeit auswirken, dann wird deutlich, dass es viele falsche und sehr falsche Momente für die entspannte Arbeit gibt.

Das eigene Gefühl liefert die besten Hinweise darauf, wann

der richtige Zeitpunkt für eine Tätigkeit gekommen ist, ohne dass man dazu ständig Luftdruck, Rektaltemperatur und allgemeines Brunftverhalten im Auge behalten müsste. Leider trainiert uns die heutige Gesellschaft mit ihrem anstrengenden Funktionierfetisch ab, ihm zu folgen. Wir sollen lieber ständig mit niedriger Leistungsfähigkeit vor uns hin arbeiten, als eine günstige emotionale, intellektuelle und körperliche Verfassung abzuwarten. Das Gespür dafür, wann der richtige Zeitpunkt naht, kann man trainieren, indem man erst mal längere Zeit nichts tut und so wieder lernt, auf den Instinkt zu hören. Dabei muss es nicht immer Nichtstun sein: Zur anstehenden Aufgabe gehört vermutlich auch ein mittelgroßer Berg einfacher, vielleicht sogar angenehmer Klein- und Kleinsttätigkeiten, die man in der Wartezeit erledigen kann.

Besser noch als warten ist, den richtigen Moment zu provozieren. Dafür gibt es eine Reihe von Empfehlungen, die man nacheinander auf ihre Wirksamkeit austesten kann. Versäumen Sie nicht, den aktivierenden Energieschub einer Deadline auszuprobieren. Die Deadline mit ihrem sich stetig erhöhenden Druck steigert die Chance erheblich, den richtigen oder wenigstens einen nicht völlig falschen Zeitpunkt zu erwischen. (Näheres siehe Kapitel «Aufschubumkehr».)

Empfindsamere Gemüter, die mit adrenalinpumpendem Zeitdruck nicht umgehen können oder wollen, arbeiten oft mit dem Gegenstück der Deadline, einem selbst gewählten Zeitpunkt, an dem man mit der Arbeit beginnt. Die Erfahrung zeigt, dass solche Termine tatenlos verstreichen, wenn sie zu nah an der Gegenwart liegen. Das liegt daran, dass man die Hintergrundarbeit vor der eigentlichen Arbeit, das psychische Aufwärmtraining, nicht selten unterschätzt. Es empfiehlt sich daher, den Beginn auf einen gefühlt noch weit entfernten Zeitpunkt zu setzen und bis dahin so oft wie möglich an diesen Termin zu denken.

Eine andere gute Methode ist *trial and error* in der LOBO-Variante. Die Wissenschaft kennt das Verfahren als Forschungsmethode: so lange ausprobieren, bis es klappt. Bei der LOBO-Variante versucht man in kurzen Abständen, sich an die Aufgabe heranzumachen. Wenn man es nicht nach wenigen Minuten schafft, lässt man es wieder bleiben. Sehr wichtig ist dabei, die Frustrationstoleranz hochzuhalten und sich keinesfalls aufzuregen oder Sorgen zu machen, sollte es nicht auf Anhieb gelingen, in die Arbeit hineinzufinden. Der feste Glaube an den richtigen Moment, der sich irgendwann plötzlich vor einem auftut, hilft, nicht die Geduld zu verlieren. Zusätzlich kann man diesem Prozess ein spielerisches Element hinzufügen, indem man die vergeblichen Anläufe zählt, vergleichbar mit den Takes bei Dreharbeiten.

Der richtige Moment kann sich aber auch ganz ohne Nachhilfe einstellen: «Manchmal, habe ich den Eindruck, ist es einfach auch Zufall», berichtet Aleks Scholz. «Das Telefon klingelt und reißt einen vom Basketball im Fernsehen los, und wenn man zurückkommt, ist man eine Sekunde lang unkonzentriert und fängt versehentlich mit der Arbeit an.» Diese enge, aber diffuse Beziehung zwischen Arbeit und Ablenkung zeigt sich auch in anderen Varianten, den richtigen Moment zu finden oder zu provozieren. Das süße Gift Ablenkung möchte richtig dosiert werden, beispielsweise kann man sich vornehmen, für fünf Minuten konzentriert zu arbeiten und danach sofort wieder 55 Minuten das Internet durchzulesen, bevor man von neuem mit konzentrierter Arbeit beginnt. Der Prokrastinationsberater Neil Fiore sieht in der engen Verknüpfung von konzentrierten Arbeitsphasen und darauf folgender, direkter Belohnung eine wirkungsvolle Methode; in «ADDitude», einem Magazin für Erwachsene mit Aufmerksamkeitsstörungen, wird von betroffenen Fachleuten dazu geraten, mit den erfreulichen Phasen anzufangen, um den Kopf in Schwung zu bringen. Wir möchten daraus schließen, dass man zur Sicherheit vor und nach der Bearbeitung einer Aufgabe für ausreichend Ablenkung sorgen sollte, damit man den richtigen Moment keinesfalls verpasst.

Die wichtigste Regel ist die alte Fahrlehrerweisheit «Langsam kommen lassen». Man beschäftigt sich in Gedanken mit einer Aufgabe, ganz entspannt und ungezwungen. Wo werde ich sie erledigen? Wie werde ich daran arbeiten? Trinke ich dazu Tee oder Bier? Setze ich mir für die Arbeit einen Kopfhörer mit Meeresrauschen oder Technomusik auf, sperre ich mich in ein stilles Büroverlies mit eigener Kaffeemaschine ein, oder bringe ich sogar die entsprechenden Stellen dazu, einen Arbeitsurlaub in einem abgelegenen Bauernhof als zielfördernd zu betrachten?

Wie einen Raubvogel auf der Suche nach einer geeigneten Beute lässt man das Bewusstsein über dem zu beackernden Feld kreisen, scheinbar mühelos und unbeteiligt. In Wirklichkeit laufen in diesem Vorarbeitsstadium bereits teilbewusste und ganz unbewusste Prozesse ab, die die eigentliche Arbeit vereinfachen oder sogar erst ermöglichen. Schließlich lässt man vollkommen überraschend den Raubvogel auf ein Detail niederstürzen und eifrig daran herumhacken. Bei der Entwicklung eines Konzeptes zum Beispiel bietet sich als ein solches Detail das Inhaltsverzeichnis an. Funktioniert es auf

Anhieb, hat man den Anfang geschafft, und der Moment war richtig. Hackt der Raubvogel am Startaufgäbchen länger als eine Stunde erfolglos und vor allem unmotiviert herum, lässt man ihn wieder steigen und fährt erst mal übers Wochenende an die Ostsee, während er weiter kreist. Falls man aber mit dem mühelosen Kreisen bereits nicht zu überwindende Probleme hat, handelt es sich fast immer um eine Aufgabe, für die der richtige Zeitpunkt nie kommt. Dann lagert man die zu erledigende Arbeit entweder aus oder tut nichts und malt sich schon mal bunt die Konsequenzen aus. Oft kommt es ohnehin nicht so schlimm, und wenn doch, hat man es wenigstens vorher geahnt.

Undatierter Brief des Komponisten Gioachino Rossini an einen Unbekannten, der die Frage stellte, zu welcher Zeit man am besten eine Ouvertüre zu einer Oper komponieren sollte:

> «Wartet bis zum Abend vor dem Tag der Aufführung. Nichts regt die Eingebung mehr an als die Notwendigkeit, die Gegenwart eines Kopisten, der auf Eure Arbeit wartet, und das Drängen eines geängstigten Impresarios, der sich in Büscheln die Haare ausrauft. Zu meiner Zeit hatten in Italien alle Impresarien mit dreißig Jahren eine Glatze. Das Vorspiel zum Othello habe ich in einem kleinen Zimmer des Palastes Barbaja komponiert, wo der kahlköpfigste und wildeste aller Direktoren mich nur mit einer Schüssel Makkaroni und unter der Drohung, mich nicht eher aus dem Zimmer herauszulassen, bis ich die letzte Note geschrieben hätte, gewaltsam eingeschlossen hatte.

Das Vorspiel zur Diebischen Elster habe ich am Tage der Uraufführung unter dem Dach der Scala geschrieben, wo mich der Direktor gefangen gesetzt hatte. Ich wurde von vier Maschinisten bewacht, die die Anweisung hatten, meinen Originaltext Blatt für Blatt den Kopisten aus dem Fenster zuzuwerfen, die ihn unten zur Abschrift erwarteten. Falls das Notenpapier ausbleiben sollte, hatten sie die Anweisung, mich selbst aus dem Fenster zu werfen.
Beim Barbier machte ich es mir einfacher; ich komponierte gar kein Vorspiel, sondern nahm das für die halb ernste Oper Elisabeth bestimmte. Das Publikum war höchst zufrieden.
Das Vorspiel zum Graf Ory habe ich beim Fischfang mit den Füßen im Wasser in Gesellschaft des Herrn Aguado geschrieben, während dieser mir einen Vortrag über die spanischen Finanzverhältnisse hielt.
Das Vorspiel zum Wilhelm Tell wurde unter fast ähnlichen Umständen geschrieben.
Was den Moses endlich anbetrifft, so schrieb ich dazu gar keins.»

LIEGEN UND LIEGEN LASSEN

Vom Nutzen des Nichtstuns

> «Ein aufgeräumter, heller und luftiger Keller macht Sie heiter, mutig und versetzt Sie in eine positive Grundstimmung.»
> (Werner Tiki Küstenmacher: «Simplify your Life»)

> «Den Keller nicht aufräumen macht noch viel heiterer. Und das Beste: Man kann es nicht nur einmal, sondern jeden Tag lassen!»
> (Kathrin Passig)

«Niemals machen, und doch bleibt nichts ungetan», heißt es im Daodejing, dem heiligen Text des Daoismus. Das zugrunde liegende Konzept nennt sich «Wu Wei», Handeln durch Nichthandeln. Damit ist nicht schlichte Untätigkeit gemeint, obwohl auch die sehr schön und förderlich sein kann. Wu Wei bedeutet, dass das Notwendige im richtigen Moment getan wird und deshalb ohne Anstrengung und wie von allein geschieht. Wir Unerleuchteten können uns diesem Prinzip im Alltag lediglich anzunähern versuchen. Durch jahrelange, gründliche Erforschung des Nichthandelns lässt sich ein Zustand solcher Erleuchtung erreichen, dass man schließlich auch Tätigkeiten, die weder überflüssig noch besonders unangenehm sind, ersatzlos streichen kann. Einfach nur, weil es geht!

Nichthandeln bedeutet für unsere Zwecke, nicht sichtbar an dem Projekt zu arbeiten, an dem man arbeiten will oder sollte. Trotzdem können im Hintergrund Prozesse ablaufen, die die Arbeit voranbringen. «Im Laufe der Jahre», erläutert Lisa Belkin in der «New York Times», «bin ich zu der Einsicht gelangt, dass in den Stunden, in denen ich nicht schreibe, die eigentliche Arbeit getan wird. Wenn sich ein Absatz in meinem Kopf hin und her wendet, auch wenn meine Finger gerade bei Amazon Bücher bestellen. Was nach vertaner Zeit aussieht, ist eigentlich die Zeit, in der Ideen Form annehmen.» Man kann diesen Vorgang zwar befördern – zum Beispiel, indem man sich vor dem Nichtstun mit Informationen vollstopft, auf denen der Geist dann herumkauen kann –, verhindern aber lässt er sich nicht, deshalb subsumieren wir großzügig auch solche Schein-Untätigkeit unter dem Begriff des Nichtstuns.

Viele Aufgaben sind objektiv sinnlos, und man spart viel Zeit und Mühe, indem man sie einfach unterlässt. Alte Ratgeber zur Haushalts- und Lebensführung enthalten die mühsamsten Pflichten, über die heutige Leserinnen und Leser lachen. «Am Bücherregal lehnend, in Kopftuch und Schürze, durchblätterte ich den etwas stockig riechenden Ganzlederband mit Goldschnitt. Aha, da war es: *Zimmerreinigen.* Mit fester Hand hatte Mama die Reihenfolge eingetragen, die man ihr beibrachte. Marmorfiguren zuhängen oder hinaustragen. Portieren ausbürsten. Fein, beides hatte ich nicht. Unter drittens stand: Bohnern lassen. Lassen? Schön, da ließ ich es eben», schreibt Isabella Nadolny in ihrer Autobiografie «Ein Baum wächst übers Dach». Später wird man auf die Anfänge des 21. Jahrhunderts zurückblicken und sich fragen, warum um Himmels willen andauernd der Rasen gemäht und jede Woche das Auto gewaschen werden musste. «Na gut, es gab auch damals schon Infektionskrankheiten – aber dachten die Leute wirklich, sie könnten sich an ihrem Auto anstecken?»

Der Schweizer Versicherungsfachmann Christoph Virchow … Vielleicht haben Sie über diesen Satzanfang hinweggelesen und werden später über dieses Buch sagen, das sei doch nur wieder so ein Unsinn für Menschen mit Berliner Bohème-Berufen. Aber wir haben für das Buch mit ziemlich vielen Menschen gesprochen, in ganz normalen Berufen, in Führungspositionen und sogar in der Schweiz. Der Schweizer Versicherungsfachmann Christoph Virchow also hat in fünfundzwanzig Jahren Berufstätigkeit für Großfirmen festgestellt: «In dem Stapel Papier, den du vielleicht einmal im halben Jahr durcharbeitest, finden sich unglaublich viele Sachen, die man ohne Konsequenzen sofort wegschmeißen kann. Im ersten Moment erkennt man den Unterschied ja nicht. Ein halbes Jahr später weißt du aber: Das hat sich erledigt, Rundablage. Man darf überhaupt nichts beim ersten Mal machen. Alles, was wirklich wichtig ist, meldet sich von alleine wieder.» Das gilt nicht nur für Aufgaben, die auf den Schreibtischen Festangestellter landen, sondern auch für selbst ausgedachte Projekte. Ein gesunder Projektdarwinismus sorgt dafür, dass niemand sämtliche Ideen umsetzen muss, die ihm so durch den Kopf schießen. Nur diejenigen, die sich hartnäckig immer wieder melden, verdienen, dass man Zeit und Energie in ihre Umsetzung investiert. Das ist im Übrigen auch ein Problem der Prokrastinationsforschung: Wenn man in Studien Menschen befragt, ob sie sehr viele unabgeschlossene Pläne und Projekte vor sich herschieben, sehen dadurch diejenigen besonders prokrastinationsgeplagt aus, die einfach nur besonders viele Pläne und Projekte machen.

Überraschend oft passiert gar nichts Grässliches, wenn man seine Aufgaben schlicht ignoriert. Und manches wird auch einfach von alleine wieder gut, wie Alexander Wolf berichtet: «Vor einigen Jahren hatte mein Auto leichte Ausfallerscheinungen, was das Entriegeln der Fahrertür betrifft. Ich lebte einige Zeit lieber umständlich (rumlaufen, Beifahrertür aufschließen, Fahrertür entriegeln, rumlaufen, einsteigen), als einfach mal zur Werkstatt zu fahren und die Jungs das klären zu lassen. Und, ich fasste es selber kaum, eines Tages ging das Schloss wieder. Einfach so. Übrigens scheint das Aussitzen von Problemen bei italienischen Autos überdurchschnittlich oft von Erfolg gekrönt zu sein.»

Selbst vermeintlich zentrale Lebensaufgaben können sich im Nachhinein als gar nicht mal so unaufschiebbar erweisen. Der Mediziner Axel Schneider hat viele Jahre lang die Fertigstellung seiner Dissertation verschoben und ist heute Oberarzt: «Die Doktorarbeit habe ich bis heute nicht abgegeben. Wirkliche Folgen hatte das nicht. Ich bin dementsprechend natürlich nicht habilitierter Chefarzt an der Uni, was aber wegen zu wenig Frühaufstehen während des Studiums und zu viel Urlaub von vornherein zum Scheitern verurteilt gewesen wäre, weil ich schon zu Beginn meines Arbeitslebens zu alt war. Zudem bekommen die jetzigen neuen Chefärzte an der Uni weniger Geld als die leitenden Oberärzte in den St.-Elsewhere-Krankenhäusern wie hier, sodass es finanziell für mich ohne Folgen geblieben ist. Und seit ich Oberarzt bin, steht halt immer OA Schneider da, sodass ein fehlender Dr. nicht so sehr auffällt.»

Mit seiner unvollendeten Doktorarbeit befindet sich Axel Schneider übrigens in guter Gesellschaft: 2002 ergab eine Studie an Medizinstudierenden der Berliner Charité, dass dort nur 53 Prozent aller Promotionsvorhaben erfolgreich verliefen.

Je mehr Geld und Mühe ein Plan kostet, desto argwöhnischer sollte man ihn daraufhin abklopfen, ob man stattdessen einfach gar nichts tun kann. Der Brite Oliver James schreibt in «Affluenza», einem Buch über die Konsum-Epidemie und ihre ungesunden Folgen: «Vor einiger Zeit quälten meine Frau und ich uns mit der Frage herum, ob wir unsere Hypothek erhöhen sollten, um uns einen Anbau ans Haus leisten zu können. Auch im Haus wollten wir einiges renovieren, weil wir seit dem Einzug praktisch nichts daran gemacht hatten. Eines Tages fand meine Frau aus heiterem Himmel die Lösung: Nichts tun. Wir hatten ein Haus, das für unsere Bedürfnisse großzügig dimensioniert war. Zwar war es zum Teil ziemlich heruntergekommen (scheußliche Küche, trostlose Teppiche), aber eigentlich konnten wir verdammt froh sein, dass wir überhaupt ein Haus hatten. Wir wollten alles Mögliche tun, aber wir *mussten* gar nichts tun außer einen neuen Wasserboiler installieren.»

Nichtstun hat darüber hinaus den Vorteil, dass man sich währenddessen selbst kein Bein stellen kann. Denn es gibt auch eine negative Produktivität: Man setzt sich an den Rechner, arbeitet acht Stunden, stolpert über das Kabel, reißt den Rechner vom Tisch, Festplatte kaputt, Arbeit dahin. Wäre man stattdessen einfach im Bett geblieben, hätte man unterm Strich viel mehr geschafft. Dasselbe gilt für verfehlten Aktivismus: Wenn man einmal einen falschen Lösungsweg eingeschlagen hat, verschlimmert Tatendrang die Lage nur, und je mehr Arbeit man in den Bau einer Mauer steckt, die am falschen Ort errichtet wird, desto schwerer ist es, sie später wieder abzureißen.

Ebenfalls in die Kategorie «Schadensvermeidung durch Nichtstun» gehört die Beobachtung, dass es sich nicht unbedingt auszahlt, vorzeitig mit der Arbeit zu beginnen. Harriet Wolff hat die Erfahrung gemacht: «Wenn ich – was selten passiert – mich wirklich mal früh an den Schreibtisch setze, dann kommt garantiert ein Anruf von der Redaktion, entweder ‹Das Thema ist gestorben›, dann muss man sich meistens noch rumstreiten wegen Ausfallhonorar, oder ‹Du, das ist jetzt erst mal verschoben›. Das ist oft genau dann so, wenn ich mir mal Mühe gebe, ordentlich zu sein und früh anzufangen.» Verfrühtes Handeln kann nämlich ebenso schädlich sein wie verspätetes. Hätte Romeo seinen Suizid am Grab von Julia noch etwas aufgeschoben, wären die beiden gemeinsam alt geworden. Eingedenk dieses traurigen Falles möchten wir diese Erkenntnis auf den Namen «Romeo-Regel» taufen. Fürs Vergiften ist später immer noch Zeit!

«Ich hatte einen feuchten, schimmligen Kohlenkeller voll halb zerfallener Brikettreste, in dem ich im Laufe der Jahre immer mehr kaputtes Zeug verstaut hatte. Mir war klar, dass ich diesen Keller eines Tages entrümpeln und seinen Inhalt zum Sperrmüll schaffen musste. Aber der Schmutz, die Spinnweben und die Tatsache, dass ich kein Auto hatte, schienen mir gute Gründe, diese Entrümpelung mindestens bis zu meinem Auszug zu verschieben. Und vielleicht würde ich ja auch nie mehr umziehen! In dem Fall war es sicher gut, nicht voreilig zu handeln. Nachdem

ich etwa zwölf Jahre lang ab und zu über das Problem nachgedacht hatte, fing mein Vermieter an, mir Briefe zu schreiben. Ich möge mein Kellerabteil räumen, stand darin, denn der Keller solle renoviert werden. Dank langjähriger Übung im Umgang mit unangenehmen Schriftstücken gelang es mir, diese Briefe nicht nur zu ignorieren, sondern vollständig zu vergessen. Bis mich eines Tages mein Vermieter im Urlaub anrief: ‹Frau Passig›, sagte er streng, ‹wir brechen Ihr Kellerabteil jetzt auf und werfen alles zum Sperrmüll! Das wird Sie 25 Euro Entsorgungsgebühr kosten!› – ‹Na gut!›, sagte ich frohen Herzens. Wie es dort unten jetzt aussieht, weiß ich nicht, denn ich habe meinen Kellerschlüssel schon um 1999 herum verliehen und nicht wiederbekommen. Aber bestimmt sehr schön.»
(Kathrin Passig)

9 TO 9:05

Weniger arbeiten ist mehr arbeiten

> «Schwierige Aufgaben soll man faulen Menschen geben. Sie finden garantiert einen weniger mühsamen Lösungsweg.»
> (Volksmund)

Prokrastinierende leiden häufig unter der Vorstellung, alle anderen Menschen arbeiteten diszipliniert mindestens acht Stunden pro Tag. Die anderen haben zehn Mal so viel Zeit für alles, weil sie früher anfangen! Und sicher sind ihre Ergebnisse zehn Mal so vorzeigbar! Zum Glück sieht die Praxis anders aus, und viele LOBOs werden, wenn sie in sich gehen, dort allerhand Beispiele für in kürzester Zeit abgeschlossene, ziemlich gut geratene Arbeiten finden.

Was bei der Arbeit herauskommt, ergibt sich nur in seltenen Fällen linear aus der Zeit, die man investiert. Eine Person, die fünf Seiten pro Stunde abtippen kann, wird in zwei Stunden zehn Seiten tippen – zumindest in Mathematik-Textaufgaben. Im richtigen Leben kommt sie hoffentlich gleich zu Anfang auf die Idee, den Text stattdessen einzuscannen. Aber selbst, wenn man der Einfachheit halber davon ausgeht, dass sich eine Tätigkeit nicht vereinfachen lässt und mehr Arbeit daher entsprechend länger dauert, sind acht Stunden noch lange nicht doppelt so produktiv wie vier Stunden. «Als ich halbtags gearbeitet habe», berichtet die Anwältin Sabine Werthmann, «war ich kaum weniger produktiv als meine Kollegen in acht Stunden. Ich war vier Stunden da und habe vier Stunden gearbeitet. Die anderen haben erst mal gemütlich Kaffee getrunken, und dann war es auch schon fast wieder Zeit für die Mittagspause. Von acht Stunden wurde da vielleicht sechs gearbeitet.»

Mit sechs Stunden ging es in der beschriebenen Anwaltskanzlei noch vergleichsweise diszipliniert zu. In einer von Microsoft veranstalteten Online-Umfrage aus dem Jahr 2005 gaben 38 000 Befragte aus 200 Ländern an, im Schnitt 45 Wochenstunden zu arbeiten, 17 dieser Stunden seien unproduktiv. Pro Tag bleiben also knapp fünfeinhalb Stunden echte Arbeitszeit. Als Hauptgründe für die vergeudete Zeit wurden sinnlose Meetings, unklare Ziele, unklare Prioritäten und Prokrastination genannt. Das Ergebnis deckt sich mit einer Studie von AOL und salary.com, die ebenfalls ergab, dass Angestellte nur an drei von fünf Arbeitstagen tatsächlich arbeiten. Jedes Jahr erscheinen neue Berichte über Experimente in Unternehmen, aus denen hervorgeht, dass die Produktivität durch eine Vier-Tage-Woche nicht sinkt. Beim amerikanischen Produktivitätssoftware-Unternehmen Basecamp hat man die Konsequenzen aus diesen Erkenntnissen gezogen: Seit 2007 wird dort nur an vier Tagen pro Woche gearbeitet, jedenfalls von Anfang Mai bis Ende August.

Neil Fiore schildert in «The Now Habit» seine Erfahrungen mit Studierenden, die ihre Doktorarbeit vor sich herschieben. Diejenigen, die für Recherche und Schreiben zwei Jahre oder weniger brauchen, sind nach Fiores Beobachtungen weder dümmer, noch haben sie mehr emotionale Probleme als diejenigen, deren Dissertation sich drei bis dreizehn Jahre hinzieht. Der einzige Unterschied: Die Langsamen leiden einfach mehr. Als Charakteristika seiner Langzeit-Promovierenden listet Fiore auf: Sie fühlen sich immer im Einsatz und betrachten ihr Leben als «aufgeschoben». Sie räumen ihre Kalender frei, um ununterbrochen arbeiten zu können, und verschieben Partys, Sport und Treffen mit Freunden auf später. Sie sind der Meinung, Arbeit verlange Opfer und Entbehrungen von ihnen und ihre Dissertation könne nur gelingen, wenn sie leiden. Sie haben ein schlechtes Gewissen, wenn sie Zeit mit ihren Freundinnen und Freunden verbringen oder sich amüsieren. Fiores schnelle Promovierende dagegen versagen sich nichts.

Fiore rät daher allen, die sich ihre Arbeitszeit selbst einteilen können, nicht mehr als 15 Arbeitsstunden pro Woche einzuplanen. Er warnt vor «Arbeitszeit-Fantasien», die einem zu Wochenbeginn vorgaukeln, man hätte ja schließlich mindestens fünf bis sieben Achtstundentage vor sich, also praktisch unendlich viel Zeit. Durch diese schöne Illusion wird man kaum vor Mittwoch den ersten Handgriff tun. Es muss also eine realistischere Vorstellung der eigentlich zur Verfügung stehenden Arbeitszeit her. Zu dem Zweck gibt es bei Fiore die «Unschedule», eine Art Wochen-Entplaner: In einen Kalender werden sämtliche Freizeitvergnügungen und arbeitsfreien Zeiten eingetragen. Beim Betrachten des Ergebnisses stellt man fest, dass nur am Dienstagnachmittag überhaupt Zeit für die Arbeit frei geblieben ist. Im Idealfall führt diese Einsicht dazu, dass man den kleinen Rest verbleibender Zeit tatsächlich nutzt. Fiores 15 Stunden sollen in kleine Arbeitsblöcke von nicht mehr als 30 Minuten aufgeteilt werden. Natürlich will der Autor uns mit diesem Trick dazu verführen, am Ende doch ein bisschen länger als geplant zu arbeiten. Aber vielleicht stellt sich ja auch heraus, dass 15 Stunden mehr als genug sind.

Der Meinung ist zumindest Timothy Ferriss, der Autor von «Die Vierstundenwoche». 15 Wochenstunden sind für Ferriss immer noch elf Stunden zu viel und beweisen nur, dass man vor der Arbeit nicht gründlich genug nachgedacht hat. «Die meisten Tätigkeiten», so Ferriss, «führen zu gar nichts. Wer viel beschäftigt ist, praktiziert nur eine andere Form der Faulheit – Denkfaulheit und blinden Aktionismus.» Ferriss weist darauf hin, dass es keinen Grund gibt, warum alle Arbeiten unterschiedslos ausgerechnet fünf Tage à acht Stunden in Anspruch nehmen sollen. «Weil wir acht Stunden Zeit haben, füllen wir acht Stunden mit Arbeit. Wenn wir 15 hätten, würden wir 15 füllen. Wenn wir wegen eines Notfalls in zwei Stunden wegmüssen, aber Deadlines drohen, gelingt es uns wie durch ein Wunder, die Arbeit in zwei Stunden zu erledigen.» Es gilt also, zum einen die Arbeitszeit zu begrenzen, damit die Arbeit nicht alle verfügbare Zeit an sich reißt, und zum anderen durch Nachdenken Tätigkeiten loszuwerden, die überflüssig sind oder sich vereinfachen lassen.

Weil der Arbeitstag von Selbstständigen und Führungskräften im ungünstigsten Fall 24 Stunden hat, ist hier eine klare Beschränkung der Arbeitszeit besonders wichtig. Eine niedrige maximale Zahl der täglichen Arbeitsstunden, möglichst viele freie Tage und/oder eine feste Uhrzeit, zu der man sich selbst Feierabend gewährt, haben jede Menge Vorteile. Weniger zur Verfügung stehende Zeit zwingt einen dazu, radikalere Prioritäten zu setzen und Unwichtiges wegzulassen, was dem Ergebnis meistens guttut. Wenn wir genau wissen, wie wenig Zeit wir für die Arbeit haben, sagen wir seltener Ja zu Vorschlägen, auf die wir gar keine Lust haben. Und «Ich kann nicht, meine innere Gewerkschaft hat mir eine Dreitagewoche verordnet» ist eine gute Begründung für solche Ablehnungen. Es kann allerdings eine Weile dauern, bis sich das mentale Bild der zur Verfügung stehenden Arbeitszeit den neuen Verhältnissen angepasst hat.

Wer es bisher trotz einer Siebentagewoche voll langer Tage nicht geschafft hat, die wuchernden To-do-Listen, Pläne und E-Mail-Stapel in den Griff zu bekommen, hat nicht viel zu verlieren. Warum nicht einfach mal einen Monat lang ausprobieren, wozu eine strenge Limitierung der Arbeitszeit führt? Viel schlimmer kann es dadurch auch nicht werden.

«Ohne Kind und die damit verbundenen Einschränkungen hätte ich bis heute kein Examen gemacht, da bin ich sicher. Damals war herrschende Lehre unter den Jurastudierenden, dass man ein volles Jahr ausschließlich der Examensvorbereitung zu widmen hätte. Mir war klar, dass ich bei einer solchen Zeitplanung nach zehn Monaten noch nichts getan haben würde. Ich gab mir fünf Monate, in denen ich in der Woche etwa 15 kinderfreie Stunden zur Verfügung hatte, die ich dann höchstens noch zu einem Drittel mit Solitaire-Spielen vertrödelte. Die restliche Zeit verbrachte ich tatsächlich mit Lernen. Internet hatte ich 1994 noch nicht. Die Examensnote war ein dem Aufwand angemessenes Befriedigend.»

(Angela Leinen)

HALBE KRAFT VORAUS!

Energiesparendes Arbeiten

> «Wer es schafft, irgendetwas halbherzig zu erledigen, ist ein Einäugiger unter Blinden.»
> (Kurt Vonnegut)

1953, an einer Universität im norddeutschen Raum, im Fachbereich Theologie. Es gibt nicht viele Männer, die unbeschadet aus dem Krieg zurückgekommen sind und sich dem Studium der Religion widmen wollen. Einige sind es aber doch, darunter Bernd Vogel, der sich bereits am Ende des Krieges durch präzise Ungenauigkeit selbst das Leben rettete. Als Mitte 1944 seine Einheit nach einem Kurzurlaub wieder an die Ostfront geschickt wurde, stieg er aus Versehen in die falsche S-Bahn und verpasste den Zug, mit dem seine Kameraden Richtung Osten fuhren – keiner von ihnen hat überlebt. Jetzt bereitet Vogel sich auf die Abschlussklausur vor. Sein Professor gilt als unerbittlicher Prüfer, der Bibelfestigkeit als das höchste aller Bildungsziele betrachtet. Nun war der Sommer 1953 mit über 2000 Sonnenstunden in Deutschland ein eher schöner und letztlich wohl auch der Prüfungstermin im späten August äußerst ungünstig gewählt. Vogel besinnt sich der präzisen

Ungenauigkeit als erprobtes Mittel und lernt für die Prüfung exakt nichts – bis auf zwei dreizeilige Zitate aus entlegeneren Stellen der Bibelbegleitliteratur. Er führt sie bei beinahe jedem Besuch am Waldsee auf einem Zettelchen mit sich und kann sie schon bald auswendig, denn es mangelt ihm nicht an Tagen am See. Die Zitate sind geschickt gewählt: Sie sind eher allgemeiner Natur und beinhalten viele ansprechende Schlagworte. Seine Kommilitonen opfern den Sommer auf dem Altar der Bildung, nur um wenige Monate später mit dem grauenhaften Winter 1954 belohnt zu werden. Die Bekanntgabe des Klausurthemas trifft sie ins Mark; statt eine Frage aus dem angekündigten Stoffgebiet zu beantworten, sollen die Studierenden einen Text von Martin Luther aus religionsethischer Sicht interpretieren, ganz ohne weiteres Material. Kein Problem für Vogel, der seinen Aufsatz mit den Worten beginnt: «Ich bin mir nicht sicher, ob ich mit meiner Vermutung richtigliege – aber ich glaube, dass dieses Zitat gut beschreibt, worum es geht:» Danach schreibt er das etwas besser passende der beiden Zitate hin und konstruiert einen Zusammenhang mit einer Stelle im Luthertext. Dann füllt er Seite um Seite mit den Anekdoten und Standardweisheiten, die der Professor in seinen Vorlesungen so gern verwendet, und schließt – wie er selbst zugibt, beinahe übermütig – mit dem zweiten Zitat, das noch bedeutend entlegener und sperriger ist, aber immerhin irgendwie auf das Handeln der Menschen Bezug nimmt. Oder so gelesen werden könnte. Er bekommt als einziger Student die Bestnote.

Bernd Vogel, ein ehemaliger Kommilitone von Sascha Lobos Großonkel, hat seine Kirchenkarriere auf der präzisen Ungenauigkeit gegründet, die zum Repertoire von LOBOs gehören sollte. Die richtige Mischung aus (scheinbarer) Präzision und faktenmildernder Ungenauigkeit hilft, den Erwartungen anderer Menschen leichter gerecht zu werden und so Arbeit, Mühe und Energie zu sparen. Ein simples Beispiel ist, Deadlines auf die Sekunde genau zu benennen – die dann abzugebende Arbeit aber so weit wie möglich im Ungefähren zu lassen: «Ich schicke Ihnen nächsten Mittwoch Punkt 12 Uhr mittags ein entsprechendes Papier!» Ein «Papier» herzustellen, ist meist auch unter erschwerten Bedingungen wie gutes, schlechtes oder so mittleres Wetter machbar – anders als etwa ein «dreißigseitiges Feinkonzept». Sollte man etwa aus Langeweile doch viel Zeit haben, kann man seine Projektpartner gut mit einem umfangreichen Papier überraschen. Aber Vorsicht, allzu leicht sind die Erwartungen an das nächste «Papier» dramatisch erhöht. In diesem Fall ändert man den entsprechenden Begriff und verspricht fortan eine «Skizze» – die allerdings um exakt 15.45 Uhr am Dienstag.

Es ist auch aus wissenschaftlicher Sicht für viele Aufgaben von Vorteil, wenn man in der Lage ist, fünfe gerade sein zu lassen. Das Team um den kanadischen Psychologen Gordon Flett unterscheidet drei Perfektionismustypen: Nach innen orientierte Perfektionistinnen und Perfektionisten erwarten Bestleistungen von sich selbst, nach außen orientierte verlangen sie von anderen Menschen, und an der Gesellschaft orientierte glauben, andere erwarteten perfekte Leistungen von ihnen. Der auf sich selbst bezogene Perfektionismus gilt als günstig, die zweite Art ist nur ein bisschen lästig, aber bei denjenigen, die dem Gesellschafts-Perfektionismus anhängen, zeigt sich ein erhöhter Hang zu Depressionen, Essstörungen und anderen Problemen bis hin zum Suizid. Flett verwendet dabei den schönen Begriff der «irrationalen Überbewertung von Aufgaben». Demselben Forschungsteam verdanken wir die Erforschung des «Perfektionismus-Paradox» im Sport: Ein Hang zum Perfektionismus schmälert im Sport anscheinend die Leistung, anstatt sie zu steigern. Auch hier sind besonders diejenigen betroffen, die sich stark mit ihrer Wirkung auf andere und den Erwartungen ihrer Umwelt beschäftigen.

Es lohnt sich also, vermeintliche Erwartungen der Umwelt in Perfektionismusfragen entspannt zu ignorieren. Ob man hohe Erwartungen an sich selbst kultivieren will, ist eine Frage der individuellen Vorlieben. In jedem Fall jedoch sollte man die Latte nicht übermenschlich hoch hängen – außer beim Limbotanzen. Denn die perfekte Perfektion gibt es nicht, wie ein Cartoon über die «WTF pro Minute»-Regel zur Unterscheidung von guter und schlechter Software illustriert. Das Bild zeigt zwei Türen. Hinter der einen wird gute Software untersucht und dabei nur hin und wieder «What the fuck!» gerufen. Hinter der anderen Tür wird ohne Unterlass geflucht. Der wahre Kern dieser Beobachtung: Auch das Gute ist immer noch ganz schön schlecht. Ein klassisches Beispiel aus der Softwarebranche ist Donald Knuths Textsatzprogramm TeX. Lexikoneinträge zum Thema «Perfektionismus» sind mit dem Gesicht von Donald Knuth illustriert oder sollten es zumindest sein. Den letzten Fehler in TeX hat Knuth nach eigenen Angaben am 27. November 1985 entfernt. Für alle weiteren Fehler schrieb er einen Finderlohn aus, der zuletzt Mitte der 1990er-Jahre ausgezahlt wurde. TeX gilt als sensationell ausgereiftes Programm, konnte sich aber gleichzeitig wegen seiner sperrigen, wenig nutzungsfreundlichen Art außerhalb von wissenschaftlichen Veröffentlichungen nie so richtig durchsetzen. So bringt eben auch Perfektion auf einem Gebiet ihre Kosten in anderen Bereichen mit sich. Weil die meisten Projekte mehr als nur einen einzigen Aspekt haben, ist Perfektion selbst von extremen Perfektionisten wie Donald Knuth nicht zu erzielen.

«Na und?», entgegnen die Perfektionismusfans, «was schadet es, wenn wir Vollkommenheit wenigstens anstreben?» Aber die für irgendeinen Plan zur Verfügung stehende Zeit ist immer begrenzt, und sei es durch die eigene Lebenszeit. Das Pareto-Prinzip besagt, dass die letzten 20 Prozent einer Arbeit 80 Prozent der aufgewendeten Zeit und Mühe kosten – was umgekehrt aber auch bedeutet, dass nach 20 Prozent der Zeit die Arbeit schon zu 80 Prozent erledigt ist. Damit sind nicht die ersten 20 Prozent der Zeit gemeint, die man sich für eine bestimmte Aufgabe eingeräumt hat (in denen passiert natürlich gar nichts, jedenfalls nichts, was mit dieser Aufgabe zu tun hätte). Es geht vielmehr um die ersten 20 Prozent der echten Arbeitszeit, die etwa viereinhalb Minuten vor der Deadline beginnt. Perfektionistinnen fällt es nicht schwer, noch einmal 200 Prozent mehr Zeit auf die nebensächlichsten zwei Prozent einer Aufgabe zu verwenden. Auch das wäre noch nicht fatal, wenn es am Schluss stattfände und sich dort einfach aus Zeitgründen streichen ließe. Aber Perfektionisten fangen gern mit der Sonderausstattung an und verschieben den uninteressanten Bau des umgebenden Autos auf später.

Edward Yourdon erläutert in seinem Ratgeber «Death March» das Konzept der «Good Enough Software», das sich auch auf andere Arbeitsfelder übertragen lässt. Der Versuch, perfekte Software zu schreiben, führt häufig dazu, dass diese Software zum vereinbarten Termin nicht fertig ist. Yourdon rät dazu, von Anfang an pragmatisch vorzugehen, nicht erst dann, wenn man schon mit dem Rücken zur Wand steht. Dann kann wenigstens an den richtigen Stellen gespart werden anstatt an denjenigen Features – womöglich den allerwichtigsten –, die man ganz zum Schluss in Angriff nehmen wollte. Denn Qualität besteht nicht nur aus Fehlerfreiheit, sondern sehr oft auch darin, dass das Projekt zu einem bestimmten Termin abgeschlossen ist; viele Auftraggeber ziehen eine 70-prozentige, übermorgen fertige Lösung einer zu 99 Prozent perfekten Lösung in drei Monaten vor. Ein Beispiel sind Kommunikationskampagnen für Veranstaltungen, die sogar im Maßstab der recht knapp getakteten Werbewelt unangenehm kurzfristig funktionieren müssen – es gibt keine zweite Chance, eine Premiere zu bewerben. Beim Bau von Olympiastadien sind die Auftraggeber ebenfalls selten bereit, die Spiele auf nächstes Jahr zu verschieben.

Aber auch unter einem anderen praktischen Aspekt ist es gefährlich, an der Leistungsgrenze zu operieren. Wenn man mit anderen Menschen zusammenarbeitet, ist es wichtig, Reserven zu haben, während gleichzeitig niemand erfahren darf, dass man nicht alles gibt. Pablo Picasso hat das folgendermaßen ausgedrückt: «Man sollte seine Möglichkeiten nicht ausschöpfen, sondern darunter bleiben. Wenn man drei Elemente bewältigen kann, beschränke man sich auf zwei. Wenn man zehn bewältigen kann, genügen fünf. So arbeitet man gründlicher, mit mehr Meisterschaft und bewahrt sich das Gefühl, noch Kräfte in Reserve zu haben.» Natürlich hatte Picasso leicht reden, er musste schließlich fast nichts selber malen, die Hauptarbeit erledigten Fälscher nach seinem Tod.

In einem neuen Job erwarten Mitarbeitende und Vorgesetzte zunächst nur, dass man irgendwas tun wird. Wenn man diese Erwartung übererfüllt, gewöhnen sie sich daran, dass man mehr leistet, als sie erwarten. Während der eigenen Leistungsfähigkeit und Zeit Grenzen gesetzt sind, lassen sich Erwartungen beliebig steigern. Irgendwann kommt der Punkt, an dem man nicht mehr tun kann oder will. Ab hier klaffen die Ansprüche und das, was man tatsächlich tut, auseinander, die anderen Teammitglieder sind enttäuscht und erzählen in der Kaffeeküche herum, was man für ein faules Geschöpf sei.

«Ich bin mit großer Begeisterung in meinen neuen Job eingestiegen, weil das, was ich da mache, spannend ist und Spaß macht und weil es ein Bereich ist, der bisher vernachlässigt worden war. Ich habe ein paar sehr gute Analysen zu schwierigen Themen gemacht, was von meinem Chef wahrgenommen und erst mal mit Begeisterung begrüßt wurde. Dann kam eine Phase, da gab es keine Begeisterung mehr, sondern immer mehr Aufgaben. Dabei ist natürlich, wie es immer so ist, auch mal was danebengegangen, ich habe Anforderungen falsch verstanden und Fehler gemacht. Das wurde dann schon mit großem Maulen aufgenommen. Inzwischen ist der Zustand so, dass ich sehr viel arbeite und keinerlei Lob mehr für irgendwas bekomme. Stattdessen packt man mir montags die Arbeit für die halbe Woche auf den Tisch, die dann Dienstagmittag fertig sein soll. Wenn ich mich dagegen verwahre und sage, das geht nicht, ist die Enttäuschung groß.»
(Johannes Jander)

Gerade wer zum Prokrastinieren bei unangenehmer Arbeit neigt, ist gleichzeitig gefährdet, sich wie Johannes begeistert in interessante Aufgaben zu verbeißen. LOBOs leben in größerem Frieden mit sich selbst und ihrer Umwelt, wenn es ihnen gelingt, einen Kompromiss zwischen «Gar nicht erst anfangen» und «Rund um die Uhr die Welt verbessern» zu finden. Schließlich reicht das Halbfertige fast immer völlig aus. Carl von Clausewitz' militärstrategisches Standardwerk «Vom Kriege» ist eine rohe Materialsammlung, die Marie von Clausewitz, seine Ehefrau, nach seinem Tod bearbeitet und herausgegeben hat. «Mercedes Benz» von Janis Joplin ist so unvollendet wie Schloss Neuschwanstein, Thomas Manns «Bekenntnisse des Hochstaplers Felix Krull» und Bachs «Kunst der Fuge». Dem Erfolg aller Werke hat das nicht geschadet, weshalb auch dieses Kapitel einfach so mittendrin

JEDEM ENDE WOHNT EIN ZAUBER INNE

Aufgeben – der schnelle Weg zum Sieg

> «‹ich lass das jetzt so› einer der erwachsensten Sätze die es gibt»
> (Fabian Navarro, Twitter, 25. März 2021)

Die Börsenwelt kennt die Regel, schlechtem Geld kein gutes hinterherzuwerfen. Abgesehen davon, dass Menschen ohne Börsen-Know-how das Werfen von Geld sowieso auf Brunnen beschränken sollten, steht hinter dieser Weisheit die Erkenntnis, dass Aufgeben zur rechten Zeit Kosten und Mühen spart, an der Börse wie im richtigen Leben. Dennoch lassen sich Menschen von ihrem Trotz und ihrem Stolz, in ungünstigem Mischungsverhältnis mit Selbstdisziplin, dazu verleiten, einen Weg weiterzugehen, der offensichtlich in die Irre führt. Dieses Verhalten gleicht dem Versuch, schneller zu laufen, weil man die falsche Abzweigung genommen hat. Wirtschaftsfachleute sprechen dabei vor allem im Investitionskontext von einer «Eskalation des Engagements».

«Was ich angefangen habe, das bringe ich auch zu Ende.»

Dieser Satz aus dem Standardrepertoire von Persönlichkeitstests ist ein Bekenntnis, das die scheinbar erfolgreichen, durchsetzungsstarken und zuverlässigen Mitmenschen auszeichnet. Wenn man den Satz in seiner dummen Absolutheit etwas variiert, wirkt er weniger beeindruckend: «Auch völlig bescheuerte, energieraubende und ertraglose Projekte, die ich angefangen habe, bringe ich zu Ende.» Befeuert von der Selbstdisziplin, trainiert man sich ein Durchhaltevermögen an, das einem vor allem hilft, alle Warnzeichen für falsche Tätigkeiten zu ignorieren oder gar nicht erst zu bemerken. Es bildet sich schließlich eine unangenehme Hornhaut im Kopf – genau über dem Teil des Hirns, der uns auf den richtigen Weg lenken oder zumindest vom völlig falschen Weg abbringen sollte.

Woher aber kommt diese Unfähigkeit aufzugeben? Schon im Kindesalter wird uns beigebracht, bloß nicht zu früh «die Flinte ins Korn» zu werfen, sondern hartnäckig zu bleiben und einmal begonnene Projekte weiterzuverfolgen, selbst wenn es mühsam und unerträglich zäh werden sollte: Hier lauert im Hintergrund die Selbstdisziplin und lacht höhnisch ihr schwefeliges Lachen aus der Erziehungshölle. Durchhaltevermögen wird in der Schule als wichtiges Erfolgskriterium gepriesen. Dabei kommt die Entwicklung der Fähigkeit, rechtzeitig aufzuhören, viel zu kurz. Erst in der Oberstufe des Gymnasiums passt sich die Schule ein wenig dem tatsächlichen Leben an, und man kann Französisch abwählen.

Auch nach der Schule hält die Gesellschaft eisern an denselben Werten fest: Viele Stipendien werden nur an Studierende in ihrem ersten Studienfach vergeben. Mit den BAföG-Zuwendungen kann es ebenfalls kompliziert werden, wenn man nach drei Semestern feststellt, dass man Fächer mit -zistik am Ende nicht ertragen kann und erst einmal in Ruhe überlegen oder andere Fächer ausprobieren will. Mit einem Lebenslauf, in dem drei von fünf Jobs nach vier Wochen wieder enden, muss man sich beim nächsten Vorstellungsgespräch schon verdammt gute Erklärungen einfallen lassen. «Mein neuer Job ist die Hölle, aber wie sieht denn das aus, wenn ich nach zwei Monaten wieder aufhöre?» Eine gute Frage, hier die Antwort: Es sieht für jeden fühlenden Menschen richtig aus. Leider hat sich das in der Personalleitung noch nicht allzu weit herumgesprochen. Auf diese Weise macht uns die Konstruktion der Arbeitswelt das Aufgeben immer schwerer, bis diese Möglichkeit ganz aus dem Blick gerät. Aber die Umwelt ist an der Unterdrückung der Alternative «Aufhören» nicht alleine schuld. Auch unsere eigene Psyche trickst herum und scheut sich davor, den richtigen Zeitpunkt für die Beendigung eines Jobs oder eines Projekts zu erkennen. Zunehmendes Aufschiebeverhalten kann aber ein Anzeichen dafür sein, dass man ein Ziel aufgeben oder ein Projekt beenden sollte, weil sie einen nicht weiterbringen, sondern behindern – eine Schutzmaßnahme des Unterbewusstseins.

Die Psychologin Veronika Brandstätter sieht bereits in der Entscheidung, ein Projekt zu beginnen, den Abschied von dessen objektiver Beurteilung; in diesem Moment komme ein Steuerungsmechanismus in Gang, der das ins Auge gefasste Ziel verkläre: «Das fängt damit an, dass man nach einer Entscheidung bestimmte Dinge ausblendet, nicht mehr wahrnimmt oder sich nicht mehr daran erinnert. Und dass man nur noch an jene Aspekte denkt, die uns der Realisierung des Ziels näherbringen.» («Psychologie Heute», 09/2000) Für Erfolg versprechende, glitzernde Projekte mag das Ausblenden von Zweifeln sinnvoll sein – vielleicht ist es sogar die Voraussetzung für den Erfolg. Aber für die meisten Projekte ist dieser Mechanismus eine Gefahr. Eric Klinger, amerikanischer Psychologieprofessor, hat erforscht, wie sich die Ablösung von Projektzielen vollzieht, und dabei drei Phasen unterschieden. Wenn man wiederholt Misserfolge erdulden muss, gibt man sich zunächst noch mehr Mühe und nimmt nur die Dinge wahr, die für das Ziel sprechen – Zweifel werden, wie beschrieben, einfach ausgeblendet. Folgen weitere Frustrationen, reagieren die Betroffenen aggressiv; für Argumente und Warnzeichen jedoch sind sie ebenso wenig zugänglich wie in der ersten Phase. Falls die Schwierigkeiten sich nicht verflüchtigen, tritt die dritte Phase ein: Die Betroffenen fallen in eine depressive Stimmung. Deren Kennzeichen ist ein allgemeiner Mangel an Interesse – auch am ursprünglichen Ziel. Abgesehen davon, dass uns Klinger damit nebenbei den Sinn von Postbeziehungs-Depressionen erklärt, kann man sich fragen, weshalb man seinen hormongesteuerten Launepegel immer erst in den Keller prügeln muss, bevor man einsieht, dass es so nicht weitergeht. Statt darauf zu warten, dass tagelange Weinkrämpfe im verdunkelten Schlafzimmer einem das unmissverständlich ins Ohr schreien, was die Vorahnung seit Monaten geflüstert hat, sollte man rechtzeitig aufgeben lernen.

Man kann ruhig davon ausgehen, dass Aufhören sehr viel früher objektiv sinnvoll ist, als es subjektiv scheint. Eine Studie des Instituts für Angewandte Betriebswirtschaftslehre und Unternehmensführung der Technischen Hochschule Karlsruhe untersuchte erfolglose Forschungs- und Entwicklungsprojekte in der deutschen Pharmaindustrie. Danach wurden fünfzig Prozent der Projekte nach Auskunft der Befragten zu spät oder viel zu spät abgebrochen. An dieser Stelle müssen wir zugeben, dass nur schwer herauszufinden ist, ob es auch zu früh abgebrochene Projekte gibt. Aber selbst wenn – die Schäden durch zu spätes Aufhören dürften weit schwerer wiegen als die Nobelpreise für eventuelle Zufallsentdeckungen, die einem so entgehen.

LOBOs neigen dazu, sich in einer Vielzahl von Vorsätzen, Verpflichtungen und vertrackten Versuchsanordnungen zu verheddern. Als Lösungsstrategie fällt ihnen allzu oft nur das ein, was Paul Watzlawick in seinem Antiratgeber «Anleitung zum Unglücklichsein» mit «Mehr desselben» beschrieben hat: Ein Lösungsverfahren, das im schlimmsten Fall noch nie funktioniert hat, wird ohne Überprüfung auf alle zukünftigen Probleme angewandt. Das führt zu einem Bündel wirkungsloser Maßnahmen und schließlich zur Überzeugung, zwar alles versucht, aber nichts erreicht zu haben. Aufgeben hingegen ist eine Lösung, die zu selten als solche erkannt wird. Und das gilt nicht nur für den Beruf, sondern auch für den Privatbereich. Therapien, Beziehungen, Kurse, Vorsätze, Sport – es ist erstaunlich, was man alles mit Genugtuung aufgeben kann, wenn man erst einmal damit anfängt.

Definitiv aufhören sollte man bei körperlich bedenklichen Reaktionen auf eine Aufgabe. Spontane Krankheiten, Kopfschmerzanfälle, Atemnot, allgemeines Unwohlsein – die Symptome unterscheiden sich von Mensch zu Mensch. Gemeinsam ist ihnen, dass eine Arbeit, die die Seele bedroht, auch den Körper zu Abwehrreaktionen treiben kann. «Bedrohung durch Arbeit» mag drastisch klingen. Aber zwischen Karoshi, dem Tod durch Überarbeitung, und der Vier-Stunden-Arbeitswoche liegt eine große Grauzone, in der sich eine Aufgabe von der Belastung über die Zumutung bis zum Horror entwickeln kann. Entsprechend abgestuft verhält es sich mit den körperlichen Reaktionen, sodass man leichte Zuckungen in der Schultergegend durchaus als gefährliche Vorstufe zum Karoshi deuten kann und sollte.

Zwischen den Extremen – dem Anfang einer kaum wahrnehmbaren Arbeitsunlust und dem arbeitsbedingten Nahtoderlebnis – erstrecken sich weite Steppen voll mit Warnsignalen, die man umso leichter (und häufiger) findet, je genauer man danach sucht. Eigentlich ist sogar schon die aktive Suche nach solchen Zeichen ein eigenes Warnsignal, denn wann hätte man beim gemeinsamen Herumlungern im Whirlpool je wachsam nach Gründen für einen vorzeitigen Abbruch gesucht?

Um die für sich beste Art des Aufgebens zu finden, muss man sich zunächst vergegenwärtigen, dass es ganz verschiedene Varianten gibt – vom dramatischen Schlussakkord bis zum grußlosen Verschwinden, vom lauten Knall bis zum leisen Versandenlassen, von radikaler Konfrontation bis zum luftigen Schmuseschluss mit feierlichem Diätsektstehempfang. In einem zweiten Schritt kann man überlegen, wie was bei wem ankommt. Dabei sollte man immer im Auge behalten, dass sich die meisten problematischen Spannungen vermittels der richtigen Kommunikation wieder geradebiegen lassen. (Siehe Kapitel «Kommunikation der Unzulänglichkeit».) Um ein Gefühl für die richtige Art des Aufhörens zu bekommen, ist die Beschäftigung mit der eigenen Beendigungsgeschichte sinnvoll: Welche Art, Dinge zu beenden, hat sich im Nachhinein als angenehm erwiesen? Diese Analyse der eigenen Erlebnisse – eine kluge Beschäftigung für Momente, in denen man dringend anderes zu tun hätte – hilft auch, bestimmte Fehler nicht häufiger als unbedingt notwendig zu machen. Das Beste am Aufgeben selbst ist nicht das famose Gefühl, wenn man es hinter sich gebracht hat, sondern vor allem, dass endlich Energie und Zeit für die wirklich wichtigen und schönen Projekte frei wird, denen man vorher hinterhergeseufzt hat.

Für den besonders schweren Fall des Aufgebens bei ehrenamtlicher Arbeit gibt es Hilfe unter www.volunteeramnestyday.net. Der «Volunteer Responsibility Amnesty Day» findet zweimal jährlich immer am Tag der Sonnenwende statt. Die Seite enthält hilfreiche Fragen, die man sich stellen kann, um herauszufinden, ob es Zeit zum Aufhören ist.

Ein guter Trick zum Schlussmachen sei zum Schluss verraten: Häufiger mal etwas testweise beenden. Auch hier kann eine gewisse Übung nicht schaden. Wenn man bereits mehrfach Projekte wie «Flur streichen» oder «den Himmel des 3000-Teile-Puzzles fertigstellen» mühelos zwischen den Mahlzeiten aufgegeben hat – dann fällt es einem leichter, den beschissenen Job hinzuwerfen. Und wenn es der letzte Job auf der Welt wäre!

3. ALLTAG

DER KAMPF GEGEN DIE DINGE

Haushaltsprobleme

> «‹Fege ordentlich, kehr den Schmutz aus den Winkeln, dann gibt es das alles nicht›, belehrte ihn Oblomow.
> ‹Heute kehrt man, morgen hat es sich wieder angesammelt.›
> ‹Nichts sammelt sich wieder an›, unterbrach ihn sein Herr. ‹Das darf eben nicht geschehen.›
> ‹Es sammelt sich an, ich weiß es›, behauptete der Bediente.
> ‹Und wenn es sich wieder ansammelt, kehrst du eben wieder aus.›
> ‹Wie? Jeden Tag alle Winkel ausfegen?›, fragte Sachar. ‹Was für ein Leben wäre denn das? Lieber soll Gott meine Seele zu sich nehmen!›»
> (Iwan Gontscharow: «Oblomow»)

Früher, ach, früher hatten es die Menschen schön. Wer sich nicht gerade ins Tischtuch schnäuzte, galt bereits als reinlich. Die Wäsche wurde einmal jährlich erledigt. Und wie viel Unordnung konnte man zu Hause schon anrichten, wenn man kaum mehr als ein Hemd, einen Teller und eine hölzerne Truhe besaß? Aber mit der Verbreitung von Schöner-Wohnen-Zeitschriften stiegen die Erwartungen an den Zustand der Höhle, die ihre Bewohner doch ursprünglich nur wärmen und vor Regen schützen sollte. Heute ist die Lage so weit eskaliert, dass kein Selbsthilfebuch für Unordentliche ohne ausführliche Ratschläge zum Verwalten, Reinigen und Präsentieren der durchschnittlich 15 000* Gegenstände in deutschen Haushalten auskommt.

In Gisela Steins «Desorganisationsprobleme – Das Messie-Phänomen» heißt es: «Für Menschen, denen es ohnehin schon schwerfällt, ihren Alltag zu organisieren, bedeutet diese Verschiebung der Normen hinsichtlich Wohnästhetik und Reinlichkeit nach oben eine ständige Herausforderung, die sie nicht bewältigen können.» Zwar haben nicht alle LOBOs Probleme mit ihrer Wohnsituation. Manche haben einfach frühzeitig eingesehen, dass sie ohne Putzhilfe verloren wären, anderen fällt es leicht, Ordnung zu halten, und ihr Prokrastinationswille bricht sich stattdessen bei der Arbeit Bahn. Auf wissenschaftliche Weise von uns erratene 90 Prozent aller LOBOs aber schieben Putz- und Aufräumarbeiten vor sich her. Beide Tätigkeiten eignen sich dafür ausgezeichnet, weil sie norma-

* «Süddeutsche Zeitung» vom 14. März 2008, S. 18. Wie man zu dieser Zahl gelangt, ist uns nicht ganz klar. Zählen zum Beispiel alle Nägel in der Werkzeugkiste? Wenn die Werkzeugkiste herunterfällt, muss man ja schließlich auch sämtliche Nägel wieder aufheben. Beziehungsweise zwei Jahre lang liegen lassen, bis man sich aufraffen kann, sie wieder aufzuheben. Wenn man tausend Nägel in ein Schraubglas füllt, hat man dann tausend Gegenstände weniger als vorher? Zählt jede Seite in einem 500-Blatt-Paket Druckerpapier? Kann man zwei Bretter zusammennageln und hat dann statt drei Gegenständen nur noch einen? Hilft es, einfach alle 15 000 Gegenstände aneinanderzunageln, um so der Unordnung Einhalt zu gebieten?

lerweise nicht besonders dringend sind und vielen Menschen keinen Spaß machen.

«Das Gefühl, dass eine bestimmte Pflicht erfüllt werden müsse», schreibt der französische Soziologe Jean-Claude Kaufmann in «Schmutzige Wäsche», «ist paradoxerweise zugleich das erste Zeichen ihres Schwächerwerdens.» Eine Aufgabe, bei der statt Pflichtgefühl ein Gefühl der Selbstverständlichkeit vorherrscht, ist heute etwa das tägliche Duschen oder Sockenwechseln, das selbst unordentlichen Menschen in der Regel leichtfällt. Bis in die 1960er-Jahre hinein war es selbstverständlich, dass die Wohnung in Ordnung gehalten werden musste, und damit auch leichter, diese Norm zu erfüllen. Aber aus einer ohne bewusstes Nachdenken ablaufenden Handlung, der man sich nur um den Preis verweigern konnte, sich sehr weit außerhalb der Gesellschaft zu stellen, ist inzwischen eine Aufgabe geworden, die man hinterfragen darf und deshalb beständig hinterfragt. «Nun kann es passieren,», so Kaufmann, «dass sich der Körper einer mühseligen Haushaltsarbeit ganz einfach widersetzt.»

Schmutz ist, wie Kaufmann feststellt, «ein soziales Konstrukt» und keine objektive Zustandsbeschreibung. Robert Levine erklärt in «Eine Landkarte der Zeit»: «Als zum Beispiel Ende des 17. Jahrhunderts in Holland billiges Fensterglas auf den Markt kam, wurde es plötzlich unmöglich, den Schmutz in den Häusern weiterhin zu ignorieren.» Und Tom Hodgkinson gibt in «How to Be Free» dem hellen elektrischen Licht die Schuld daran, dass der Dreck heute viel sichtbarer ist als früher. Er rät dazu, auf Kerzenlicht umzustellen und so jede Menge Hausarbeit einzusparen.

Ähnliches gilt für das Aufräumen. «Räumen Sie bei besonderer Arbeitsbelastung unbedingt als Erstes den Schreibtisch und dessen Umgebung auf», empfiehlt Werner Tiki Küstenmacher in seinem Ratgeber «Simplify». «Die dafür aufgewendete Zeit wird durch konzentrierteres, fröhlicheres und schnelleres Arbeiten mehr als wettgemacht.» In Wirklichkeit wissen alle, wie es weitergeht: Man nimmt die ersten Blätter vom Schreibtisch und entdeckt einen Kontoauszug. Genau, die Kontoauszüge wollte man schon immer mal abheften! In einen Ordner, auf dem «Kontoauszüge» steht, so wie bei anderen Leuten auch! Im Keller könnten noch Ordner sein, aber der Schlüssel für den Keller ist bei Laura, bei der man sich erst wieder melden kann, wenn man ihre Fotos gefunden hat, die müssten auch irgendwo auf dem Schreibtisch liegen, nur weiter unten, ah, verdammt, schon ist der ganze Stapel ins Wanken geraten und auf den Boden gerutscht. Wie es hier unten aussieht, staubsaugen könnte man mal wieder. Am besten, man geht erst mal Staubsaugerbeutel kaufen, aber nicht wieder die falschen wie letztes Mal, die übrigens endlich jemand bei eBay einstellen müsste. Den Schreibtisch aufzuräumen ist ein schöner Plan, der wahrscheinlich auch zu irgendwas Nützlichem führt, nur ganz sicher nicht dazu, dass man in absehbarer Zeit mit der eigentlichen Arbeit anfängt.

Gut, dass ein trostloser, unaufgeräumter Arbeitsplatz seine Vorteile hat. Der Autor Alain de Botton schreibt: «Mein Arbeitszimmer ist so hässlich, dass ich keine andere Wahl habe, als in meine Arbeit zu flüchten, um es so vielleicht zu vergessen. Es reizt mich nicht mehr, herumzusitzen und die Äußerlichkeiten des Schriftstellerlebens zu bewundern. Ich hefte die Augen auf den Monitor. Schönheit mag das Glück befördern, aber mir scheint, dass eine wohlkalkulierte Dosis Hässlichkeit Wunder für die Produktivität wirkt.» Als LOBO ist man ohnehin nicht auf Äußerlichkeiten angewiesen, um sich ablenken zu lassen. Was hilft ein aufgeräumter Schreibtisch, wenn im eigenen Kopf zweihundert Gedanken gleichzeitig auf und ab springen und «Ich weiß was, ich weiß was!» rufen? Was hilft ein aufgeräumter Schreibtisch, wenn auf dem Schreibtisch ein internetfähiges Gerät steht und es im Internet noch viel unordentlicher zugeht als im eigenen Kopf? Ein perfekt aufgeräumter Schreibtisch und eine aufgeräumte Wohnung sind vor allem dann wichtig, wenn man Stress hat, wenn alles schnell gehen muss und man sich keine zusätzliche Verwirrung leisten kann. Wer ein entspannteres Leben führt, stirbt nicht gleich am Herzinfarkt, nur weil Sachen herumliegen. Und wenn man unbedingt einen ordentlichen Arbeitsplatz haben möchte, kann man immer noch den Rechner zuklappen und im nächsten Café weiterarbeiten. Dort kommt regelmäßig ein netter Mensch vorbei und räumt den Tisch ab. Man lächle ihm freundlich zu und sage: «Danke!»

Aber was ist, wenn es nicht nur um Papierstapel auf dem Schreibtisch geht? Was, wenn man schon seit Jahren weder die Waschmaschine noch den Schreibtisch aus der Nähe gesehen hat, weil Umzugskartons, Mülltüten, Altpapierstapel und eine wichtige Sammlung alter Röhrenmonitore nicht mehr als einen schmalen Gang von der Haustür zum Klo und zum Sofa frei lassen? Denn ach, das Spektrum des LOBO-Daseins reicht von denjenigen, die nur ab und zu mal eine Mail nicht sofort beantworten, bis hin zu Menschen, die nach ihrem Tod in der Zeitung auftauchen. Und zwar nicht wegen ihrer Verdienste, sondern unter Überschriften wie «Rentner lag tot unter 60 Tonnen Altpapier – Feuerwehr brauchte sechs Stunden, um zur Leiche vorzudringen».

Grundsätzlich kann natürlich jeder so wohnen, wie er will. «Durch eine bloße Unordnung droht der Wohnung kein Schaden», urteilte 1997 das Amtsgericht Wiesbaden. Indizien dafür, dass man ein echtes Problem hat und nicht nur zu selten oben auf den Bilderrahmen Staub wischt, können sein:

- Mehr als zwei volle Mülltüten pro Zimmer.
- Stapel alter Zeitungen und Zeitschriften aus mehr als zwei Jahren.
- Schimmliges Geschirr in der Spüle und/oder anderswo.
- Man öffnet die Tür nicht mehr, wenn es klingelt.
- Wenn Handwerker kommen, behauptet man, man sei nur zu Besuch.
- Die Wohnung riecht merkwürdig. (Um das herauszufinden, muss man sie ab und zu verlassen.)
- In der Wohnung leben zahlreiche Tiere, die man nicht selbst angeschafft hat.

Solche Verwahrlosungstendenzen sollte man spätestens bis zum Rentenalter halbwegs in den Griff bekommen, sonst gibt es Ärger und man wird vor der Zeit ins Heim gesteckt. Im Laufe des Lebens entwickeln die meisten Menschen zwar Kompensationstechniken und Tricks, um den Müll in seine Grenzen zu verweisen, aber in schwierigen Lebenssituationen oder mit zunehmendem Alter kann die Lage eskalieren. Deshalb lohnt es sich, rechtzeitig über Lösungen nachzudenken, die auch für LOBOs funktionieren.

Wer immer wieder am Putzen und Aufräumen gescheitert ist, für den gilt das im Kapitel «Jedem Ende wohnt ein Zauber inne» Geschilderte: Weg mit den guten Vorsätzen und her mit nachhaltigen Lösungen. Viele Einzelprobleme lassen sich auf einen Schlag erledigen, wenn man die Menge der Gegenstände reduziert, die regelmäßig aufgeräumt werden wollen. Dabei hilft es, Gegenstände wie Viren oder Meme zu betrachten, die sich in unseren Haushalten einnisten und uns für ihre Zwecke benutzen. Gegenstände sind der Feind, den es an allen Fronten zu bekämpfen gilt. In schweren Fällen helfen dabei Entrümpelungsdienste, die man jederzeit in Anspruch nehmen kann, auch wenn man gar nicht tot oder zwangsgeräumt ist. Solche Unternehmen sind gern bereit, bei Bedarf jedes Jahr wieder vorbeizuschauen und Gegenstände zu entsorgen, dafür sind sie schließlich da. Es ist allerdings eine Illusion, dass die Wohnung nach einmaliger Befreiung vom Terror der Gegenstände für immer sauber und aufgeräumt bleiben wird. Wer echte Fortschritte sehen will, muss entweder eine Haushaltshilfe finden (siehe Kapitel «Jetzt helfe ich mir nicht mehr selbst») oder sich neue Gewohnheiten zulegen, die so unanstrengend sind, dass man sie dauerhaft beibehält. Wer Müll gerne «nur vorübergehend» direkt neben sich ablegt, kann das Problem beispielsweise durch Aufstellen von drei bis vier Mülleimern pro Zimmer lindern. Im Folgenden haben wir einige Tipps für Unordentliche auf einen Haufen gekehrt.

10 TIPPS, WIE MAN DIE DINGE IN IHRE SCHRANKEN VERWEIST

1. **Finger weg von «Aufbewahrungslösungen».** Jede noch so praktische Kiste, die man voller Hoffnung bei IKEA erwirbt, lindert das Problem nicht, sondern zieht neue

Gegenstände an, wie das Loch im hohlen Baum das Eichhörnchen anlockt. «Es kommt der Tag, da will die Säge sägen», sagt der Volksmund, aber noch viel sicherer kommt der Tag, da will das Regal beinhalten. Und je größer der zusätzliche Stauraum, desto größer wird das Problem. Eva Roth schreibt in «Einmal Messie – immer Messie?»: «Mittlerweile habe ich – und das ist die nackte Wahrheit – weit über 1000 Bananenkartons in dreieinhalb angemieteten Lagerräumen untergebracht, die mich jährlich so viel kosten wie ein sechswöchiger Urlaub auf den Malediven mit allem Drum und Dran inklusive die Flüge.» Wenn man Probleme mit Gegenständen hat, ist der Kauf neuer Gegenstände keine Lösung.

2. **Virtueller Besitz ist der bessere Besitz.** Alles, was es im Internet gibt, kann man getrost wegwerfen, verschenken oder verkaufen. Aber Vorsicht: Wer Fotos, Musik oder Texte auf der Festplatte lagert, ersetzt nur eine beschwerliche Besitzform durch eine andere. Mit dem Einscannen, Kopieren und Kategorisieren von Daten kann man fast genauso viel Zeit auf genauso langweilige Weise verbringen wie mit dem Abstauben und Sortieren realer Besitztümer.
3. **Im Zweifelsfall weg damit.** Dabei hilft persönliche Wegwerfberatung. Für diese Position qualifizieren sich alle Freundinnen oder Freunde, die nicht gerade noch größere Wegwerfprobleme haben als man selbst. Wenn man sich selbst nicht entscheiden kann, ob man sich wirklich von einer schönen Sammlung alter Wäscheschleudern trennen soll, schildert man der Wegwerfberaterin das Problem. Aber bitte sagen Sie dabei nicht zu Menschen, die Ihnen nahestehen: «Willst du das haben? Ich werf es sonst weg.»

Sie verschieben damit nur Ihre eigenen Wegwerf-Schuldgefühle in den Gefühlshaushalt der anderen Person.

4. **Großpackungen sind Teufelswerk.** Niemals Sonderangebote oder Großpackungen kaufen, die mehr als das enthalten, was man gerade braucht, ganz egal, wie viel billiger sie sind.
5. **Nicht vorsorgen.** Es wird alles auch später noch zu kaufen oder herunterzuladen geben. Vor einigen Jahren begann eine deutsche Messie-Selbsthilfewebsite sinngemäß mit den Worten: «Drucken Sie diese Seiten auf keinen Fall aus, Sie wissen genau, wozu das führt. Unser Angebot wird immer unter dieser Adresse zu finden sein.» Natürlich gibt es die Website heute nicht mehr, aber an ihre Stelle sind andere, bessere getreten. Wer ganz sichergehen will, kann unter web.archive.org eine Archivkopie anlegen lassen.
6. **Vorausschauend kaufen.** Es darf möglichst kein Gerät ins Haus, das regelmäßig neue Batterien (insbesondere Spezialknopfzellen) oder andere Verschleißteile braucht. Man wird es nie schaffen, Ersatz zu besorgen, und hat nach einem Jahr ein nicht mehr funktionierendes elektronisches Fieberthermometer, das man nicht wegwerfen kann, weil man ja nur eine neue Batterie kaufen müsste. Drei bis vier Vorwürfe auf einmal zerren an einem, man hat wieder ein herumliegendes Ding mehr, und die Schachtel voll alter Knopfzellen müsste auch endlich mal zur Sammelstelle.
7. **Renovierungspläne in kleine Abschnitte unterteilen.** Es kommt immer mal vor, dass man nicht zu Ende bringen kann, was man sich vorgenommen hat, dafür gibt es viele gute und schlechte Gründe. In Fallberichten über das Vermüllungssyndrom wird die komplette Unbewohnbarkeit

einer Wohnung nicht selten auf einen lange zurückliegenden Renovierungsversuch zurückgeführt. Aufgaben müssen deshalb so strukturiert werden, dass man sie an jedem Punkt ohne allzu große Unannehmlichkeiten für ein Jahr unterbrechen kann.

8. **Aussortieren genügt nicht.** Aussortiertes möchte sich im Keller, auf dem Dachboden oder unter dem Bett festkrallen und muss daher so schnell wie möglich aus dem Haus. LOBOs sollten rechtzeitig jemand anderen bitten oder beauftragen, sich um die Verteilung an Wohlfahrt, eBay und Müll zu kümmern.

9. **Die Dinge sollen mal schön die Klappe halten.** Jean-Claude Kaufmann hat für sein Buch «Mit Leib und Seele – Theorie der Haushaltstätigkeit» viele Interviews geführt, eines davon mit Irénée: «Irénée versteht nicht so recht, warum es ihr so schwerfällt, sich von den alten Sachen zu trennen: ‹Das ist wirklich immer eine schreckliche Arbeit, es fällt mir immer total schwer, mich zu einer Entscheidung durchzuringen, das bereitet mir wirklich Kopfzerbrechen. Und dann nehme ich eins ums andere in die Hand, und schon fallen mir die ganzen Geschichten dazu ein.›» Kaufmann kommentiert: «Dass die Trennung so problematisch ist, liegt daran, dass dieser alte Gegenstand einen Teil unseres Selbst in sich trägt – und es ist ja nur selbstverständlich, dass es einem schwerfällt, sich von sich selbst zu trennen. Das Ausmisten vertrauter Dinge verweist auf ein identitäres Sortieren, was erklärt, warum es eine solche mentale Schwerstarbeit darstellt.» Mentale Schwerstarbeit! Berufen Sie sich auf Kaufmann, wenn Ihnen jemand einreden möchte, Ausmisten sei einfach. Fangen Sie klein an,

werfen Sie ein Blatt Papier weg. Schon bald können Sie sich zu einfachen Kleidungsstücken wie Socken und Unterhosen vorarbeiten, und vielleicht erreichen Sie eines Tages die höchste Stufe der Wegwerf-Erleuchtung und bewältigen selbst handschriftliche Notizen, Fotos, Geschenke und Stofftiere, ohne mit der Wimper zu zucken. Das Aufräumbuch von Marie Kondo hat auf Deutsch den denkbar blöden Titel «Magic Cleaning», aber lassen Sie sich davon bitte nicht abhalten, es zu lesen. Gerade dieser Vorgang wird darin sehr gut erklärt.

10. **Rettung der Wohnung geht vor Rettung der Welt.** Viele Messies glauben, durch ihr eigenes Verhalten die Welt retten zu müssen. Deshalb kann der Müll nicht einfach in die Tonne, obwohl sich die vollen Mülltüten schon bis zur Decke stapeln, sondern er muss erst gespült und sortiert werden. Irgendwann mal. Sobald man sich von dieser Vorstellung frei macht, wird alles viel leichter. Unternehmen dürfen ihre Umweltverschmutzung durch Emissionshandel ausgleichen – warum also nicht privat den Müll unsortiert lassen, wenn man dafür regelmäßig an Greenpeace spendet. (Achtung: Zur Teilnahme an diesem Verfahren berechtigt sind ausschließlich Personen, die durch Mülltrennungsvorsätze in Teufels Küche geraten sind und diese mehrere Jahre lang bewohnt haben.)

«Fünf Monate nach meinem Einzug in diese Wohnung warten noch etliche Kartons darauf, ausgepackt zu werden. Die stehen hier rum und haben sich über die Zeit zu einem für mich unsichtbaren ‹Blinden Fleck› entwickelt.

Jedes Mal, wenn ich den Raum betrete, in dem die Kartons stehen, sehe ich sie nicht, während andere Menschen sofort diesen Ausdruck in den Augen bekommen, der so viel heißt wie ‹Na, den will ich aber nicht heiraten›. Also ungefähr derselbe Blick, den sie bekommen, wenn man ein Glas Wein anbietet und dann erst mal verschämt die Gläser abwäscht, weil sie seit drei Wochen nur immer mal mit Wasser durchgespült wurden und zwischen Schreibtisch und Küche pendelten und dementsprechend aussehen.

Auf jeden Fall ist Weihnachten, und da ich nichts geschenkt bekommen habe, also nicht wie alle anderen knietief in aufgerissenem Geschenkpapier waten durfte, dachte ich mir heute: ‹Mensch Don, mach doch mal einen Karton auf.› Also packte ich blind einen Karton aus meinem blinden Fleck und öffnete ihn. Es war ein Karton Bücher. Ich freute mich unter anderem sehr über die Walter-Serner-Komplettausgabe, einen vergriffenen Bildband über Dadaismus, ungefähr 30 ‹Mister Dynamit›-Agententhriller, die 60. Auflage (265. bis 269. Tausend) des 1926 erschienenen Buches ‹Die vollkommene Ehe – eine Studie über ihre Physiologie und Technik› von Dr. Th. H. van de Velde und einen Roman namens ‹Abschied auf Englisch – Eine Kriminalkomödie› in abwaschbarer, durchsichtiger Plastikhülle. Da ich meine Bücher nicht in Kondome einschweiße, war mir sofort klar, dass dies nicht mein Buch sein konnte. Also blätterte ich ein wenig vorne rum, um eventuell den Originalbesitzer ausfindig machen zu können, obwohl ich hoffentlich niemanden kenne oder gekannt habe, der seine Bücher in Plastikfolie einschweißt.

Hinten wurde ich dann fündig, denn da steht fett eingestempelt ‹Eigentum der Bezirksbücherei Bonn-Bad Godesberg›. Und gleich daneben der Laufzettel mit dem allerspätesten Abgabedatum: ‹11. 04. 1988›. Wie konnte mir das entgehen? Wie konnte ich fast fünfzehn Jahre lang vergessen, dieses teure Paperback zurückzugeben? Und warum habe ich mir mit zwanzig so einen Scheiß-Roman ausgeliehen? Und was soll ich jetzt machen? Anonym zurückschicken? Behalten und auf Partys damit angeben? Was passiert, wenn mal eine heiratswillige Frau meine Gemächer betritt, die Kartons verschwunden, die Gläser fein poliert sind, sie aber dieses Buch findet? Die denkt doch sofort ‹Oh, wenn der so was schon vergisst, dann vergisst er sicher auch irgendwann mal, nach Hause zu kommen. Ne, so einen will ich nicht›. Herrje – mein ganzes charakterliches Elend, in einem billigen Roman manifestiert.»
(Don Dahlmann)

SCHÖN, SCHLANK UND FIT IN 30 000 TAGEN

Das Getue um den Körper

> «Ein hart gekochtes Ei zu verdauen kostet den Körper mehr Kalorien, als das Ei tatsächlich hat. Ergo nimmt man bei hart gekochten Eiern schon während des Essens ab, man zehrt praktisch aus. Mit Mineralwasser verhält es sich übrigens ähnlich.»
> (Christiane Rösinger: «Das schöne Leben»)

Selbsthilfebücher gegen das Aufschieben sind voll mit guten Ratschlägen, wie man sich dazu überwindet, täglich joggen zu gehen, sich gesünder zu ernähren und endlich mal konsequent Diät zu halten. Als ob es nicht schon schlimm genug wäre, dass die Welt um einen herum einem lästige Dinge abverlangt! Wer falsch parkt, muss sich nur vom Staat herumkommandieren lassen. Wer sich selbst herumkommandiert, hat bereits doppelt so viel Arbeit. Das Mindeste, was man für sich als Bürgerin oder Bürger im Staat der eigenen Persönlichkeit tun kann, ist daher, keine sinnlosen und undurchführbaren Gesetze zu erlassen.

Das Argument, eine bestimmte Verhaltensweise sei gesünder als andere, hat historisch gesehen andere Konditionierungsinstrumente abgelöst, mit deren Hilfe die Gesellschaft uns ein schlechtes Gewissen machen will. Während man früher versuchte, seine Mitmenschen durch den Hinweis auf die Gottgefälligkeit oder Sündigkeit einer Handlung zu Verhaltensänderungen zu bewegen, werden heute Gesundheitsargumente angeführt, um den Lebenswandel anderer Menschen in Misskredit zu bringen. Aber wenn die schöne Kunst der Prokrastination mithilfe von Gesundheitsargumenten madiggemacht werden soll, können wir nicht tatenlos zusehen. Das Aufschieben von Plänen, so heißt es immer wieder, sei kein harmloser Spaß, sondern mit ernsten Gesundheitsgefahren verbunden, weil die Betroffenen mit Arztbesuchen und gesunden Verhaltensänderungen zu lange warteten. Die erwiesene Fähigkeit von LOBOs, unter Termin- oder anderem Druck ihren Pflichten doch noch einigermaßen nachzukommen, lässt allerdings darauf schließen, dass sie sich durchaus in die Arztpraxis bewegen, sobald es einen zwingenden Grund dafür gibt. Und ohne zwingenden Grund zur Ärztin zu laufen, ist weder dem Kontostand noch der Gesundheit zuträglich. Den Schäden durch Nichthandeln stehen Schäden durch unnötiges Handeln gegenüber. Bei der Schweizer Kampagne smartermedicine.ch gibt es eine lange Liste von unnötigen bis schädlichen medizinischen Behandlungen.

Der häufigste medizinische Vorwurf, den man Prokrastinierenden macht, ist dabei, dass sie Früherkennungsuntersuchungen zu lange hinausschieben. Hauptgründe für die Nichtteilnahme an Krebsfrüherkennungsangeboten sind zwar tatsächlich Bequemlichkeit und Vergesslichkeit, aber 76 von

100 männlichen und 65 von 100 weiblichen Krebstoten sterben an Tumorarten, für die es bislang gar keine sinnvolle Früherkennung gibt. Und auch dort, wo es eine gibt, liegt ihr Nutzen keineswegs auf der Hand. Im Juni 2003 war in der «Zeit» unter dem Titel «Vom Segen des Nichtwissens» zu lesen: «Früherkennung ist im Kern ein Tauschgeschäft: Man tauscht ein Risiko gegen ein Bündel anderer Risiken. Von 1000 Teilnehmern können bestenfalls einige wenige erwarten, dass Früherkennung sie vor einem vorzeitigen Tod durch einen Krebs bewahrt. Keine Frage, das ist ein sehr starkes Argument für Früherkennung. Doch dieser Gruppe stehen etwa gleich viele Teilnehmer gegenüber, bei denen Früherkennung die Gesundheit angreift, die sie eigentlich erhalten soll.» Ob Prokrastinierende krebsbedingt auch nur einen Tag früher sterben als gut organisierte Menschen, ist bisher mangels entsprechender Forschungsarbeiten unbekannt.

Unbestritten wäre es ganz gut, zweimal jährlich das Gebiss durchsehen und hin und wieder den Blutdruck messen zu lassen. Wenn das nicht gelingt, wird man ein kariöseres und eventuell kürzeres Leben führen und sollte daher zum Ausgleich wenigstens nicht rauchen oder Motorrad fahren. Möchte man gerne rauchen und Motorrad fahren, kann man sich immer noch darauf berufen, dass jeder Mensch das Recht auf selbst gewählte Risiken hat. Der Gesellschaft schadet man damit nicht, denn wer früher stirbt, liegt seinen Mitmenschen weniger auf der Tasche. Auch Präventionsmaßnahmen kosten fast immer mehr, als sie einsparen helfen – ein Schluss, zu dem die Wirtschaftswissenschaftlerin Louise B. Russell schon 1986 in ihrem Buch «Is Prevention Better Than Cure?» kam und der seither in zahlreichen Studien bestätigt wurde. Der einzige Punkt, an dem die Gesellschaft ein berechtigtes Einmischungsinteresse hat, sind Impfungen, denn nur bei einer hohen Durchimpfungsrate entsteht eine «Herdenimmunität», die die Ausbreitung von Infektionskrankheiten eindämmt. Eine Impfpflicht ist eine staatliche Hilfestellung für Prokrastinierende, die sich sonst trotz aller Einsicht in die Notwendigkeit erst «demnächst irgendwann» dazu aufraffen würden. Die Vereinbarung der nötigen Termine ist zwar eine Herausforderung für LOBOs, aber durch den Terminvereinbarungsservice der Krankenkassen und kassenunabhängige Dienste wie doctolib.de entspannt sich auch hier die Lage.

An Selbsthilfeorten im Netz lauten die dominierenden Gesundheitsvorsätze «Endlich mal regelmäßig Sport treiben» und «Endlich mal konsequent Diät halten». Beides zusammen ist für gefühlte 90 Prozent aller öffentlich geäußerten guten Vorsätze verantwortlich, und an Tipps und Tricks, wie man «den inneren Schweinehund überlistet», herrscht kein Mangel.

Wenn man sich immer wieder mit Tricks dazu überwinden muss, joggen zu gehen oder im Fitnessstudio langweilige Dinge zu tun, sollte man sich fragen, ob man sich nicht einfach für die falsche Beschäftigung entschieden hat. Es ist ja kein Ding der Unmöglichkeit, die individuell passende Form körperlicher Betätigung zu finden: Man erkennt sie daran, dass sie Spaß macht und man sich nicht zu ihr zwingen muss. Eventuell macht Treppensteigen auf dem Stairmaster ein oder zwei Menschen auf der Welt wirklich Spaß, es gibt ja die seltsamsten Dinge da draußen. Aber wer schon ahnt, dass er keine dieser zwei Personen ist, der kündige sein Abo fürs Fitnessstudio und fange mit dem Geld was Lustigeres an.

Gegen dieses Abo spricht übrigens nicht nur die Langweiligkeit von Fitnessstudios. Wie Stefano DellaVigna und Ulrike Malmendier in einer wirtschaftswissenschaftlichen Studie 2006 herausfanden, zahlen Menschen mit Fitnessstudio-Monatsabos pro Besuch im Schnitt 70 Prozent mehr, als wenn sie sich Einzel- oder Zehnerkarten kaufen würden. Eine Fitnessstudiobesucherin, die keine Lust mehr hat und deren Abonnement sich automatisch verlängert, braucht im Durchschnitt weitere 2,29 Monate, um zu kündigen. Wer ein Abonnement abschließt, tut das vermutlich im Glauben, man könne sich auf diese Art leichter motivieren, regelmäßig Sport zu treiben. Genau das Gegenteil tritt ein: Die Wahrscheinlichkeit, dass man das Fitnessstudio nach einem Jahr immer noch aufsucht, liegt bei Jahresabos *niedriger* als bei Monatsabos. Denselben Effekt kann jeder an Menschen beobachten, die sich einen Crosstrainer zugelegt haben: Erkundigen Sie sich ruhig im Bekanntenkreis, wie viele das teure Gerät auch nur unregelmäßig benutzen – und zwar nicht, um die gebügelten Hemden dran aufzuhängen.

«1997 zog ich in Berlin um. Der Transport einer Waschmaschine in den vierten Stock eines Mietshauses führt einem die eigene Kurzatmigkeit erbarmungslos alle drei Stufen vor. Ich beschloss zu handeln und mich beim Fitnessstudio, glücklicherweise kaum mehr als 100 Meter entfernt, anzumelden. Ich hatte die Wahl zwischen einer unverbindlichen Tageskarte, zehn Trainingseinheiten für (umgerechnet) 60 Euro, und einem Jahresvertrag für 300 Euro. Im festen Glauben, dass ich regelmäßig dorthin gehen würde, entschied ich mich für den Vertrag. Im folgenden Jahr war ich fünf Mal dort trainieren, weil der Waschraum ein schlechtes Karma hatte (60 Euro/Training). 1998 kaufte ich, obwohl vollkommen pleite, einen teuren Hometrainer. Meine strategische Begründung war gut durchdacht: ein derart teures Gerät würde ich wohl kaum herumstehen lassen. Entsprechend benutzte ich es mindestens sechs Mal, zweimal davon für Filmaufnahmen, bevor ich durch glückliche Fügung einen gut bezahlten Job bekam. Entsprechend wurde es schlagartig weniger schmerzhaft, ein teures Gerät nicht zu benutzen; die Folgen lassen sich erraten (125 Euro/Training). 1999 ließ ich mich durch ein Studio, das zwar 40 Fahrminuten von meiner Wohnung entfernt, aber in Fahrradweite der Wohnung meiner Freundin lag und vor allem 24 Stunden am Tag geöffnet war, derart beeindrucken, dass ich einen Jahresvertrag abschloss. Meine Freundin zog um. Ich besuchte das Studio vier Mal, kein einziges Mal davon außerhalb normaler Öffnungszeiten (62 Euro/Training). 2003 wollte ich aus Fehlern lernen, in der neu bezogenen Kreuzberger Wohnung war auch kaum Platz für eigenes Sportgerät, sodass ich ein mittelweit entfernt gelegenes Fitnessstudio auswählte – aber clever nur einen Vertrag über ein halbes Jahr abschloss. Die Entfernung erwies sich dann aber doch als zu groß, um regelmäßig dorthin zu fahren, sodass ich insgesamt drei Mal trainierte. Die Vertragscleverness hielt sich für mich überraschend insofern in Grenzen, als sich der halbjährige Vertrag von allein verlängerte und eine Kündigungsfrist von drei Monaten für mich ein kaum zu überwindendes Kündigungs-

hindernis darstellte. Ich blieb dort zwei Jahre lang Mitglied, ließ online die Abbuchungen im zweiten Jahr aber immer wieder zurückgehen, was für mich gedanklich vollkommen als gefühlte fristlose Kündigung ausreichte. Die Rechtsabteilung der Fitnesskette neigte zu einer anderen Auffassung, und leider folgte das Mahngericht dieser Argumentation wohl weitestgehend, wie ich zwei oder drei Jahre später entsprechenden Briefen entnehmen sollte. Im ersten Jahr zahlte ich also für drei Besuche 600 Euro, im zweiten Jahr für null Besuche inklusive Mahngebühren, Amtskosten, Rechtsanwaltskosten und Ähnlichem 1200 Euro. Um diesen Höhepunkt nicht so allein im Raum stehen zu lassen, ließ ich meine Erfahrung 2006 und 2007 mit zwei Jahren in einem Luxus-Fitnessstudio ausklingen. Im ersten Jahr schaffte ich beachtliche zwanzig Besuche, zehn davon mit einem Privattrainer für 400 Euro im Monat, zusätzlich zu den 80 Euro Monatsgebühr (Goldmitgliedschaft mit weltweiter Trainingsberechtigung). Das zweite Jahr wohnte ich nicht mehr nur weit, sondern durch einen Umzug irrwitzig weit entfernt von dem Luxus-Fitnessstudio. Leider hatte ich die Kündigungsfrist (drei Monate) verpasst (1 Training).»
(Sascha Lobo)

Diese Mühen und guten Vorsätze entspringen in fast allen Fällen der Überzeugung, Sport sei das beste Mittel zur Gewichtsabnahme – eine Theorie, die allerdings eher in Lifestyle-Zeitschriften als in wissenschaftlichen Veröffentlichungen vertreten wird. Die Vorstellung, der Körper sei eine Art Maschine, die Kalorien verzehrt, durch Bewegung Kalorien verbraucht und den Unterschied grammgenau und unbarmherzig in Fettpolster umwandelt, ist relativ neu. Erst seit den 1960er-Jahren setzte sich die Ansicht durch, das Körpergewicht ließe sich durch Bewegung reduzieren. Da ein solcher Zusammenhang bis heute nicht schlüssig nachgewiesen werden konnte, ist die Fachwelt inzwischen in ihren Ratschlägen vorsichtig geworden. Die «American Heart Association» und das «American College of Sport Medicine» veröffentlichten 2007 einen gemeinsamen Leitfaden zum Thema «Bewegung und Gesundheit». Er rät – wie auch die meisten deutschen Veröffentlichungen – dazu, sich aus Gesundheitsgründen an fünf Tagen die Woche je dreißig Minuten lang gemäßigt zu bewegen. Fünf Tage die Woche dreißig Minuten gemäßigt, das bedeutet, dass es vollkommen ausreicht, mit dem Fahrrad zur Arbeit zu fahren oder jeden Tag eine halbe Stunde zu Fuß zu gehen. Selbst Staubsaugen, Treppensteigen und Unkrautjäten werden hin und wieder unter den fitnessfördernden Beschäftigungen aufgeführt. Zum Thema «Abnehmen durch Bewegung» heißt es im genannten Leitfaden allerdings sehr zurückhaltend: «Man darf annehmen, dass bei Menschen mit relativ hohem täglichen Energieverbrauch eine Gewichtszunahme langfristig weniger wahrscheinlich ist als bei Menschen mit niedrigem Energieverbrauch. Bisher sind die Daten zur Untermauerung dieser Hypothese nicht gerade überzeugend.» Das Grundproblem ist dasselbe wie beim Thema Prokrastination: Weil es so schön und praktisch wäre, wenn Zusammenreißen zum Erfolg führen würde, werden die zahlreichen Belege dafür, dass das nicht der Fall ist, ignoriert – im Journalismus, von den Betroffenen und zum Teil sogar von Fachleuten.

Dasselbe gilt für die Details der Ernährung: Ob Fett überhaupt fett macht und, wenn ja, ob sich dadurch das Leben verkürzt, von welchen Faktoren Gewichtszunahme eigentlich herrührt, das alles und noch viel mehr ist ungeklärt. Unabhängig von der jeweiligen Diät- und Glaubensrichtung weisen alle Studien geringe oder gar keine Erfolge aus, wenn es um langfristige Gewichtsabnahme geht. Im viel wahrscheinlicheren Fall kommt es zum Jo-Jo-Effekt, wenig später sind die vertriebenen Kilos wieder da und haben noch Freunde mitgebracht. Verschiedenen Studien zufolge zeigen nur 2 bis 5 Prozent aller durchgeführten Diäten langfristig *irgendeinen* Erfolg. Meditieren Sie bei Gelegenheit darüber, wie wahrscheinlich es ist, dass ausgerechnet Sie als Zielgruppe unseres Buchs zu diesen Prozenten zählen.

Nicht nur dem Weg – der Diät – fehlt die wissenschaftliche Begründung, sondern auch dem Ziel: Der zur Begründung von Vorwürfen und Vorsätzen häufig herangezogene *Body-Mass-Index* ist ursprünglich gar nicht eingeführt worden, um irgendetwas über die Gesundheit oder Lebenserwartung einzelner Menschen auszusagen, und wie neuere Studien zeigen, eignet er sich dafür auch nicht gut. Zwischen dem gar nicht besonders normalen «Normalgewicht» und nachweislichen Gesundheitsproblemen liegt ein breiter Speckgürtel von Kilos, die einfach egal sind.

Aus einer Studie der Wirtschaftswissenschaftler David Cutler und Ed Glaeser aus dem Jahr 2005 geht hervor, dass gesundes wie ungesundes Verhalten sich meist auf einzelne Bereiche beschränkt und keineswegs das ganze Leben erfasst: «Die Korrelation unterschiedlicher gesundheitsrelevanter Verhaltensweisen bei ein und demselben Menschen ist praktisch null.» Wer raucht, trinkt nicht überdurchschnittlich viel Alkohol, wer trinkt, ist nicht häufiger dick, und Dicke sind nicht nachlässiger als andere, wenn es um die regelmäßige Einnahme blutdrucksenkender Medikamente geht. Ob jemand an den empfohlenen Terminen an Krebsfrüherkennungsuntersuchungen teilnimmt oder sich beim Autofahren angurtet, ist unabhängig von den Rauch-, Ess- oder Trinkgewohnheiten derselben Person. Offenbar gelingt es so gut wie niemandem, alle Gesundheitsempfehlungen gleichzeitig einzuhalten.

Solange sich die Fachwelt nicht auf halbwegs fundierte Ernährungs- und Verhaltensrichtlinien einigen kann, sollten wir daher den Körper in Ruhe lassen. In Erstweltländern geht es ihm heute besser als je zuvor, und wenn wir die unstrittigen Empfehlungen umsetzen, also regelmäßig Zähne putzen, möglichst nicht rauchen, nichts Radioaktives frühstücken und mit dem Rad zur Arbeit fahren, haben wir schon genug zu tun. Der Nutzen von Diät- und Sportterror für den Körper ist ungewiss, der Verlust an Lebensqualität offensichtlich.

5 TIPPS FÜR EIN GESÜNDERES LOBO-LEBEN

1. **Schöne Wege sind besser als schöne Ziele.** Schlecht gewählte Motive für gesünderes Verhalten erschöpfen sich schnell, gute Gründe halten viele Jahre lang. «Ich will mich mehr bewegen, um einen schöneren Körper zu haben» ist eine ungünstige Motivation, weil sie sich ausschließlich auf das Ziel konzentriert. Für manche Menschen mag das rei-

chen; diejenigen, die dieses Buch in der Hand halten, gehören wahrscheinlich nicht dazu.

2. **Den Ball flach halten.** Je größer das schlechte Gesundheitsgewissen, desto martialischere Vorsätze werden in der Regel gefasst. Drastische Sport- und Ernährungsumstellungen sind aber nicht nur viel anstrengender und scheitern schon deshalb öfter. Meistens sind sie auch weniger gesund als bescheidene Pläne. Statt «beim nächsten Marathon mitlaufen» reicht auch «ab und zu mal Yoga», statt «ab sofort null Kohlenhydrate» tut es auch «langsamer essen». Nur zum Angeben eignen sich entspanntere Vorsätze nicht so gut.
3. **Schlafen macht schlank.** Wie die Mediziner Steven Heymsfield und James Gangwisch in einer groß angelegten Studie herausfanden, sind Menschen, die nur fünf Stunden schlafen, mit um 73 Prozent höherer Wahrscheinlichkeit dicker als Menschen, die sieben bis neun Stunden Schlaf bekommen. Schon eine einzige Stunde weniger Schlaf führt zu messbaren Gewichtsunterschieden. Damit ist der Einfluss von ausreichend Schlaf auf das Körpergewicht deutlich ausgeprägter als der Einfluss von Bewegung.
4. **Einbildung macht schlank.** In einer Studie der Psychologin Ellen Langer an Hotelreinigungskräften stellte sich heraus, dass deren Körperfettanteil, Blutdruck und Body-Mass-Index sich trotz ihrer körperlich anstrengenden Tätigkeit nicht von den Werten sitzender Kopfarbeiterinnen unterschied. Die Frauen hielten ihre Lebensweise für ungesund – schließlich suchten sie nie ein Fitnessstudio auf. Sobald man ihnen allerdings mitteilte, dass sie sich im Beruf deutlich mehr bewegten als andere beim Sport, sanken

ihr Blutdruck und ihr Gewicht umgehend. Langer erklärt dieses Ergebnis mit dem guten alten Placeboeffekt.

5. **Glücklich sein.** Der Glücksforscher Ruut Veenhoven fand heraus, dass «Glück das Leben verlängert, wobei sich die Wirkung der Zufriedenheit durchaus damit vergleichen lässt, ob man raucht oder nicht». Anstatt das Rauchen aufzugeben, kann man also versuchen, das Leben mit mehr glückverheißenden Elementen zu möblieren. Näheres regelt die Glücksforschung.

LETZTE MAHNUNG!

Vom Umgang mit Post, Geld und Staat

> «Das Ministerium hat ihm schon mindestens fünfzig Briefe geschrieben. Natürlich kam nie eine Antwort. Es ist nicht möglich, jemand öfter als dreimal zu warnen, geschweige denn ihm zu drohen: Beim vierten Mal ist die Drohung zum Wiegenlied geworden …»
> (Halldór Laxness: «Am Gletscher»)

Die Gedanken, die vielen LOBOs wie dunkle Schatten auf der Seele lasten, drehen sich oft um die Verwicklungen und Bedrohungen aus dem Problemfeld Post, Geld und Staat. Die wichtigste Fähigkeit, die man zur Problemminimierung in diesem Bereich bis zur Vollendung beherrschen sollte, ist das Nichtstun zur rechten Zeit: Die nicht vermiedene Aktion ist die Mutter aller Probleme. Hier sei uns die Sorgenlosigkeit des Eremiten Vorbild, wenn sich auch sein Sozialleben überschaubar gestalten mag. Aber da wir uns wider besseres Wissen aus emotionalen Gründen mitten ins gesellschaftliche Getümmel stürzen wollen, gilt es, zwei Problemkomplexe zu unterscheiden: private Probleme, deren Auswirkungen sich ausschließlich im eigenen oder in fremden Köpfen abspielen, und offizielle Probleme, die ganz konkrete Folgen haben. In diesen zweiten, unangenehmeren Komplex gehören fast immer die drei Bereiche Post, Geld und Staat.

Der Grund dafür ist schnell erklärt. Alle Kommunikation, die irgendwelche schwerwiegenden Konsequenzen nach sich zieht, gelangt per Post zu uns. Man wird sogar per Post über seine demnächst anzutretende Gefängnisstrafe informiert, wenn man nicht sowieso in Untersuchungshaft sitzt und den entsprechenden Brief persönlich überreicht bekommt. Der zweite Punkt ist Geld, denn sehr viele offizielle Probleme haben darin ihren Dreh- und Angelpunkt. Das Ungünstige ist, dass gerade LOBOs dazu neigen, in Geldprobleme zu geraten, weil konsequentes Verplanen teuer werden kann. Und schließlich drittens der Staat, denn nur der Staat ist mit seinen ärgerlich zahlreichen Exekutivorganen und -orgänchen berechtigt, uns zu irgendetwas zu zwingen.

Woher kommt nun die Empfehlung, nichts zu tun? Wir müssen präzisieren – es geht darum, bestimmte Dinge nicht zu tun. Offizielle Probleme entstehen dadurch, dass ein geschäftlicher Prozess begonnen, aber nicht abgeschlossen wird: Häufig haben sie ihren Ursprung in einem Vertrag. Obwohl Verträge auch ohne Unterschrift zustande kommen können – jeder Kauf eines Lollis ist rechtlich gesehen ein Vertrag –, sind diejenigen mit Unterschrift die gefährlichen, ob beim bargeldlosen Kauf ohne Kontodeckung, beim Abschluss eines Mobilfunkvertrags, beim Eintritt in ein Fitnessstudio (siehe Kapitel «Schön, schlank und fit in 30 000 Tagen») oder dem Abschluss von Kredit- oder Versicherungsverträgen. Verträge sind Damoklesschwerter. Alle Menschen, und LOBOs insbesondere, sind also gut beraten, vor jeder Unterschrift – unter welches

Papier außerhalb einer Geburtstagskarte auch immer – gut zu überlegen, ob dieser Vertrag sinnvoll ist. Man kann sich angewöhnen, sich vor jeder Unterschrift das Worst-Case-Szenario bei Nichterfüllung vorzustellen und es gegen die Vorteile des Vertrages abzuwägen. Das schreckt ab und kann vor törichten Handlungen bewahren. «Ich weiß ja, dass ich Chance um Chance verspiele / in meiner Warteschleife / aber kann man Chancen / nicht auch als Gefahr begreifen?», fragt Popmusiker Jens Friebe in seinem Song «Jede Menge Ziele». Das ist der Geist, in dem LOBOs an neue Verträge herangehen sollten.

Schon allein, weil Verträge dazu neigen, ein hohes Briefaufkommen zu produzieren. Post öffnen, Post bearbeiten, Post herstellen und Post wegbringen gehören ohne jeden Zweifel zu den schwierigsten Aufgaben der Menschheit, auch wenn einige vermutlich von Außerirdischen Abstammende das Gegenteil behaupten. Aber nicht umsonst unterscheiden sich Pest und Post nur durch einen Buchstaben, und so gilt es, das Postaufkommen zu minimieren. Ein trauriges Wort nebenbei: Post wird es immer geben, weil das System mit ihrer Hilfe Kontakt zum Individuum aufnimmt. Günstigstenfalls wird sie irgendwann durch E-Mail ersetzt, was Postprobleme leicht verbessern mag, aber nicht löst. Wer darunter leidet, sollte unbedingt eine Ausweichmethode finden.

Die beste Alternative ist die Auslagerung an andere Menschen. (Siehe Kapitel «Jetzt helfe ich mir nicht mehr selbst».) Wenn man die Post mit einem guten Freund oder einer Freundin über Kreuz erledigt, kann das bereits Linderung verschaffen, denn nur bei Briefen, die man selbst bekommen hat, fällt schon das Öffnen schwer. Was sich darin verbirgt, fühlt sich bei der eigenen Post oft nach Angst an, bei fremder hingegen verwandelt sie sich in Neugier. Wer bereit ist, seinen kompletten Posteingang auszulagern, kann einen Nachsendeantrag zu dieser anderen Person stellen. (Achtung: Vor allem Behördenpost wird manchmal mit Unternehmen versendet, die nicht die Post sind. Dann ist ein separater Nachsendeantrag beim zweiten Unternehmen nötig.)

Alles Folgende ist, um das noch einmal ganz deutlich zu sagen, nur die zweitbeste Lösung. Wer ein Postbearbeitungsproblem hat, sollte sich unbedingt um Unterstützung durch andere bemühen. Ist das aus irgendeinem Grund keine Option, gilt die Dreierregel: Briefe werden erst dann geöffnet, wenn der dritte derselben Sorte gekommen ist. In den meisten Fällen ist dann schon erhebliches Eskalationspotenzial ausgeschöpft worden – Rechnung, Mahnung, letzte Mahnung –, aber es ist selten für alle Gegenmaßnahmen zu spät. Der Vorteil: Man muss bloß ein Drittel der Post öffnen – oder weniger, denn nur wirklich wichtige Angelegenheiten verursachen überhaupt zwei Folgebriefe. Vieles versandet, vieles andere ist auch einfach egal. Trotzdem sollte man sich zumindest darüber im Klaren sein, dass allzu nachlässige Bearbeitung der Kommunikation von vielen Menschen als Boshaftigkeit verstanden wird. Eventuell, so wollen wir eingestehen, nicht einmal ganz zu Unrecht.

Natürlich ist in finanziellen Dingen die letzte Mahnung nicht die letzte Mahnung. Wenn man es darauf anlegt, kann man auch diese ignorieren. Es beginnt ein Prozess, der von einem größeren Teil der Gesellschaft nicht mehr als normal und alltäglich empfunden wird – zu Unrecht. Wir beschreiben hier, was passiert und wie man die Konsequenzen einzuschätzen hat, um den Menschen die Angst und die Scham zu nehmen.

Denn das alles mag unangenehm sein, aber es ist bei Weitem nicht so schlimm, wie man in seinen Albträumen befürchtet.

Nach der wirklich letzten Frist im Kontakt mit dem direkten Vertragspartner teilt sich der Weg, den ein solcher Vorgang beschreiten kann: Entweder führt er direkt zum zuständigen Staatsarm, dem Mahngericht, oder die offene Rechnung wird für einen Bruchteil der Forderung an die Mahnindustrie verkauft und verwandelt sich in eine Art Spekulationsobjekt für Inkassounternehmen. So ein Unternehmen versucht nun, die Forderung einzutreiben, ohne selbst allzu viel Geld auszugeben. Das passiert in automatisierten Prozessen mit Briefen, vielen Briefen, einer unfassbaren Anzahl von Briefen. Ein einziger Vorgang kann leicht zehn Briefe hervorbringen, denn jede erneute Zustellung erhöht den Prozentsatz der endlich doch Bezahlenden. Etwa im dritten Brief bietet das Inkassobüro oft an, die Forderung um bis zu 50 Prozent zu reduzieren, falls man sie innerhalb einer gewissen Frist begleicht. Forderungen unter einer gewissen Summe, die je nach Unternehmen bis zu fünfzig Euro beträgt, werden nach ein paar Briefen nicht weiterverfolgt. Auch hier gilt das Nichtstu-Gebot; es ist nicht sinnvoll, sich bei einem Inkassobüro telefonisch zu melden. Denn dort weiß man: Bei Menschen, die sich kümmern, ist eher Geld zu holen. Deshalb bekommen sie seltener einen Nachlass, und noch seltener werden die Bemühungen bei kleinen Beträgen eingestellt. Ansonsten endet der Briefverkehr mit Inkassobüros früher oder später mit der Bezahlung – oder beim Mahngericht.

Das Mahngericht ist eine unerbittliche Instanz und gewissermaßen der Fährmann über den Styx zwischen Vorhölle Post und der Unterwelt des staatlichen Zwangs. Wie in der Natur, wo Gelb als Signalfarbe für giftige Tiere gilt, versendet auch das Mahngericht gelbe Umschläge, die sogenannten förmlichen Zustellungen. Vor ihnen droht akute Gefahr, wenn man wie die meisten LOBOs «akut» als «binnen weniger Wochen» versteht. In den gelben, mit einem Datum versehenen Umschlägen findet sich zunächst ein Mahnbescheid. Diesem kann man mit einer Frist von zwei Wochen widersprechen – falls man der Meinung ist, er sei unbegründet. Das Unternehmen, dem man Geld schuldet, müsste dann vor Gericht auf Zahlung klagen. Was gar nicht so oft vorkommt, wie man glaubt, aber häufiger, als man hofft.

Widerspricht man dem Mahnbescheid nicht, erlässt das Mahngericht einen Vollstreckungsbescheid, das heißt, von nun an schuldet man den dort eingetragenen Betrag wirklich und wahrhaftig und amtsbekannt – bis hierher war alles privatwirtschaftliche Vertrags- und damit letztlich Auslegungssache. Der Vollstreckungsbescheid kommt ebenfalls per förmlicher Zustellung in gefahrengelbem Umschlag ins Haus. Auch jetzt besteht noch die Chance, die ausstehenden Gelder samt Gebühren zu bezahlen und so die Angelegenheit für den Staat zu erledigen. Andernfalls meldet sich irgendwann der Gerichtsvollzieher oder die Gerichtsvollzieherin. Das kann je nach Bezirk und Arbeitsbelastung zwischen ein paar Wochen und mehr als einem Jahr dauern. Dann bekommt man einen Brief mit einem Terminvorschlag für einen Hausbesuch. Eine Kontaktaufnahme zum Beispiel zwecks Terminverschiebung ist keine einfache Aufgabe, denn deutsche Gerichtsvollzieher haben die merkwürdigsten und kürzesten Kontaktzeiten der Welt («telefonische Sprechstunde montags von 8.00 bis 9.00 Uhr»).

Steht die Gerichtsvollzieherin schließlich vor der Tür, erweist sie sich in den meisten Fällen als nett. Trotzdem kann man sie mittelfristig nur mit Geld befriedigen. Anfangs wird sie über verschiedene Zahlungsmodalitäten und -zeiträume mit sich reden und sich sogar ein- oder zweimal vertrösten lassen. Dann aber wird sie unerbittlich und kommt je nach Fall mit einigen kräftigen Personen oder der Polizei zurück. Sie darf sich Zugang zur Wohnung verschaffen, um darin nach Pfändbarem zu suchen. Gut gelaunte Gerichtsvollzieher tun das nur oberflächlich, weil sie wissen, dass sich in den Wohnungen von Menschen mit Schulden selten Wertpapiere oder größere Summen Bargeld finden. Schlechter gelaunte Gerichtsvollzieher zücken eine Liste mit Dingen, die sie pfänden dürfen, indem sie sie mit einem Siegel versehen oder vom Hilfspersonal mitnehmen lassen.

Wer eine besonders ungünstige Methode sucht, seine Schulden zu begleichen, der sollte diesen Weg wählen, denn gepfändete Gegenstände fließen zu extrem geringen Sätzen in die Rechnung ein; für Unterhaltungselektronik oder Computer sind zehn Prozent des Neuwerts keine Ausnahme. Gerichtsvollzieherinnen dürfen unter bestimmten Voraussetzungen auch ein Konto pfänden lassen, es verwandelt sich dann in eine unbarmherzige Einbahnstraße: Geld kann nur noch eingezahlt, aber nicht abgehoben oder überwiesen werden, selbst wenn genügend Deckung vorhanden wäre. Eine solche Pfändung lässt sich nur mit viel Mühe wieder aufheben: Dazu ist die Zahlung (oder Freigabe) des Geldes erforderlich, der Beweis der Zahlung und die Bestätigung bei der Bank, dass das Geld eingetroffen ist – ein Prozess, der mehrere Wochen dauern kann, auch wenn das Konto gedeckt war.

Das Wissen um die Funktionsweisen und die Schwerfälligkeit des Mahnwesens und seine Lücken sollte jedoch nicht dazu führen, dass man grundsätzlich alle in Anspruch genommenen Leistungen erst bezahlt, wenn das Inkassobüro einen satten Nachlass gewährt hat. Zum einen trifft eine schlechte Zahlungsmoral besonders kleinere Unternehmen oder Selbstständige mit voller Wucht. Zum Zweiten ist der Grat zwischen bösartig und unorganisiert nirgends schmaler als genau an dieser Stelle.

Zum Dritten gibt es die SCHUFA, die «Schutzgemeinschaft für allgemeine Kreditsicherung». Die SCHUFA ist ein privatrechtliches Unternehmen, das über fast alle Menschen in Deutschland fast alle Finanzdaten sammelt und so intransparent wie möglich auswertet. Aus den Daten über eine Person berechnet die SCHUFA einen Score, der die Kreditwürdigkeit im Allgemeinen und in speziellen Bereichen angibt, zum Beispiel was den Abschluss von Mobilfunkverträgen betrifft, die als besondere Form eines Kreditvertrages angesehen werden. Viele Unternehmen akzeptieren keine Kunden, deren Score zu niedrig ist – die SCHUFA schützt also vor einer Reihe von potenziell schädlichen Verträgen und hat daher auch ihre guten Seiten.

Dass sie trotzdem eher Teil des Problems ist als Teil der Lösung, muss nicht eigens betont werden, denn allzu leicht geraten LOBOs aus einer leichten Organisationsschwierigkeit heraus in den Ruch, bösartige Halbkriminelle ohne jede Zahlungsmoral zu sein. Nach unserer eigenen Schätzung beruhen mindestens die Hälfte aller SCHUFA-Einträge auf ungenügender Organisation, zum Beispiel in Form von ein paar Monate zu spät geöffneter Post. Man kann die SCHUFA deshalb auch als Prokrastinierendendatei betrachten, umso mehr, als es eines größeren organisatorischen Aufwands bedarf, dort wieder herauszukommen. Man muss oft selbst beweisen, dass eine Schuld beglichen worden ist, und Anträge auf Löschung der Einträge stellen, was in der Regel frühestens zwei Jahre nach der Schuldbegleichung möglich ist. Solche Schikanen bevorzugen eindeutig gut organisierte Unehrliche gegenüber gutmütigen Unorganisierten.

Die Überschneidung aus den Problemfeldern Geld und Staat heißt Finanzamt. Es stellt die Ausnahme von der Regel dar, dass Kontakt mit Staatsorganen möglichst zu vermeiden ist, weil dabei nie etwas Besseres als nichts herauskommt. Denn anders als die meisten LOBOs befürchten, kann man mit dem Finanzamt reden. Ein Besuch bei der zuständigen Person verwandelt die Prokrastiniererin von einer Nummer in ein Gesicht und ist daher denjenigen LOBOs umso nachdrücklicher zu empfehlen, denen ein solcher Besuch (oft ohne Anmeldung möglich) leichter fällt, als einen Brief zu schreiben. Die persönliche Vorstellung und interessierte, freundliche Nachfragen und Erklärungen können dazu führen, dass der fast überall vorhandene Ermessensspielraum zugunsten geplagter LOBOs ausgeschöpft wird. Es hilft auch, wenn man seine eigene Situation erläutert und sich als organisatorisch herausgeforderter, aber kooperationswilliger Mensch darstellt. Denn in den Augen vieler Finanzamtsbediensteten sind alle Steuerpflichtigen zunächst Menschen, denen man mit Misstrauen begegnet. Vermutlich zu Recht. Gerade deshalb sollten LOBOs zeigen, dass kein Spiel auf Zeit, keine Heimtücke oder Boshaftigkeit dahintersteckt, wenn der ein oder andere Brief kaum mehr als zehn Monate nach Ablauf der Frist mit einem verwirrten Telefonanruf beantwortet wird. Es sollte sich bei der Kontaktaufnahme mit dem Finanzamt allerdings um betreutes Reden handeln, und zwar betreut von einer Steuerberatungskanzlei.

Der Zeitpunkt, eine solche Kanzlei Rotz und Wasser heulend aufzusuchen, ist spätestens dann gekommen, wenn man die vom Finanzamt verlangte Steuererklärung über längere Zeit aufschiebt und plötzlich überraschend geschätzt wird. Geschätzt werden ist das Gegenteil von geschätzt sein, denn nun ist man für das Finanzamt bis zum Beweis des Gegenteils ein schlechter Mensch. Schätzungen des Finanzamts sind oft verhältnismäßig hoch, weil sie eine starke Motivation beinhalten sollen, innerhalb weniger Tage eine Steuererklärung abzugeben. Tut man das nicht, ist die Forderung vorläufig verbindlich, und man muss gegebenenfalls Steuern auf Einkünfte entrichten, die man niemals hatte. Man bekommt sie zwar wieder zurück, sobald man beweist, dass man zu viel bezahlt hat, aber in der Zwischenzeit kann das Finanzamt das Konto einfach so und ohne vorherige Ankündigung sperren, was zu einer plötzlichen Vervielfältigung aller LOBO-Probleme führt.

In wirtschaftlichen Notlagen können Schuldenberatungen ein Licht in der Brandung sein. Sie informieren über das gesetzliche Instrumentarium wie eidesstattliche Versicherung und Privatinsolvenz, das Verschuldete vor dem Schlimmsten bewahren soll. Definitiv kein Ausweg ist es, bei fragwürdigen Unternehmen neue Schulden aufzunehmen; diese scheinbar angenehme Lösung wird von einer Reihe dubioser Finanzberatungs- und Kreditfirmen im Internet propagiert. Hier, wie in fast allen anderen Fällen, gilt die Regel: Niemals in der Menschheitsgeschichte lag die Lösung eines schwerwiegenden Problems in Spammail verborgen (außer eventuell bei Potenzproblemen).

6 TIPPS ZUM UMGANG MIT POST, GELD UND STAAT:

1. **Kreditkartenrechnung und Kontoauszüge sofort öffnen.** Allerdings nur dann, wenn man in der Lage ist, gegen unberechtigte Abbuchungen innerhalb der Frist von 42 Tagen Einspruch zu erheben. Weiß man schon vorher, dass das sowieso nicht klappt, kann man beides ungeöffnet in den Karton mit Unterlagen für die Steuerberatung legen. Noch besser: Ein Konto haben, bei dem gar kein Papier ins Haus kommt und man über jede Buchung sofort am Handy informiert wird.
2. **Dispokredit abschaffen.** Er bietet für LOBOs ausschließlich Nachteile und erhöht sich schlimmstenfalls regelmäßig von allein, wodurch die Schulden automatisch mitwachsen. Ein Konto, bei dem einem die Bank garantiert niemals einen Dispokredit einräumen wird, heißt Guthabenkonto und ist eine gute Sache. Wahlweise kann man in einem günstigen (weil schuldenfreien) Moment die Bank bitten, den vorhandenen Dispokredit zu streichen. Das geht sogar schrittweise, dann wird der Dispo jeden Monat um 50 oder 100 Euro abgesenkt.
3. **Rechtsschutzversicherung abschließen.** Rechtsschutzversicherungen sind ein zweischneidiges Schwert, denn um sie abzuschließen, muss man einen Vertrag unterschreiben, was die üblichen Nachteile mit sich bringt. Trotzdem raten wir dazu – als LOBO wird man zwar kaum von sich aus einen Rechtsstreit anzetteln, ist aber den Machenschaften besser organisierter Menschen hilflos ausgeliefert. Daher sollte man sich im Wissen um

die eigenen Schwächen rechtzeitig Beistand sichern. Mietrechtsschutz sollte unbedingt im Umfang enthalten sein. Versicherte können sich auch leichter in Rechtsfragen beraten lassen, was immer wieder mal nötig werden kann. Als teurere, aber dafür kooperative Versicherung gilt die AdvoCard. Hier ist die Wahrscheinlichkeit etwas geringer als anderswo, dass der Briefwechsel mit der Versicherung mehr Nerven kostet als das eigentliche Rechtsproblem.

4. **Privathaftpflichtversicherung abschließen.** Dieser Ratschlag gilt für alle Menschen, nicht nur für LOBOs, und es handelt sich streng genommen auch nicht um einen Ratschlag, sondern um einen Befehl. Lesen Sie nicht weiter, bevor Sie eine abgeschlossen haben. Fragen Sie nicht, weshalb, denken Sie einfach wohlwollend an uns, wenn Ihre Waschmaschine einen Wohnblock unter Wasser setzt oder Sie einen klagefreudigen Beamten mit Tendenz zur Arbeitsunfähigkeit mit dem Fahrrad angefahren haben.
5. **Unter keinen Umständen jemals im Internet Waren bestellen, die verzollt werden müssen.** Auch dann nicht, wenn sie nur ein Zehntel kosten. Es sei denn, Sie möchten gern Bekanntschaft mit der «Benachrichtigung über den Eingang einer Sendung mit Drittlandsware» machen. Die darin verlangten Belege und Amtsgänge decken den durchschnittlichen LOBO-Jahresbedarf an bürokratischen Zumutungen.
6. **Beim Wegbringen von Post einen Briefkasten ansteuern, der nicht auf dem Weg liegt, sondern am besten in der entgegengesetzten Richtung.** Der Gedanke «Das werfe ich gleich auf dem Weg zum Supermarkt ein» führt

nur dazu, dass der Brief drei Monate lang im Bodensatz des Rucksacks kompostiert.

Im Jahre 2006 war mein Konto irgendwann im Frühjahr kurz nicht ausreichend gedeckt, weil ich traditionell erst dann Rechnungen schreibe, wenn der EC-Automat nichts mehr ausspucken möchte. Unglücklicherweise versuchte genau in diesem Zeitraum die Kfz-Versicherung, vergeblich und von mir unbemerkt den Jahresbeitrag abzubuchen. Bereits im Herbst entschloss ich mich, die Briefe der Versicherung zu öffnen; es wäre vermessen, Postbearbeitung zu meinen Stärken zählen zu wollen. Nach drei Mahnungen war im vierten und letzten Schreiben die Mitteilung zu finden, dass der Versicherungsschutz aufgehoben, die Polizei informiert worden war und darüber hinaus das Fahrzeug sofort aus dem Verkehr zu ziehen sei, anderenfalls mache man sich irrwitzig strafbar. Dieser Brief war zu diesem Zeitpunkt kaum mehr als vier Wochen alt.
Im Wissen, dass das Fahren ohne Versicherung teuer werden kann, parkte ich das Auto vor meiner Haustür und ließ es zunächst stehen, mit dem festen Vorsatz, so bald wie möglich eine neue Versicherung zu beantragen. Schon wenige Wochen später klebte ein gelber Punkt auf der Windschutzscheibe. Was war passiert? Die Polizei hatte die Mitteilung bekommen, mein Wagen sei nicht mehr versichert, und hatte mich daraufhin zweimal per Brief aufgefordert, die neue Versicherungspolice beizubringen. Als das nicht geschehen war, hatte eine zuständi-

ge Fachkraft die Gegend um meine Berliner Meldeadresse herum nach dem unversicherten Kraftfahrzeug abgesucht, es gefunden und an Ort und Stelle abgemeldet. Daher der runde, gelbe Aufkleber auf der Frontscheibe. In mir erwachte ein Forschungsinteresse, das – unterstützt von einer gewissen Aufschiebeneigung – bewirkte, dass ich sogleich gezielt nichts tat. Ich wollte den gesamten Vorgang als gesellschaftspolitisches Experiment betrachten. Was passiert mit einem Auto, das unversichert und abgemeldet herumsteht? Kann man sich auf die Mechanismen eines Verwaltungsstaates mit Ordnungsfetisch verlassen? Von meinem Balkon aus konnte ich den Wagen herumstehen sehen. Zwei Wochen lang bis in den Dezember hinein beobachtete ich ihn mit quasiwissenschaftlicher Wissbegier. Urplötzlich stand er nicht mehr dort, was man – wie ich später googelte – auch dem gelben Aufkleber hätte entnehmen können. Das Ordnungsamt hatte ein Abschleppunternehmen beauftragt. Ich setzte mir selbst eine Frist von vier bis fünf, höchstens sechs, maximal sieben Wochen, mich um das Auto und dessen Verbleib zu kümmern. Ich fahre gern Auto und brauche es eigentlich auch, daher dieses knappe, kaum einhaltbare Ultimatum.
Nach kaum mehr als zweieinhalb Monaten fiel mir beim Wühlen in wichtigen Unterlagen mitten in der Nacht ein Brief des Ordnungsamts in die Hände. Begeistert öffnete ich ihn, in der zugegeben naiven Hoffnung, darin stünde etwas Ermunterndes wie ‹Alles nicht so schlimm, komm’ Se vorbei, wir kriegen das hin›. Stattdessen warf man mit einem Bündel Fristen um sich, von denen die entscheidende etwa seit einer Woche vergangen war: nämlich

die zur Abholung des Wagens nach vorheriger Zahlung eines mittelerheblichen Geldbetrages. Am nächsten Tag handelte ich: Gleich morgens notierte ich auf einem Zettel den Plan, später unbedingt beim Ordnungsamt anzurufen. Wiederum wenige Tage später rief ich tatsächlich an. Ein freundlicher Mensch teilte mir die zu zahlende Summe mit, knapp 300 Euro, ein Schnäppchen geradezu. Dazu kämen aber Gebühren, Strafen, andere Gebühren und noch dritte Gebühren. Außerdem solle ich so schnell wie möglich bei der dem Abschleppunternehmen angeschlossenen Autoverwertung anrufen, vielleicht sei es noch nicht zu spät.

Es war noch nicht zu spät, wie mir der mürrische Verwerter mitteilte, ich könne den Wagen abholen. Und zwar 40 Kilometer nördlich von Berlin, an einem Ort, der weiter von jedem öffentlichen Nahverkehr nicht hätte entfernt sein können. Ein paar Tage später schaffte ich es, zum Ordnungsamt zu fahren. Beim zweiten Besuch am darauffolgenden Tag hatte es dann auch geöffnet, ich bezahlte etwa 600 Euro und bekam ein Papier mit unspektakulären Stempeln darauf ausgehändigt, für das ich auf dem freien Markt allenfalls 6 Euro bezahlt hätte. Eine Woche später, mitten im Frühling, holte ich mit einem mir bekannten Automechaniker den Wagen ab. Dass der TÜV abgelaufen war, der Schein für die ASU verloren und die Bremskolben vom vielen Herumstehen defekt, dass das Auto deshalb repariert werden musste, wobei der Automechaniker den einzigen Schlüssel verlor, der erst wiederauftauchte, als ich mich Wochen später dazu aufraffen konnte, mit dem Kfz-Brief eine Kopie anfertigen zu lassen, und dass deshalb nach der Abholung noch fünf Monate vergingen, bis ich tatsächlich wieder mit dem Auto fahren konnte, war schon nicht mehr Teil des Experiments. Aber eigentlich auch ganz interessant.»

(Sascha Lobo)

FORTSCHRITT DURCH FAULHEIT

Technische Lösungen

> Bender: «Freunde, ich bin hier, um euch von euren komplizierten Leben zu befreien … also vom Komplizierten befreien, meine ich, nicht vom Leben.»
> (Futurama)

Die Suche nach technischen Lösungen für die eigenen Probleme entspringt der Überzeugung: «Nicht ich muss mich ändern, die Bedingungen müssen sich ändern!» Chester Carlson erfand den Kopierer, weil er keine Lust hatte, Dokumente für das US-Patentamt immer wieder neu abzutippen und abzuzeichnen. Dan Bricklin schrieb die Tabellenkalkulationssoftware VisiCalc, einen Vorläufer von Excel, weil ihm die Buchhaltungs-Übungsaufgaben im Studium zu mühsam waren. Der Informatikpionier John Backus gab im Interview zu Protokoll: «Ein Großteil meiner Arbeit beruht auf meiner Faulheit.» Weil er nicht gern programmierte, entwickelte er die Programmiersprache Fortran, um sich die Arbeit zu erleichtern. Die ersten Vibratoren wurden um 1890 herum gebaut, weil es Ärzten zu mühselig wurde, die «hysterische Krise» bei ihren Patientinnen von Hand auszulösen. Und Larry Wall, der Entwickler der

Programmiersprache Perl, wird häufig mit seiner Aussage zitiert, die drei wichtigsten Eigenschaften beim Programmieren seien Faulheit, Hybris und Ungeduld. Denn Leuten, die über Geduld und Fleiß verfügen, fehlt die Motivation, langweilige, mühsame Aufgaben zu vereinfachen.

Auch wenn technische Verbesserungen häufig neue Komplikationen mit sich bringen, haben sie die Welt für LOBOs zweifellos an vielen Stellen bewohnbarer gemacht. Onlinebanking etwa kostet viel weniger Überwindung als der früher nötige Gang zur Bank, und seit es Digitalkameras gibt, muss sich niemand mehr monatelang aufraffen, einen Film wegzubringen, die Negative durchzusehen, Abzüge in Auftrag zu geben und die Fotos abzuholen. Das selbst ausdruck- oder aufmalbare Briefporto räumt wenigstens eine der Hürden bei der Postbewältigung aus dem Weg. Das heißt auch, dass es manchmal nicht nur für LOBOs, sondern objektiv vollkommen richtig ist, Tätigkeiten aufzuschieben: Während man die Interviews unabgetippt lässt, erfindet vielleicht gerade jemand funktionierende Transkriptionssoftware.

Natürlich ist Vereinfachung des Alltags kein Selbstzweck. Beschäftigungen, die zwar unnötig umständlich, aber eigentlich ganz angenehm sind, darf man ruhig beibehalten. Was keinen Spaß macht, sollte aber rücksichtslos eingespart oder automatisiert werden. Wir widmen uns im Folgenden beispielhaft einigen Lösungen allgemein unbeliebter Aufgaben.

Die Einzugsermächtigung

Angeblich leben da draußen Menschen, die sich weigern, Einzugsermächtigungen auszufüllen. («Da könnten dann ja alle abbuchen, was sie wollen.») Gegen dieses religiöse Argument ist wenig einzuwenden, die einen tragen härene Hemden und geißeln sich, die anderen glauben, dass beim Fernsehen der Astralleib in den Äther fährt. Wenn allerdings keine Glaubensdinge dagegensprechen, sind Einzugsermächtigungen sofort und widerstandslos auszufüllen. Damit entfallen übers Jahr gerechnet zahllose erste bis vierundfünfzigste Mahnungen. Schade nur, dass Einzugsermächtigungen arg schnell beleidigt sind und sich selbst löschen, wenn bei der versuchten Abbuchung keine Kontodeckung vorhanden ist. Hier gibt es noch Optimierungspotenzial, zum Beispiel wäre ein optionales «verzeihendes SEPA-Mandat» ein schönes neues Banking-Tool.

Die Steuervorauszahlung

Falls man nicht fest angestellt ist, kann man die Steuerberatungskanzlei beauftragen, vierteljährliche Steuervorauszahlungen in Gang zu setzen. (Zum Nutzen von Steuerberatung siehe Kapitel «Jetzt helfe ich mir nicht mehr selbst».) Steuerberaterinnen hören dieses Ansinnen weder oft noch gern und schneiden komische Grimassen, wenn man dem Finanzamt vor der Zeit Geld überweisen will. Aber LOBOs neigen dazu, vorhandenes Geld auch auszugeben, und Finanzämter neigen ihrerseits dazu, am Ende des Jahres überraschende Forderungen zu stellen. Wer vorher schon drei bis vier Vorauszahlungen geleistet hat, bekommt dagegen manchmal am Jahresende sogar Geld zurück. Na gut, selten. Na gut, eigentlich nie. Aber es wäre theoretisch denkbar! (Wir verschweigen an dieser Stelle, dass es eine Konstruktion namens «Rückwirkende Vorauszahlung» gibt, die direkt aus der Hölle kommt. Lassen Sie sich darüber von Ihrer Steuerberatungsperson aufklären. Lagern Sie dabei die Beine höher als den Kopf und atmen Sie gleichmäßig.) Die Vorauszahlungen begleicht man wiederum per Dauerauftrag oder noch einfacher, indem man dem Finanzamt eine Einzugsermächtigung erteilt. Leider muss man, wie eine Autorin dieses Buchs auf dem mühsamen Weg herausgefunden hat, Briefe vom Finanzamt weiterhin öffnen und aufmerksam lesen, denn es gibt obskure Kleinstbeträge, die von so einer Einzugsermächtigung nicht erfasst werden und deren Nichtbezahlung ein gesperrtes Konto zur Folge hat. Offenbar sehnt sich auch ein Finanzamt gelegentlich nach persönlicher Zuwendung.

Die möglichst neumodische Bank

Als dieses Buch zum ersten Mal erschien, brauchte man bei den meisten Banken fürs Onlinebanking noch einen «TAN-Nummernblock» aus Papier, den man keinesfalls verlieren oder verlegen durfte. Nur wenige Banken hatten damit begonnen, TAN-Nummern per SMS zu verschicken. «So lassen sich nicht nur Überweisungen endlich von jedem Ort aus erledigen, sondern auch pro Jahr etwa 70 Stunden Suche nach dem TAN-Block einsparen», schrieben wir. In den seitdem vergangenen Jahren ist vieles einfacher geworden, und ein Ende der Entwicklung ist nicht abzusehen. Leider wird selten das vorhandene Konto benutzungsfreundlicher, oder wenn, dann nur mit zehnjähriger Verspätung. Man profitiert schneller vom Bequemlichkeitsfortschritt, wenn man gelegentlich zu einer möglichst neumodischen Bank wechselt. Eigentlich können LOBOs zwar nicht die Bank wechseln, aber selbst das ist einfacher geworden: Zumindest manche Banken bieten inzwischen einen Kontowechsel-Service an, bei dem sie einen Großteil der nötigen Schreiben selbst versenden.

«Anfang 2016 habe ich ein Konto bei einer neuen Bank eröffnet. Bis dahin hatte ich zeitlebens nur einen sehr vagen Überblick über meine Geldangelegenheiten. Ich habe das auf meine allgemein nicht so gute Organisiertheit geschoben. Wie sich jetzt herausstellt, lag es aber gar nicht daran, sondern nur am langen zeitlichen Abstand zwischen Buchungsvorgang und Betrachtung der Buchungen (Tage bis Wochen später im Onlinebanking oder Jahre später auf Kontoauszügen aus Papier beim Vorbereiten der Steuererklärung).
Wenn ich etwas mit der Karte bezahle, erhalte ich die Benachrichtigung über die Buchung auf dem Handy noch vor dem Kassenbon. Ich weiß, wie hoch meine Miete ist. Ich weiß, wann das Finanzamt welche Steuern abbucht. Ich kann unklar benannte Buchungen in der App mit Kommentaren für die Steuererklärung versehen und tue das auch. Ich muss dabei nicht lange überlegen, worum es sich gehandelt haben könnte, weil zwischen Buchung und Kommentar wenig Zeit vergeht. Ich kann meine monatlichen Einnahmen und Ausgaben nach Kategorien sortiert betrachten. Ich sehe gleich nach dem Geldabheben am Automaten, ob die Bank, der der Automat gehört, mir dafür Gebühren berechnet. Wenn jemand unberechtigt Geld von meinem Konto abbuchen würde, bekäme ich wenige Sekunden später eine Nachricht und könnte Gegenmaß-

nahmen einleiten. Ich bin ein finanziell organisierter Mensch geworden, ohne einen Funken Selbstdisziplin, nur durch Eröffnung eines neuen Kontos.»
(Kathrin Passig, zuerst veröffentlicht im Techniktagebuch-Blog unter techniktagebuch.tumblr.com)

Die Digitalisierung des Papiers

Eines der größten organisatorischen Hindernisse vor dem Erledigen von Aufgaben ist das Wiederfinden der dafür benötigten Unterlagen. Viele Selbsthilferatgeber singen in diesem Zusammenhang das Loblied der Hängeregistratur. Vom üblichen Schreibtischgebirge unterscheidet sich die Hängeregistratur vor allem dadurch, dass sie sämtliche Dokumente gleichzeitig zugänglich macht, ohne dass staubige Stapel durchwühlt werden müssen. Vor der Anschaffung sollte man aber kurz innehalten und sich die Frage stellen: Bin ich wirklich ein Mensch, der eine Hängeregistratur besitzen will? Ist das mein Leben? Eine *Hängeregistratur*? Abgesehen davon sind die in einer Hängeregistratur verstauten Dokumente viel zu wenig präsent, um irgendeinen Einfluss auf abgebrühte Aufschiebeprofis auszuüben. Leider haben wir auch keine konkreten Lösungen anzubieten beziehungsweise liegt der Zettel, auf dem wir sie notiert hatten, irgendwo weiter unten auf dem Schreibtisch. Allerdings ist es in letzter Zeit viel leichter geworden, Dokumente auf dem eigenen Rechner oder im Internet wiederzufinden, ganz egal, in welchem ungeeigneten und schlampig beschrifteten Ordner sie versteckt sind. Das lässt vermuten, dass die Digitalisierung der Welt mittelfristig Besserung schaffen wird. Wenn man dieses eine ultrawichtige Versicherungsdokument, das man jedes Jahr wieder für die Steuer braucht, einfach herunterladen kann, anstatt drei Tage lang danach zu kramen, wird man eventuell kaum mehr bemerken, dass man ein desorganisierter Mensch ist. Daher müssen wir unter Hintanstellung von Privatsphärenbedenken dazu raten, alles irgend Mögliche online zu erledigen. Solange man die dazu notwendigen Passwörter nicht auf Zettel notiert, die man dann auf den Schreibtisch legt.

Update 2022: Unsere Prognose ist an dieser Stelle eingetreten, die Digitalisierung hat für Prokrastinierende in den letzten vierzehn Jahren sehr vieles verbessert. Das eine ultrawichtige Versicherungsdokument lässt sich schon seit vielen Jahren einfach herunterladen. Fahrtkostenabrechnungen sind in den Bereich des Machbaren gerückt, seit es digitale Tickets gibt, die man nicht mehr verlieren und verlegen kann. Das Abgeben von Papierkram an organisiertere Menschen wird mit jedem Dokument leichter, das nicht aus Papier besteht, weil der prokrastinationsanfällige Schritt des Weiterschickens per Post entfällt. Und sogar das Wegwerfen von Papierkram ist einfacher geworden durch die Möglichkeit, vorher alles einzuscannen.

Adrian Soller: «Bedeutet Digitalisierung aber nicht auch vor allem: informationelle Überforderung? Ständig kriegen wir von der Bank, von der Post, vom Nachrichtendienst, von jeder App irgendwelche Meldungen aufs Handy. Das liest doch längst keiner mehr.»
Kathrin Passig: «Ja, mag sein, aber das war vor fünf oder zehn Jahren auch schon so. Und damals hatte man noch

zusätzlich das Problem mit den hohen Papierstapeln. Jetzt haben wir nur noch die Digitalisierungsprobleme.»
(Kathrin Passig, interviewt von Adrian Soller im Magazin ERNST, 2019)

Technische Lösungen müssen aber nicht unbedingt Technik beinhalten. Jedes Verfahren, das den Antrieb zu einer lästigen Tätigkeit nach außen verlagert, darf als technische Lösung gelten. Wer beispielsweise trotz der in diesem Buch verteilten Warnungen unbedingt früh aufstehen möchte, kann sich einfach ein paar Katzen anschaffen, die einen morgens aus dem Bett miauen. Auch die folgenden Beispiele demonstrieren vorbildliche technische Lösungen:

«Kurz nach der Einschulung fing ich an, bei den Hausaufgaben zu prokrastinieren. Ich wollte die Hausaufgaben spät am Abend kurz vor dem Schlafengehen machen, meine Mutter wollte, dass ich sie früher am Tag mache. Der Konflikt darüber eskalierte, und meine Mutter sagte, ich solle doch machen, was ich will, sie habe jetzt keine Lust mehr, sich um meine Hausaufgaben zu kümmern. Mit diesem Ergebnis war ich recht zufrieden, stellte aber fest, dass ich spät am Abend tatsächlich keine Lust mehr hatte, Hausaufgaben zu machen. Schließlich kam ich auf den Trick mit dem Wasser. Vor dem Schlafengehen trank ich ein großes Glas Wasser. Dadurch wachte ich nachts kurz nach 2 zuverlässig auf. Ich ging Pipi, dann machte ich meine Hausaufgaben, dann ging ich wieder schlafen.

Nie wieder im Leben habe ich um elterliche Hilfe bei Hausaufgaben ersucht. Selbstredend waren meine schulischen Leistungen exzellent.»
(Ulrike Sterblich)

«Ich um Mitternacht: soll ich mir einen kleinen Undercut schneiden? Aber ich bin schon super müde! Ah ich weiß, ein Kompromiss, ich schneide einfach eine random Strähne direkt ab, dann sieht das so bescheuert aus, dass ich den Rest morgen schneiden MUSS hahaha lol *schnipp*»
(Kurfuerstin, Twitter, 6. Februar 2021)

Letzteres ist übrigens auch eine gute Strategie für viele andere Tätigkeiten. Zum Beispiel kann man morgens schnell das Bett abziehen, damit man es abends neu beziehen *muss*. Vorausgesetzt, man weiß von sich, dass man nicht so ein Ferkel ist, das sich ins unbezogene Bett legt.

Natürlich ist die Arbeit an Vereinfachungen die schönste Prokrastinationszeit. LOBOs werden lieber einen ganzen Tag an einer Methode zur Umgehung einer unangenehmen oder uninteressanten Aufgabe arbeiten, als eine halbe Stunde mit ihrer Erledigung zuzubringen. Und der mit angenehmer Arbeit verbrachte Tag wird sich immer noch kürzer anfühlen als die lästige halbe Stunde. Douglas Adams beschreibt in «Die Letzten ihrer Art» einen indonesischen Vogel, der in mühsamer Kleinarbeit einen Bruthügel errichtet, nur um nicht selbst brüten zu müssen. Die Beweggründe des Vogels erscheinen ihm absolut nachvollziehbar, denn «ich bin selten glücklicher, als wenn ich einen ganzen Tag meinen Computer so programmiere, dass er eine Aufgabe automatisch erledigt, die mich sonst gute zehn Sekunden Arbeit kosten würde. Zehn Sekunden, sage ich mir, sind zehn Sekunden. Zeit ist ein wertvolles Gut, und zehn Sekunden sind es allemal wert, dass ich einen Tag mit der angenehmen Arbeit verbringe, diese zehn Sekunden einzusparen.»

Genauso denkt vermutlich Keith Blount, von dessen Existenz uns Eberhard Flutwasser informiert: «Mein liebster Prokrastinierer ist Keith Blount, ein in London lebender ‹aspiring novelist›, also einer von denen, die unbedingt ein Buch schreiben wollen, aber aus irgendeinem Grund nicht damit anfangen. Er hat, wie das so üblich ist, eine Ausrede nach der nächsten ins Feld geführt, warum er zwar jetzt noch nicht, aber garantiert demnächst seinen Roman – Science-Fiction – schreiben wird. Bis er dann, alle anderen hatte er wohl durch, zu der gelangte, dass die vorhandene Schreibsoftware einfach zu grässlich sei, um damit wirklich kreativ arbeiten zu können. So weit, so gewöhnlich. Allerdings hat Blount sich hingesetzt und das Schreibprogramm, das er gerne hätte, programmiert. Und herausgekommen ist dabei *Scrivener*, ‹the Scarlett Johansson of code›, wie ein Bewunderer das Programm nennt. *Scrivener* ist ein so zauberschönes Programm (sein Yin-Yang-Icon beiseite), dass es jeden Schreibenden sofort glücklich macht. Und sogar die Nicht-Schreibenden: Man möchte den ganzen Tag etwas damit machen, wenn man bloß wüsste, was. Auf der *Scrivener*-Website www.literatureandlatte.com weist Keith Blount potenzielle Käufer darauf hin, sie sollten sich bewusst sein, dass sie für ihr Geld genau das Programm bekommen, wie es jetzt angeboten wird. Mit einer Weiterentwicklung sei nicht zu rechnen, denn er, Blount, habe *Scrivener* ja hauptsächlich deswegen programmiert, um seinen Roman damit zu schreiben, was wahrscheinlich schon morgen losgehen könne. Spätestens aber übermorgen.»

Update: Vierzehn Jahre nach diesem für die Erstauflage des Buchs eingereichten Bericht ist der Roman immer noch nicht fertig. Keith Blount hat aber inzwischen ein Softwareunternehmen mit mehreren Angestellten.

JEMAND MÜSSTE MAL …
Weltverbesserungsforderungen

> «2009 könnte ruhig noch einen Monat drauflegen. Ich würde ihn Prokrastinember nennen.»
> (innere Simone, Twitter, 15. Dezember 2009)

Die politische Komponente der Weltverbesserung – der Kampf für eine gerechtere Welt ohne Armut, Krankheit und Umweltverschmutzung – drängt ihre Alltagskomponente manchmal etwas aus dem Blickfeld. Aber nur wer in seinem eigenen Leben erfahren hat, dass konkrete Verbesserungen möglich sind, kann wenigstens im Ansatz an die Lösbarkeit der wirklich großen Weltprobleme glauben. Nebenbei bemerkt bleibt mehr Zeit zur Bearbeitung dieser Probleme übrig, wenn der Alltag reibungsärmer funktioniert.

Zum Glück gibt es etwa seit den 1990er-Jahren eine Reihe von positiven Ansätzen. Wir halten diesen Zeitpunkt nicht für zufällig, sondern führen ihn auf das damalige massive Eindringen der Informationstechnologie in alle möglichen Bereiche des Alltags der Menschen zurück. Während die Benutzungsoberfläche der realen Welt allein durch die Macht der Gewohnheit nicht als Zumutung erschien, tat sich eine neue, virtuelle Welt der Hochtechnologie auf. Damit ist nicht nur das Internet gemeint: Vom Handymenü bis zum Touchscreen auf der Mikrowelle hat alles, was sich nicht durch die althergebrachten Schalter, Knöpfe und Drehregler steuern lässt, die Benutzungsoberfläche der realen Welt verändert. Worte wie «Usability», also Bedienungsfreundlichkeit, und «Intuitive Nutzungsführung» wurden in dieser Zeit zu – wenn auch häufig missbrauchten – Leitlinien des Designs.

Seitdem denken wesentlich mehr Menschen darüber nach, wie etwas zu benutzen ist und wie sich diese Benutzung verbessern lässt – zuvor war Usability eine weniger beachtete Spielecke des Industriedesigns. Jetzt kamen große Teile der Gesellschaft in direkten Kontakt mit dem, was sich Fachpersonal an grauen Hartplastikschreibtischen ausgedacht hatte. Außerdem handelte es sich nicht mehr nur um den Fernseher mit fünf Kanälen und drei Bildeinstellungsmöglichkeiten, sondern um hochkomplexe Geräte mit umfassenden Steuerungsmöglichkeiten. Mit der Macht des Marktes entschied die Kundschaft langsam, aber stetig, dass Technologie gefälligst einfacher zu sein hatte. Es ist kein Zufall, dass die bei Weitem erfolgreichste Firma im Internet von einem Produkt lebt, das im Wesentlichen aus einer Eingabezeile und zwei Knöpfen besteht: Google.

Die Erkenntnis, dass das Streben nach Einfachheit ein wichtiger Teil der Weltverbesserung ist, scheint sich in vielen, auch technologieferneren Bereichen langsam durchzusetzen. Vielleicht hängt das damit zusammen, dass das Internet in seiner Geschwindigkeit und Interaktivität die Menschen, die es benutzen, ungeduldiger macht. Wer in ein paar Minuten komplexe Unternehmungen mit mehreren Parteien in verschiedenen

Ländern organisieren kann, findet sich vermutlich schwerer mit überkomplizierten Verwaltungsapparaten ab. Wer an den letzten Amtsbesuch gegen 1987 mit Entsetzen zurückdenkt, wird jedoch von der neuen Serviceorientierung der Bürgerämter positiv überrascht werden: Es hat sich etwas geändert, vielleicht, weil genügend Menschen ungeduldig herumgemosert haben. Insofern kann Mosern ein wichtiger Teil der aktiven Weltverbesserung sein, denn wer sich nicht beschwert, dem wird ärgerlicherweise oft stumme Zustimmung unterstellt; durchaus einer der Gründe, weshalb dieses Buch entstanden ist. Neben dem Mosern darf aber auch nicht vergessen werden, die guten Veränderungen zu loben, damit die ebenso schwerfällige wie schwerhörige Welt weiß, in welche Richtung sie weiterhin zwecks Verbesserung zu taumeln hat.

Eine der in Deutschland noch wenig bekannten Spielarten der Weltverbesserung heißt Universal Design. Universal Design geht von der These aus, dass Gegenstände, Websites und Benutzungsoberflächen sich verbessern, wenn sie so einfach sind, dass sie jeder benutzen kann, einschließlich sehr alter, sehr junger und behinderter Menschen. Ein großer Fahrstuhl ist nicht nur für Rollstuhlfahrer unverzichtbar, sondern erleichtert auch dem kerngesunden Zehnkämpfer das Leben, wenn er zwei Einkaufstüten in der Hand hält. Ist der Fahrstuhl darüber hinaus mit großen Tasten ausgestattet, kann der Zehnkämpfer sie mit den Zwillingen im Arm ebenso leicht finden und drücken wie ein sehbehinderter Mensch. Universal Design ist eine Gestaltungsphilosophie, die den Unperfekten im Alltag Respekt entgegenbringt; schon allein deshalb sollte sie den LOBOs sympathisch erscheinen.

Der Vorteil der Einfachheit wird aber nicht nur in technologischen Bereichen entdeckt, sondern zum Beispiel auch im Verkehrswesen. An den Straßen in Mitteleuropa stehen so viele verschiedene, einander auf komplexe Weise beeinflussende Verkehrsschilder, dass die Gesamtheit aller Schilder als eigene Symbolsprache verstanden werden muss. Deren flüssige Beherrschung und Befolgung schien bisher die Grundvoraussetzung dafür zu sein, dass der Straßenverkehr überhaupt funktioniert. Neue Untersuchungen und Experimente zeigen, dass vielleicht das Gegenteil der Fall ist.

Das EU-Projekt «Shared Space» des 2008 verstorbenen Niederländers Hans Monderman beruht auf einer extremen Reduzierung der Komplexität – nämlich der Abschaffung sämtlicher Verkehrsschilder, der meisten Verkehrsregeln und sogar des Unterschieds zwischen Straße und Bürgersteig, daher auch der Name Shared Space. Eine Handvoll Gemeinden in Europa, darunter das niedersächsische Bohmte, nehmen an diesem Modellversuch teil, bei dem innerstädtische öffentliche Flächen ohne Bordsteine, Ampeln und Geschwindigkeitsbegrenzungsschilder neu gestaltet werden. Die Entkomplizierung hat dort, wo sie getestet wurde, zu einer deutlichen Reduktion der Zahl und Schwere von Unfällen geführt. Dabei ist die einzige verbleibende Verkehrsregel «rechts vor links». Der Rest bleibt dem Urteil der Verkehrsteilnehmenden überlassen, die die öffentlichen Flächen so benutzen, wie sie es den Umständen entsprechend für angemessen halten, und nicht so, wie sie es laut Schild dürfen.

Das in den Medien am häufigsten diskutierte Beispiel für Vereinfachung ist Entbürokratisierung. Vergleicht man die Zahl der Willensbekundungen an entscheidenden politischen Stellen mit der tatsächlichen Wirkung, dann scheint der Bürokratieabbau allerdings schwieriger zu sein als die Kernfusion zur Energiegewinnung. Der Verwaltungsapparat ist offenbar ein riesiges krakenhaftes Lebewesen, das sich aus Selbstschutz wehrt, wenn man ihm ein paar unnütze Tentakel abschneiden möchte. Niemand gibt schließlich gern zu, dass er eine überflüssige Aufgabe verrichtet. Und so bekämpft die Bundesregierung Feuer mit noch mehr Feuer und hat 2006 den Normenkontrollrat ins Leben gerufen: «Als unabhängiges Beratungs- und Kontrollorgan», heißt es auf dessen Website, «hat der Nationale Normenkontrollrat (NKR) die Aufgabe, die Bundesregierung dabei zu unterstützen, die durch Gesetze verursachten Bürokratiekosten durch Anwendung, Beobachtung und Fortentwicklung einer standardisierten Bürokratiekostenmessung auf der Grundlage des Standardkosten-Modells zu reduzieren.»

Man muss nicht weiter ausführen, dass sich hinter dem Standardkosten-Modell eine Vielzahl von komplexen Formeln verbirgt, mit denen die für bürokratieorientierte Tätigkeiten aufgewendete Zeit und die daraus folgenden direkten Kosten berechnet werden sollen – und zwar anhand der sogenannten Informationspflicht, also des für alle möglichen Arbeitsprozesse notwendigen Formularaufkommens. Wären die Ratschläge des NKR befolgt worden, hätte das eine Reduktion der Bürokratiekosten von über 700 Millionen Euro bedeutet. Hätte? Ja, denn auch hier gilt wie bei Ethikrat, Presserat und einigen anderen Räten: Zwischen Rat und Tat liegen ein Buchstabe und eine Welt. Der NKR ist eine rein beratende, berechnende und publizierende Institution ohne Handlungsauftrag und -möglichkeit, also ein reinrassiges Beispiel für Bürokratie. Obwohl er sicher sinnvolle Arbeit tut, darf man durchaus argwöhnisch gucken, wenn ein Bock einem anderen erklärt, wie man Gärtner wird.

Die schon erwähnten Bürgerämter zeigen aber, dass auch die Verwaltung zu weitreichenden Vereinfachungen in der Lage ist: Inzwischen kann man Passfotos ziemlich oft an derselben Stelle anfertigen lassen, von der sie auch gebraucht werden, oder nur zwei Türen weiter. So nahe diese beglückend gute Idee liegt, man hätte sie jahrzehntelang vermutlich mit der Standardausrede «unüberbrückbare versicherungstechnische Schwierigkeiten» abgetan. Es hat also offenbar eine Haltungsänderung in der Amtslandschaft begonnen, die solche Vereinfachungen ermöglicht.

Schwierig zu loben hingegen ist das deutsche Steuersystem, das allen Vereinfachungsbemühungen hartnäckig widersteht. Sogar das Internet, sonst ein Wunderquell der Vereinfachung der meisten Dienstleistungen, bringt keinen Segen in dieses dunkle, verworrene System, sondern lässt sich umgekehrt von der Überkompliziertheit anstecken, wie man an der finanzamtseigenen Steuererklärungswebsite ElsterOnline erkennen kann.

Das Gegenteil davon ist die Flat Tax, ein stark vereinfachtes Einkommensteuersystem mit einem einzigen Steuersatz. Dieses Steuerprinzip wurde inzwischen in vielen Ländern eingeführt. Wirtschaft und Staatsfinanzen sind dort nicht umgehend zusammengebrochen. Über Freibeträge und negative Einkommensteuern (also Zuzahlungen für Geringstverdiener) lässt sich eine Annäherung an ein progressives Steuersystem und damit größere soziale Gerechtigkeit erreichen. Dass wir hier den Punkt Steuersystem nur stark vereinfacht behandeln können, weil kaum jemand genau vorhersagen kann und will, welche Stellschrauben was bewirken, liegt an exakt der Kompliziertheit, die es abzuschaffen gilt. Als Anreiz zur Weltverbesserung können wir dem Finanzamt aber versprechen, dass sich aller psychologischen Wahrscheinlichkeit nach die Steuermoral verbessert, wenn man weiß, warum man wann wie viele Steuern zahlt – und wenn das auch ohne abenteuerliche Ausnahmen für alle anderen natürlichen und juristischen Personen gilt. Eine Zeitungsmeldung darüber, dass Konzern X in Jahr Y keinen Euro Steuern gezahlt hat, verursacht in der Summe wahrscheinlich mehr Steuertricksereien als alle Banken in Liechtenstein zusammen.

Um nicht nur auf Deutschland und der Gegenwart herumzuhacken, sondern konstruktive Kritik zu üben, haben wir einen Forderungskatalog aufgestellt, dessen Umsetzung das LOBO-Leben deutlich vereinfachen kann. Davon profitiert auch die organisationsfähige Restbevölkerung, denn dass man in der Lage ist, in den Weg gerollte Steine zu beseitigen, heißt noch lange nicht, dass man Spaß am Steinewälzen hat.

Zum Zeitpunkt der Buchüberarbeitung, vierzehn Jahre nach dem Schreiben der ersten Fassung, sind überraschend viele unserer Forderungen bereits erfüllt worden. Wir haben sie nicht entfernt, sondern nur gekennzeichnet, damit man den Fortschritt auch würdigen kann. Zum Ausgleich haben wir ein paar neue Wünsche an die Welt hinzugefügt.

25 FORDERUNGEN FÜR EINE NUTZUNGSFREUNDLICHERE WELT

1. Auf Wunsch persönliche Abschaffung der Papierpost und Einführung eines Scan- bzw. Ausdruck-Services, sodass auch mit rückschrittlichen Stellen elektronisch kommuniziert werden kann. (Stand 2022: Ist inzwischen weitgehend geschehen.)
2. Vereinfachung der Zahlungssysteme besonders bei kleineren und kleinsten Beträgen. (Stand 2022: Erledigt. Zusätzlich ist das Spenden und Unterstützen ganz einfach geworden, obwohl wir das zu fordern vergessen hatten.)
3. Einführung einer zentralen Anlaufstelle für bürokratische Angelegenheiten (eine Art Metabürgeramt) – in Dänemark muss ein Umzug nur einmal einer Behörde gemeldet werden, und von der Autoummeldung bis zur Umleitung der Post braucht man sich um nichts mehr zu kümmern.
4. Verlagerung aller Interaktionen mit dem Staat (bis auf Wählen) ins Internet. (Stand 2022: Es gibt Fortschritte.)
5. Eine zusammengefasste Online-Vertragsverwaltung, bei der man sämtliche abgeschlossenen Verträge im Netz zentral bearbeiten und umstandslos kündigen kann. (Stand 2022: Die meisten abgeschlossenen Verträge lassen sich zumindest im Netz bearbeiten und kündigen. Für die Kündigung aller Verträge an einem Ort gibt es seit etwa 2009 separate Dienstleistungsunternehmen, Suchstichwort ist «Kündigungsservice».)
6. Abschaffung der GEZ und Steuerfinanzierung des öffentlich-rechtlichen Systems, dessen politische Unabhängig-

keit dadurch sicher nicht mehr gefährdet würde als bisher. (Stand 2022: Das ist zumindest zur Hälfte geschehen.)

7. Vereinfachung des Gesundheitssystems durch weniger verschreibungspflichtige und weniger apothekenpflichtige Medikamente. In anderen Ländern kann man Kopfschmerztabletten im Supermarkt kaufen, ohne dass die Bürger sterben wie die Fliegen.
8. Einführung von Dauerrezepten für dauernd gebrauchte Medikamente. Als Frau im gebärfähigen Alter verbringt man gefühlt drei Monate pro Jahr im Wartezimmer, nur um das Pillenrezept verlängern zu lassen. Von den Problemen chronisch Erkrankter ganz zu schweigen.
9. Entkomplizierung des Krankenversicherungswesens für Versicherte wie für Praxen, die im Gegenzug entspanntere Öffnungszeiten einführen als von acht bis zwölf und donnerstags auch am Nachmittag.
10. Mülltrennung im Verwertungsunternehmen – bisher wird diese Arbeit auf die Verbraucherinnen und Verbraucher abgewälzt, deren Arbeit in der Bilanz des Recyclingsystems unberücksichtigt bleibt. Das bisherige System mit den fünf Standardmüllsorten Verpackungen, Papier, Flaschen, Bioabfall und Restmüll endet vermutlich darin, dass man jedes Stück Müll einzeln in einem Umschlag an die zuständige Stelle schickt. Würde man die Zeit, die wir in Mülltrennung investieren, zu geringsten Sätzen in Geld umrechnen und in die Forschung zur automatischen Mülltrennungstechnik investieren, könnte man wahrscheinlich längst alles von allem trennen.
11. Einführung einer Option beim Abschließen von Abos, Mitgliedschaften und Verträgen: «Ich bin desorganisiert und

möchte daher im Bedarfsfall einfach durch Einstellen meiner Beitragszahlungen kündigen. Ich hinterlege sofort soundso viel Euro Kaution, aus denen in diesem Fall die Gebühren für drei Mahnungen bestritten werden können. Ein Jahr nach der letzten Zahlung gelte ich dann als ordnungsgemäß gekündigt und erhalte den Rest der Kaution zurück.»

12. Vertragskündigung sollte nicht komplizierter sein dürfen als Vertragsabschluss: Ist der Abschluss online mit zwei Klicks möglich, darf die Kündigung auch nicht mehr als zwei Klicks (und vor allem kein Fax und kein Anrufen) erfordern.
13. Online-Abrechnungen müssen unbegrenzt auf der Website des jeweiligen Vertragspartners vorgehalten werden. Es darf nicht sein, dass Kontoauszüge im Datennirwana verschwinden, nur weil man sie nicht innerhalb empörend weniger Monate heruntergeladen hat.
14. Viele unerwünschte Handlungen sind bereits sehr einfach, siehe das Süßigkeiten-Impulskaufregal direkt neben der Kasse. Erwünschte Handlungen wie das Spenden von Geld oder das Abschließen von Ökostromverträgen gleichen dagegen oft einem Hürdenlauf, bei dem noch der beste Vorsatz auf halber Strecke aufgibt. Der Impuls, das Richtige zu tun, muss ohne Umwege in die Tat zu überführen sein. (Stand 2022: Große Fortschritte!)
15. Formulare und deren Erläuterungen müssen an Menschen mit einem IQ von 100 auf Verständlichkeit getestet werden, bevor sie in den Massenversand gehen. Die Künstlersozialkasse geht hier mit gutem Vorbild voran.
16. Die Post muss dazu gezwungen werden, ihrer Kundschaft wenigstens mitzuteilen, wer das Paket zu schicken ver-

sucht hat, das nach Ablauf von sieben Werktagen wieder zurückging.

17. Verbot für spendenfinanzierte Einrichtungen, den gutwillig per Dauerauftrag Spendenden pro Jahr einen Kubikmeter «Jetzt schnell noch mehr spenden!»-Post zu schicken.
18. Kaufoption «Some Day Delivery» im Onlinehandel. Wenn man die Bestellung des neuen Akkus sowieso schon drei Jahre hinausgeschoben hat, sollen die Mitarbeitenden des Versandunternehmens jetzt auch alles in Ruhe erledigen können.
19. Flächendeckende Grundversorgung mit Internet per drahtloser Übertragung. Das hat nur zum Teil mit Prokrastination zu tun, gehört aber in jeden ordentlichen Forderungskatalog. (Stand 2022: In Ländern, die nicht Deutschland heißen, ist das längst erreicht, und wir sind zuversichtlich, dass es auch in Deutschland nur noch wenige Jahrzehnte dauern kann.)
20. Vollständiges Verbot von Online-Formularen, die man zwar online ausfüllen kann, dann aber ausdrucken, unterschreiben und per Fax oder gar mit der Post verschicken muss. Insbesondere Verbot des Postident-Verfahrens, bei dem man auf dem Postamt erscheinen muss; Ersetzung durch irgendwas mit dem Handy. (Stand 2022: Das Postident-Verfahren gibt es immer noch. Dass ein Formular wirklich, definitiv, unbedingt auf Papier verschickt werden muss, ist aber zum Glück selten geworden.)
21. Es ist einfach, beliebige Waren einzukaufen, zum Beispiel im Internet. Was fehlt, ist ein geregelter Weg, auf dem diese Waren die Wohnung wieder verlassen. Wir fordern daher eine Gegenpost, die alles Mögliche für ein bisschen Porto

abholt und an die zuständigen Stellen von eBay bis Sondermülldeponie weiterleitet.

22. Weg mit dem Rotgeld. In Finnland wurde das unnütze Rotgeld gar nicht erst eingeführt, aber anderswo stehen in den meisten Haushalten geschätzte drei Schuhkartons mit Münzen herum. Die Bundesbank bezeichnet dieses Horten aus Mangel an Loswerdemöglichkeiten als *Zwangssparen*, und der dadurch aus dem Verkehr gezogene Kleingeldberg fehlt dem Staat so schmerzlich, dass gelegentlich Kleingeld aus dem Ausland importiert werden muss. Übergangsweise könnte man wenigstens die alte Pfennigparade wieder einführen: Kinder, die von Tür zu Tür gehen und die Marmeladengläser mit dem Rotgeld für gute Zwecke leeren. Aber nicht vor zwölf Uhr! (Stand 2022: In anderen Ländern gibt es in den Supermärkten Automaten, in die man größere Kleingeldmengen schütten kann. Vereinzelt ist das inzwischen auch in Deutschland so.)

23. Elterngeld sollte formularfrei auf Vorschussbasis ausbezahlt werden. Die ausgefüllten Anträge dürfen nachgereicht werden, wenn alle Kinder aus dem Haus sind und man endlich Zeit hat, sich den vielen Antragsseiten konzentriert zu widmen. Wenn das keine Option ist, sollte es ein öffentliches Portal geben, auf dem man sich einloggen und «Elterngeldantrag» auswählen kann. Dann erscheint ein kurzer Dialog «Dazu werden Informationen benötigt, die bei folgenden Stellen vorliegen (Finanzamt, Rentenversicherung, Krankenversicherung, Kindergeldstelle, etc.). Hier bitte bestätigen, dass diese Informationen auf elektronischem Wege bereitgestellt werden dürfen. Ich benötige eine Kopie dieses Vorgangs für meine Unterlagen: Ja/Nein.»

24. Bedingungsloses Grundeinkommen. Einerseits brauchen LOBOs jedes Fitzelchen Motivation, das sie kriegen können, und dazu kann manchmal auch eine gemäßigte Existenznot gehören. Andererseits vernichtet ungemäßigte Existenznot an anderen Stellen mehr Motivation, als sie auf diese Art erzeugt. Trotz der vielen noch offenen Fragen rund um das Konzept müssen wir hier schon aus Gründen der Bürokratievereinfachung für ein BGE plädieren.
25. In der Schweiz fordert man schon seit Längerem die «Steuererklärung per Postkarte». Dieser Forderung schließen wir uns an und möchten sie lediglich um den Vorschlag ergänzen, die Postkarte wegzulassen.

4.
ABHILFE

WIR MÜSSEN NUR WOLLEN

Motivation diesseits des Lustprinzips

> «Ich schloss damit, dass es mir leichter wäre, auf die drei täglichen Mahlzeiten zu verzichten als auf die Zigaretten; denn dazu muss man sich immer wieder mit derselben Anstrengung entschließen, jeden Augenblick, den ganzen Tag lang. Und wenn man mit diesen aufreibenden Entschlüssen ununterbrochen beschäftigt ist, bleibt einem für nichts anderes mehr Zeit ...»
> (Italo Svevo: «Zeno Cosini»)

Wenn man etwas wirklich will, dann schafft man es auch – wer schon einmal eine Castingshow beobachtet hat, weiß, dass dieser Satz Unfug ist. Korrekt müsste er lauten: Wenn man etwas wirklich will oder dringend muss, hat man eine größere Chance, es vielleicht zu schaffen, wenn die Umstände stimmen. Ein Satz, der auf Veranstaltungen von Motivationstrainern nur für mäßig gute Stimmung sorgen würde, aber der komplexen Motivationslandschaft von Menschen eher entspricht.

Motivation – die Bereitschaft, etwas zu tun – ist verhaltenspsychologisch oft untersucht und mit einer Vielzahl verschiedener Theorien beschrieben worden, nach denen sich das störrische Wesen Motivation im Einzelfall leider nicht immer richtet. Als Erklärungsansatz soll uns deshalb eine Vereinfachung dienen, die immerhin einige Rätsel der prokrastinierenden Psyche zu lüften vermag: die Unterscheidung von intrinsischer und extrinsischer Motivation. Intrinsische Motivation kommt von innen heraus, extrinsische Motivation wird von außen durch positive oder negative Anreize erzeugt. Andrew Howell und David Watson, zwei Psychologen aus dem in der Prokrastinationsforschung äußerst umtriebigen Kanada, haben nachgewiesen, dass Studierende, die intrinsisch motiviert an ihre universitären Aufgaben herangehen, weniger bis gar nicht unter Aufschiebeproblemen leiden. Diese Art der Motivation oder vielmehr ihr Fehlen scheint demnach ein Schlüssel zur Prokrastination zu sein.

Es ist für uns selbst oft schwierig zu sagen, weshalb genau wir etwas tun, und noch schwieriger herauszufinden, warum wir etwas nicht tun, also zum Beispiel prokrastinieren. Noch sind die dunklen Ecken im Innern der intrinsischen Motivation von der Forschung allenfalls mit flackernden Funzeln beleuchtet worden. Warum es der einen nicht schwerfällt, tagelang Puzzles mit bayerischen Burgen zusammenzusetzen, während die andere das als nervtötende Arbeit ansieht, kann man kaum erklären. Eine Erkenntnis ist aber wichtig für uns: Wer Puzzles ungern löst, ist von außen selbst mit viel Geld, Liebesversprechen und Palmenstrandverheißungen nicht so nachhaltig zu motivieren wie jemand, der Puzzles liebt: Die intrinsische Motivation schlägt die extrinsische Motivation um Längen.

Leider reagiert die intrinsische Motivation empfindlich auf die für das Berufsleben typischen Einflussfaktoren Geld und Zeitdruck. Wer eine Tätigkeit liebt, aber zusätzlich von außen motiviert wird, spürt häufig ein lähmendes Gefühl der Verpflichtung. Aus dem, was man bisher zum Spaß getan hat, scheint plötzlich eine fremdbestimmte Tätigkeit geworden. Dieses Modell erklärt nebenbei, weshalb man ab dem Zeitpunkt, an dem man eine Jahreskarte fürs Schwimmbad gekauft hat, weniger oft hingeht. Vereinfacht gesprochen: Die intrinsische Motivation, die Begeisterung fürs Schwimmen, wird ersetzt oder ergänzt durch die extrinsische Motivation, die Jahreskarte voll auszunutzen, damit sie sich gelohnt hat. Es sieht so aus, als wäre unsere intrinsische Motivation eine scheue Eidechse, die sich in ihren Mauerspalt zurückzieht, sobald ein extrinsischer Schatten auf sie fällt.

Man darf diese merkwürdige Motivationsverschiebung nicht überbewerten und daraus folgern, dass man lieber doch keinen Beruf aus einer geliebten Tätigkeit machen sollte. Vielmehr geht es darum, sich die intrinsische Motivation zu bewahren und nicht allzu stark durch die extrinsische verunreinigen zu lassen. Man kann sich durchaus dazu bringen, Geld beim Traumjob nicht als Motivation, sondern als Zusatznutzen anzusehen. Außerdem wirkt unter bestimmten Umständen zusätzliche Motivation von außen tatsächlich anregend (siehe unten).

Für viele LOBOs existieren nur zwei Schattierungen der Motivation: «ich will» und «ich muss unbedingt sofort», die beiden Extreme der intrinsischen und extrinsischen Motivation. «Ich sollte» dagegen enthält bereits das Eingeständnis des Scheiterns und funktioniert ähnlich schlecht wie To-do-Listen. Das Wollen ist, wie beschrieben, so individuell, dass alle es selbst ausloten sollten. Der Zwang dagegen ist universeller und quasi auf Rezept erhältlich. Wir möchten fünf verschiedene Formen der extrinsischen Motivation näher beleuchten: den freiwillig gewählten Zwang, die Deadline, die Bedrohung mit einer Strafe, Geld sowie den sozialen Druck.

Der Vorteil am Zwang ist, dass er wie das Wollen keine Selbstdisziplin erfordert. Der Zwang ist gewissermaßen der dunkle Zwilling des Lustprinzips. Wer in einer Höhle mit schwindenden Sauerstoffvorräten verschüttet wurde, hat keine Schwierigkeiten, sich zum Wegräumen von Steinen zu motivieren. Auf dieser Basis erledigen LOBOs viele Augen-zu-und-durch-Arbeiten, denen man ja doch ab und zu nicht entkommen kann. Das Praktische am Zwang ist, dass er sich selbst definiert: Wenn er nicht wirkt, war er nicht da. Der Umgang mit ihm erfordert keine besonderen Erkenntnisse oder Anstrengungen, lediglich Vorausschauvermögen oder eine gewisse Fantasie bezüglich der Folgen des eigenen Handelns sollte man mitbringen, sonst tanzt man womöglich aus schierer Naivität mit verbundenen Augen am Abgrund – und nicht absichtlich mit offenen Augen an der am wenigsten hohen Stelle des Abgrunds, wie es sich eigentlich gehört.

Der Deadline als Überinstrument neuzeitlicher Arbeitsorganisation haben wir ein eigenes Kapitel gewidmet. Für viele LOBOs sind Deadlines unverzichtbar, wenn es darum geht, sich bei der Bearbeitung von Aufgaben zu motivieren, die nicht zu einhundert oder mehr Prozent aus einer geliebten Tätigkeit bestehen. Der richtige Umgang mit Deadlines macht den Unterschied zwischen erfolgsverwöhnter Heldin der Arbeit und unzuverlässigem Verpeiler aus. Daher lohnt sich die Auseinandersetzung mit dem eigenen Deadlineverhalten und ein entsprechendes Feintuning in jedem Fall. Sollte man es irgendwann schaffen, selbst gesetzte Deadlines einzuhalten, kann man sich zu den Großmeistern des Deadlinings zählen. Wir wollen durchschnittlichen LOBOs aber keine falschen Hoffnungen darauf machen, es handelt sich um nichts Geringeres als den zehnten Deadline-Dan, und man kann auch ohne ihn weit kommen.

Die Strafe im Versagensfall ist ein delikates Instrument der extrinsischen Motivation und vermutlich häufiger missbraucht worden als irgendeine andere Motivationsart. Für die Verbrechensprävention sind Strafen längst als weitgehend unwirksam entlarvt worden: Eine Gefängnisstrafe vermindert statistisch nur in unbedeutendem Maß die Wahrscheinlichkeit einer neuerlichen, ähnlichen Tat. Ein ganz anderes Momentum erhält die Strafe aber, wenn sie als zusätzlicher Anreiz für die Bewältigung einer Aufgabe angewendet wird. Der Prokrastinationsforscher Joseph Ferrari wies in Experimenten an Studierenden nach, dass kleine, schnelle Sanktionen die Motivation erhöhen, eine Aufgabe zu bewältigen. Schon die glaubhafte Ankündigung solcher zeitnah eintretenden Unannehmlichkeiten genügt. Wichtig ist dabei, dass es sich um konkrete, zeitnah eintretende Folgen handelt – gegen vage Schreckensszenarien wie «So bekommst du später nie einen Job!» sind Prokrastinierende vollkommen immun.

Wenn sie nicht zu oft verwendet wird, kann auch die Bedrohung durch große Strafen motivierend wirken. Wer eine hohe Konventionalstrafe zahlen muss, falls eine Arbeit nicht pünktlich erledigt ist, wird sie etwas wahrscheinlicher erledigen. Auch das rechtzeitige Zurückgeben eines Mietwagens fällt in der Regel leichter als das Zurückgeben einer entliehenen DVD. Der Unterschied zwischen kleinen und großen Strafen besteht darin, dass kleine durch den Lerneffekt fürs nächste Mal und große eher abschreckend wirken. Mittlerweile gibt es sogar vielfältige Möglichkeiten, sich beim Nichteinhalten von Plänen und Vorsätzen selbst zu bestrafen: Bei Diensten wie stickK.com oder beeminder.com kann man einen Geldbetrag einsetzen, der beim Scheitern abgebucht wird. Beeminder kassiert das Geld einfach ein, bei stickK hat man die Wahl zwischen Spenden an Wohltätigkeitsorganisationen und «Anti-Charities», die man eigentlich auf keinen Fall unterstützen möchte. Letzteres verhindert, dass man sich das Scheitern heimlich mit dem Argument schönredet, wenigstens profitierten «Amnesty International» oder «Ärzte ohne Grenzen» von der eigenen Untätigkeit.

Auch das herrschende Wirtschaftssystem basiert im Punkt Motivation zur Arbeit weitgehend auf Geld. Geld ist eine praktische Sache, deren positives wie negatives Motivationspotenzial den meisten Menschen nachvollziehbar erscheint. Als leistungssteigerndste monetäre Motivation hat sich der Sonderfall der Akkordarbeit herausgestellt. Man unterteilt eine Aufgabe in kleinere Einheiten und zahlt für jede erreichte Zwischenstufe eine Belohnung aus. Abseits dessen beginnen die Schwierigkeiten, zum Beispiel mit dem Yerkes-Dodson-Gesetz. Die beiden amerikanischen Psychologen Robert Yerkes und John Dodson entdeckten bereits Anfang des 20. Jahrhunderts einen Zusammenhang zwischen der Leistungsfähigkeit und dem allgemeinen Erregungszustand. Das nach ihnen benannte Gesetz erklärt, weshalb unangemessen hohe Geldbeträge als Anreiz im Schnitt zu schlechteren Leistungen führen, weil sie den Druck und damit die Erregung unverhältnismäßig erhöhen. Dan Ariely, Professor für kognitive Psychologie, fand in einem

Experiment heraus, dass Studierende mehr Rechenaufgaben lösten, wenn sie ab einer bestimmten Zahl von korrekten Ergebnissen für jedes zusätzlich richtige Ergebnis eine Belohnung bekamen, insgesamt bis zu 30 Dollar. Stieg diese Summe auf unverhältnismäßige 300 Dollar, so nahm die Zahl der gelösten Aufgaben rapide um beinahe die Hälfte ab. Ob sich oberhalb von 300 000 Dollar wieder eine Steigerung der Motivation ergäbe, wurde bisher nicht experimentell erforscht.

Für LOBOs bedeutet das, dass der Anreiz Geld bis zu einem gewissen Grad funktionieren kann, sich aber nicht beliebig steigern lässt. In einem hervorragend bezahlten, aber ungeliebten Job arbeitet man nicht motivierter als in einem normal entlohnten, ebenso lästigen – lediglich der Druck und seine negativen Folgen nehmen zu. Die Wahrscheinlichkeit eines Misserfolgs ist höher, und jeder Fehler wird zum Anlass umso heftigerer Selbstvorwürfe.

Ein wichtiges Instrument ist schließlich auch der soziale Druck. In vielen Facetten vom Gruppendruck bis zum bewussten «Schwimmen gegen den Strom» wirkt der soziale Druck auf die eine oder andere Weise motivierend und bestimmt so unser Handeln. Der Wunsch, sich nicht entsetzlich zu blamieren, kann eine funktionierende Motivation sein. Leider verhält es sich hier ähnlich wie bei drakonischen Strafen – sie verlieren einen Großteil ihres Effekts, sobald sie über einen hereingebrochen sind. Aus diesem Grund eignet sich der soziale Druck weniger als ständiges Mittel zur Motivation, sondern eher, um brachliegende Kraftreserven im gefühlten Notfall zu mobilisieren. Wenn man sich tief in der Nacht zu einer weiteren Stunde Arbeit motivieren muss, kann es das entscheidende Quäntchen Energie bringen, sich die Bestürzung und den Unmut der anderen Beteiligten und das eigene Leiden darunter vorzustellen. Es sei denn, man hält seine Arbeit im Grunde sowieso für sinnlos.

In Abwesenheit von hilfreichen Zwängen, Deadlines oder Geldanreizen bleibt nichts anderes übrig, man muss die Impulskontrolle betätigen, so man welche hat. Impulskontrolle ist die sympathischere kleine Schwester der Selbstdisziplin. Ihre Kraft ist begrenzt, sodass man sich mit ihrer Hilfe kaum in unpassende Berufsausbildungen und Lebensentwürfe hineinmanövrieren wird. Aber wenn man einmal am Bett vorbeigehen will, ohne sich sofort hineinzulegen, kann man sich vertrauensvoll an sie wenden. Ihren Sitz vermutet man im präfrontalen Cortex und im anterioren Gyrus cinguli – was den meisten so viel sagen wird wie «in Nischnewartowsk», aber daran können wir jetzt auch nichts ändern –, also jedenfalls an zwei relativ präzise bestimmten Stellen im Kopf. Kinder sehen noch nicht ein, warum sie ihre Impulse kontrollieren sollten, aber bis zum Erwachsenenalter lernen die meisten Menschen, nicht immer gleich mit dem Sandschäufelchen nach ihren Vorgesetzten zu werfen.

Es gibt einige experimentelle Studien, die dafür sprechen, dass Impulskontrolle sich abnutzt, wenn man sie betätigt. Um die Jahrtausendwende herum war das ein beliebtes Forschungsthema. Inzwischen scheint sich abzuzeichnen, dass vielleicht doch alles ganz anders und jedenfalls nicht so einfach ist. Vielleicht ist Impulskontrolle tatsächlich nur in begrenzter Menge vorhanden, vielleicht hängt ihr Nachlassen aber auch nur davon ab, ob die Versuchspersonen an diese Begrenztheit glauben. Wahrscheinlich ist erfolgreiche Impulskontrolle nicht, wie wir noch in der Erstausgabe dieses Buchs behauptet haben, eine Frage der Glukosevorräte. Und ziemlich sicher lässt sie sich nicht trainieren wie ein Muskel. Letzteres wird in mahnenden Artikeln über Prokrastination immer noch gern behauptet, obwohl die experimentellen Belege dafür schon immer mit bloßem Auge kaum zu erkennen waren. Aber es wäre eben so schön, wenn es stimmen würde – jedenfalls für alle, die der Meinung sind, dass ihre Mitmenschen sich einfach nur nicht ausreichend zusammenreißen.

Solange sich die Forschung nicht geeinigt hat, ist es wohl am besten, erstens abzuwarten und zweitens zu überlegen, wie ein Ziel möglichst ganz ohne Betätigung von Impulskontrolle zu erreichen ist. Rechtzeitig formulierte klare Pläne à la «Wenn ich in Situation A gerate, greife ich zu Verhaltensweise B» schonen das Gehirn, das dann einfach nur eine Regel aus der Schublade zu ziehen braucht, anstatt mühsam Kontrolle über widerstreitende Impulse auszuüben. Um vorhandene Schaumzuckermäuse nicht zu essen, muss man sich andauernd stark beherrschen. Um Schaumzuckermäuse nicht zu kaufen, braucht man sich nur im Supermarkt zu beherrschen, also schon deutlich seltener.

Impulskontrolle lässt sich auch durch konkrete Hindernisse ersetzen. Wer in einer BDSM-Beziehung lebt, hat es leicht und kann sich einfach am Schreibtisch festketten lassen, bis die Diplomarbeit geschrieben ist. Alle anderen profitieren vielleicht von einem Tipp aus dem Selbsthilfeforum procrastinators-anonymous.org:

«Richtet euch in einem gut beheizten Raum ein Arbeitszimmer ein, in dem ihr ausschließlich Arbeitssachen aufbewahrt. Wenn ihr euch zum Lernen zurückzieht, nehmt so viel Essen, Koffein und Bücher mit, wie ihr für einen Arbeitseinsatz von ungefähr fünf Stunden braucht. Stellt euch einen Wecker auf fünf Stunden später. Jetzt schließt ihr die Tür und zieht eure Hosen aus. Ihr habt mich schon richtig verstanden, Hosen runter. In schweren Fällen auch das Hemd. Steckt sie in eine Plastiktüte und knotet die Tüte zu. Legt die Tüte weg (je weiter weg, desto besser). Auf die Art könnt ihr nicht mal eben schnell das Zimmer verlassen, ohne komisch angeguckt zu werden: Wenn euch der plötzliche Drang überkommt, aufzuspringen und fernzusehen oder einen Freund anzurufen, dauert es gute fünf Minuten, bis ihr euch angezogen habt; genug Zeit, um noch mal darüber nachzudenken und sich wieder hinzusetzen. Nach ein paar Monaten gewöhnt ihr euch dran, im Arbeitszimmer zu bleiben, bis der Wecker klingelt. Ab jetzt könnt ihr die Hosen anbehalten.»

Generell lässt sich die Kraft der Trägheit gut zu einer Art Prokrastinations-Judo nutzen. Wenn man eine arbeitsverhindernde Beschäftigung künstlich erschwert, verschiebt sich das Reaktionsgleichgewicht, und mit etwas Glück widmet man sich aus schierer Faulheit der Tätigkeit, der man sonst aus dem Weg gegangen wäre. Steht das Bett direkt neben dem Schreibtisch, wird man nach einer halben Stunde Arbeit das erste Nickerchen ins Auge fassen. Bewegt man sich zur Arbeit aber an die Uni, ins Büro oder ein weit entferntes Café, erscheint der Weg zum Schlafplatz plötzlich viel mühsamer als alles andere.

Lassen sich Versuchungen weder aus dem Blickfeld schaffen noch anderweitig zähmen, bleibt nur, es langsam angehen zu lassen: Wer sich eine bestimmte Verhaltensweise an- oder abgewöhnen will, tut gut daran, sich möglichst wenig auf einmal vorzunehmen. Der Plan, ab morgen immer früh aufzustehen, kalt zu duschen, die Ernährung umzustellen, regelmäßig laufen zu gehen und jeden Tag an der Diplomarbeit zu schreiben, überfordert auch die beste Impulskontrolle.

TATENDRANG AUS DER SCHACHTEL

Wann, wie und wem Medikamente helfen können

«Es ist ein weitverbreitetes Vorurteil, dass man Energiegetränke zu sich nimmt, damit man weniger schläft. Weniger schlafen ist eine idiotische Idee, weniger schlafen kann man später, wenn man nichts Besseres mehr zu tun hat. Es geht vielmehr darum, genau dann wach zu sein, wenn es gerade nötig ist, zum Beispiel nachts um vier, und dann auch nicht nur so mittel verschlafen, sondern richtig wach. Man reinigt sich schließlich auch nicht mit Seife, um sich weniger waschen zu müssen, sondern damit man sauber wird.»
(Aleks Scholz, riesenmaschine.de)

In der Erstauflage dieses Buchs stand in diesem Kapitel vor allem «Methylphenidat hilft sehr gut gegen Prokrastination, aber leider ist es im Erwachsenenalter kaum zu bekommen, tja, Pech.» Inzwischen hat sich herumgesprochen, dass Aufmerksamkeitsstörungen nicht mit dem 18. Geburtstag verschwinden. Es ist jetzt viel leichter, auf Erwachsenen-ADHS spezialisierte Ärztinnen und Ärzte zu finden. Seit 2011 ist Methylphenidat in Deutschland auch für Erwachsene zugelassen, und die Auswahl an Wirkstoffen und Darreichungsformen ist größer geworden. Bis heute wird der seit den 1950er-Jahren bekannte und in den ersten Jahrzehnten rezeptfreie Wirkstoff Methylphenidat am häufigsten verschrieben – unter Präparatenamen wie Ritalin, Medikinet, Concerta oder Equasym. Hinzugekommen ist 2019 der Wirkstoff Lisdexamfetamin, enthalten im Medikament Elvanse. Beide Wirkstoffe fallen unter das Betäubungsmittelgesetz, was verschiedene Komplikationen sowohl für die Verschreibenden als auch für diejenigen mit sich bringt, die das Rezept einlösen müssen. Anders als andere Rezepte verlieren Betäubungsmittel-Verschreibungen nämlich nach einer Woche ihre Gültigkeit. Man kennt das Problem aus dem Witz über das Stärkungsmedikament in der schwer zu öffnenden Packung: LOBOs müssen dreimal in die Praxis, bis es ihnen einmal gelingt, das Rezept rechtzeitig einzulösen. Der Wirkstoff Atomoxetin wird unter dem Handelsnamen Strattera verkauft und ist lediglich ganz normal rezeptpflichtig.

Im Lichte der neuen Erkenntnisse über ADHS bei Erwachsenen könnte es sein, dass wir, im Glauben, über Prokrastination zu schreiben, versehentlich ein Buch über ADHS geschrieben haben. Falls Sie sich in vielen Beschreibungen in diesem Buch wiederfinden, lohnt sich eine Abklärung, ob es sich bei Ihren Prokrastinationstendenzen vielleicht nur um ein Symptom von ADHS handelt. Kommt bei dieser Abklärung heraus, dass das tatsächlich der Fall ist, haben Sie jetzt eine Lizenz zum Bezug von prokrastinationslindernden Mitteln. Lästige Arbeiten erledigen sich unter dem Einfluss von ADHS-Medikamenten praktisch von allein und machen wegen der sich bereitwillig einstellenden Flow-Erlebnisse oft sogar Spaß. Eine solche Diagnose lohnt sich auch, wenn Sie lieber keine Pillen einnehmen möchten, oder doch jedenfalls nicht dauerhaft. Medikamente können den Teufelskreis aus Arbeitsaufschieben und Schuldgefühlen durchbrechen, sodass man eventuell nach ein paar Tagen auch wieder alleine zurechtkommt. Wenigstens bis zum nächsten Mal. Selbst wenn man nur ein einziges Mal medikamentös gegensteuert, kann die Erkenntnis große Erleichterung verschaffen, dass die Arbeitsstörungen gar nicht so fest mit der Persönlichkeit verwoben sind, sondern sich wenigstens vorübergehend aufheben lassen. Auch wenn Sie sich am Ende gegen die Einnahme von Medikamenten entscheiden, werden Sie sich mit einer Diagnose vielleicht wohler fühlen als mit dem Verdacht, doch einfach nur missraten oder faul zu sein.

Warum die genannten Wirkstoffe überhaupt bei Arbeits- und Konzentrationsstörungen helfen, ist noch nicht ganz geklärt. Einige Forscher führen Prokrastinationsprobleme auf Unordnung im dopaminergen System zurück, was im Groben bedeutet, dass im Gehirn zu wenig Stoffe ausgeschüttet werden, die eine Tätigkeit interessant und wichtig erscheinen lassen. Dafür spricht unter anderem, dass Prokrastinierende ihre Arbeit problemlos erledigen können, sobald der Deadlinestress eingesetzt hat, wenn also mehr Adrenalin und verwandte Hormone ausgeschüttet werden. Die verfügbaren Medikamente greifen in diesen Dopaminmechanismus ein, sodass mehr davon im Gehirn zirkuliert.

Wie jeder Anstieg von irgendwas ruft auch der des Tablettengebrauchs gegen Arbeitsstörungen Kritik hervor. Aber es sind nicht die ersten Mittel zur Erweckung von Tatendrang, die auf Widerstand stoßen. Der Kaffee hatte es bei seiner Einführung in Mitteleuropa nicht viel leichter. Johann Heinrich Jung-Stilling ermahnte das Volk 1782 in seinem «Beweis für den Bürger und Landmann, dass der Kaffee für die Gesundheit, für die Haushaltung und für das ganze Land ein höchstschädliches Getränk sei» mit den harten Worten: «Noch eine andere Kaffeeschwester wendet ein, sie müsse ihn trinken, sonst sei sie krank. Nun denke sie, wie tief sie schon ins Verderben geraten ist! So weit sind ihre Nerven schon gekommen, dass sie von dem natürlichen Feuer des Lebens nicht mehr entzündet werden. Sie müssen fremdes Feuer, sie müssen Kaffee haben. Es ist hohe Zeit, dass sie sich alle Monat täglich eine Tasse abzieht. Stattdessen sollte sie mittags ein Glas Bier bei Tische trinken, bis sie ganz davon ab ist.» Die Industrialisierung ging mit einer allgemeinen Umstellung vom Volksgetränk Bier auf Kaffee und Tee einher, und die damals geäußerten Bedenken gegen künstlich erzeugte Arbeitsamkeit ähneln den heute vorgebrachten. Dass die Welt das «fremde Feuer» Koffein bisher ganz gut verkraftet hat, spricht dafür, dass auch der Einsatz anderer Mittel nicht gleich den Untergang des Abendlandes nach sich ziehen wird.

Ein häufiger Einwand lautet, die Einnahme von Medikamenten sei ungerecht, weil Medikamente teuer sind und nicht alle sie sich leisten können. Die Kritisierenden gehen offenbar davon aus, dass ein Medikament, das viel kann, auch viel kosten muss. Die neueren Medikamente unterliegen noch dem Patentschutz und sind tatsächlich teurer, aber der Patentschutz von Methylphenidat ist schon in den 1960er-Jahren abgelaufen. Eine übliche Tagesdosis kostet etwa 30 bis 60 Cent. Vielleicht handelt dieser Einwand eigentlich von einer anderen, unausgesprochenen Befürchtung: Die Fähigkeit zur Selbstkontrolle und zum konzentrierten Arbeiten ist ja ebenfalls nicht gleichmäßig verteilt. Wenn jede dahergelaufene Person einfach für ein paar Cent diese Fähigkeiten erwerben kann, dann führt das zu Abstiegsängsten bei denen, die sich bisher durch ihre protestantische Arbeitsethik auf der sicheren Seite fühlten. Wenn diese Hypothese stimmt, wäre es gar nicht die soziale Ungerechtigkeit, die die Kritisierenden beschäftigt, sondern die mögliche Einebnung von Vorteilen. Davon abgesehen wäre es ja kein Problem, gerade diejenigen medikamentös zu unterstützen, denen es am meisten an Arbeitsfähigkeit mangelt, und damit Ungerechtigkeit zu verringern, anstatt sie zu erhöhen.

Wenn Erwachsene solche Mittel einnehmen, weil ihnen dadurch ihre Arbeit leichter fällt, wird das in den Medien gern als bedingungsloses Einknicken vor den Anforderungen der Leistungsgesellschaft dargestellt. Die Standards der Leistungsfähigkeit am Arbeitsplatz würden so auch für alle anderen unmenschlich erhöht. Das ist ein bisschen ungerecht, weil vorher auch niemand die Prokrastinierenden für ihren aufopferungsvollen Einsatz für niedrigere Standards gelobt hat. In der ADHS-Literatur heißt es, dass Patienten unter dem Einfluss von Methylphenidat etwa so konzentriert arbeiten wie andere Menschen ohne Medikamente. Wahrscheinlich verschieben sie die Leistungsstandards also nicht, sondern begeben sich nur selbst an die gleiche Startlinie wie der Rest der Welt. ADHS-Medikamente ermöglichen die Herstellung einer arbeitsfreudigen, konzentrierten Persönlichkeit bei Bedarf, und das ist das Gegenteil eines Einknickens vor den Anforderungen der Leistungsgesellschaft. Man kann die vorhandene, schlecht ans Arbeitsleben angepasste Persönlichkeit behalten und den nötigen Tatendrang bei Bedarf aus einer Schachtel nehmen. Aber der Gebrauch von Medikamenten hat seinen Preis. Wer nachts unter ihrem Einfluss die ganze Scheune voll Stroh zu Gold spinnt, wird davon genauso müde wie jeder andere arbeitende Mensch.

Offenlegung: Beide Autoren dieses Buchs bekommen Methylphenidat verschrieben – Kathrin Passig wegen ihrer Narkolepsie und Sascha Lobo wegen seines ADHS. Ohne diesen Wirkstoff hätte das Buch viele leere Seiten.

«Meine Arbeit besteht aus einer ungezielteren Phase des geistigen Herumstreunens, Ideensammelns, des Ausdenkens, und dann aus einer zweiten Phase, in der das Aufgesammelte in eine Form gebracht und aufgeschrieben werden muss. Ohne Methylphenidat hätte ich zwar ein angenehmes, aber unproduktives Leben, ich würde mir von früh bis spät irgendwas ausdenken, wäre aber voraussichtlich zu träge, daraus mehr als ein, zwei Tweets zu machen. Wer verlangt, dass die Menschen ihre gesamte Persönlichkeit so umgestalten sollen, dass sie sich nicht mehr überfordert fühlen, der nimmt ihnen damit auch die Erinnerung daran, dass es auch ein anderes Leben gibt. Dadurch, dass ich immer wieder zwischen dem arbeitsamen, medikamentierten Zustand und meinem normalen undisziplinierten Leben hin und her wechsle, erinnere ich mich ganz genau daran, was für ein schönes, entspanntes Leben man als unordentlicher Mensch führt. Für mich ist dieser Wechsel zwischen zwei Lebensweisen sehr hilfreich, aber das muss natürlich nicht für alle gelten. Ich bin wie ein Amphibium, das manchmal im Wasser und manchmal an Land lebt, aber es gibt ja auch Tiere, die ihr ganzes Leben im Wasser oder ihr ganzes Leben an Land verbringen und damit gut zurechtkommen.»
(Kathrin Passig)

JETZT HELFE ICH MIR NICHT MEHR SELBST

Unterstützung durch andere

> «Mein Bruder sagt: kauf dir doch die WiSo-CD und mach das selber! Das dauert einen Nachmittag! Da hat er sicher recht, aber ich habe die Erfahrung gemacht, daß ich Dinge, die einen Nachmittag dauern, viele Nachmittage lang nicht mache.»
> (Jochen Schmidt)

Ein Stapel Probleme, der einen vorwurfsvoll anstarrt, meint das meistens gar nicht persönlich: Die Probleme wollen einfach nur von irgendjemandem gelöst werden. Es reicht auch, jemand anderen damit zu beauftragen. Zu jeder Aufgabe, mit der man sich herumquält, existiert eine Person, der genau diese Tätigkeit Spaß macht oder die zumindest viel weniger unter ihr leidet. Es gibt Menschen, die – unter bestimmten Bedingungen – gern putzen, aufräumen, Ordnungssysteme ausdenken, Termine vereinbaren und Papiere in Aktenordner sortieren. Man muss sie nur ausfindig machen und dann dazu bewegen, einem diese Arbeiten abzunehmen. Dazu stehen im Großen und Ganzen zwei Möglichkeiten zur Verfügung: Geld und Tauschgeschäfte.

Beginnen wir mit dem Geld. Man muss nicht reich sein, um sich Unterstützung zu suchen. Eine realistische Einschätzung der eigenen Fähigkeiten genügt, wie das Interview mit dem Übersetzer Gunnar Kwisinski zeigt:

«Ich hatte etwa ab 35 eine Putzfrau, und während sie da war, hatte ich immer ein so schlechtes Gewissen, dass ich mich selbst an den Schreibtisch gesetzt und gearbeitet habe. Das waren zwei Stunden die Woche, ich habe nicht viel mehr verdient als sie in den zwei Stunden, aber es ist was dabei rausgekommen. Ich selbst hätte neun Stunden gebraucht, bis es ordentlich aussieht. Die Putzfrau hat mich damals so 130 Mark im Monat gekostet, also wahrscheinlich mehr als zehn Prozent von meinem eigenen Bruttomonatseinkommen. Es geht einfach nicht, dass man diesen Dingen hinterherläuft, die erledigt werden müssen und die man auch noch wahnsinnig ungern macht. Man vertrödelt unheimlich viel Zeit damit, wird trotzdem nicht fertig oder kriegt es zumindest nicht richtig hin, und zu den Sachen, die eigentlich anstehen, kommt man auch nicht. Meine Wohnung war kaum 30 Quadratmeter groß, aber ich hatte nie das Gefühl, mich dafür rechtfertigen zu müssen, dass ich nicht selber putze. Die Putzfrau war froh, dass sie Geld verdient hat, ich war zufrieden, wir waren eigentlich alle sehr zufrieden damit.»

Wenn man statt wenig Geld viel Geld hätte, könnte man natürlich alles von anderen erledigen lassen, was einem schwerfällt oder wozu die Zeit nicht reicht – das wird jedenfalls oft angenommen. In Wirklichkeit ist es, unabhängig vom verfügbaren Einkommen, für viele Menschen gar nicht so leicht, diese Entscheidung zu treffen. Meistens sind es keine finanziellen Gründe, die uns davon abhalten, Aufgaben an andere abzugeben. Die inneren Widerstände gegen Arbeitsvereinfachungen sind zahlreich, und sie sind nicht immer rational. In Jean-Claude Kaufmanns «Schmutzige Wäsche», einer soziologischen Untersuchung von Paarbeziehungen anhand von Hygienegewohnheiten, findet sich ein klassisches Beispiel: Die Familie Delafontaine hat einen Wäschetrockner gekauft. Jetzt stellt sich heraus, dass der Vater entschieden gegen dessen Einsatz ist, weil er das für unnütze Stromverschwendung hält; außerdem sei Wäscheaufhängen nicht wirklich anstrengend. Seine Frau möchte ihrerseits zum einen Arbeit sparen, zum anderen Ehekrach vermeiden. Am Ende finden die beiden einen Kompromiss: Frau Delafontaine lässt den Trockner nur zur Hälfte laufen, «um die Wäsche zu glätten», hängt die Wäsche dann doch noch auf und hat so mehr Arbeit als zuvor. Es ist leicht, sich über die Delafontaines zu amüsieren – aber weniger leicht zu erkennen, an welchen Stellen man sich selbst ebenso irrational verhält.

Das Haupthindernis liegt häufig in der protestantisch geprägten Vorstellung, es sei sündiger Luxus, nicht möglichst viel zu arbeiten. Das Problem ist nicht, dass Unterstützung unbezahlbar wäre, sie ist nur im Wortsinne undenkbar. Gerade bei einfachen Aufgaben müssen sich die meisten Menschen erst an diese Vorstellung gewöhnen. Ein klassisches Beispiel sind Auto- und Fahrradreparaturen. Beim Auto kann man viel, beim Fahrrad so gut wie alles selber machen, nur macht man es eben nicht. Die meisten LOBOs schieben das Montieren der Winterreifen bis zum nächsten Frühjahr vor sich her und nehmen sich lieber monatelang täglich vor, das Fahrrad zu reparieren, als ein einziges Mal den Entschluss zu fassen, es stattdessen in die Werkstatt zu bringen. Dabei kann ein solcher Entschluss das Leben erstaunlich vereinfachen und über Nacht von Selbstvorwürfen befreien.

«In meiner Wohnung herrschten immer sehr unpraktische Zustände, meine Küche war nach einem auf halbem Weg abgebrochenen Renovierungsversuch mehrere Jahre lang nicht begehbar. Mit Mitte 30 verdiente ich unversehens Geld und beschloss daher, endlich meine Küche von jemand anderem zu Ende renovieren und meine Wohnung aufräumen zu lassen. Schon ein halbes Jahr später hatte ich jemanden gefunden, der sich darum kümmern sollte. Verpeilte ziehen sich offenbar an, deshalb war leider auch mein Helfer nicht der Schnellste, aber nach einem weiteren Dreivierteljahr sah meine Wohnung schon wieder ganz brauchbar aus. Der Preis dafür war so gering, dass ich mir dieselbe Hilfe schon Jahre früher hätte leisten können, selbst in Zeiten der Armut. Er lag weit unter dem, was ich mir vorgestellt hatte. Indirekt war es vielleicht trotzdem das Geld, das mich in die Lage versetzte, diese Arbeit endlich jemand anderem zu übergeben, und zwar weil es mir eine klarere Vorstellung von dem verschafft hat, was mir meine Zeit wert ist und was ich mit ihr anfangen möchte.»
(Kathrin Passig)

Fragt man schlecht organisierte Menschen, was es ihnen wert wäre, von allen vernachlässigten Aufgaben befreit zu sein, nennen die meisten ziemlich hohe Beträge. Viele sind bereit, zur Beschaffung dieses Geldes Arbeiten zu erledigen, die ihnen leichter fallen – Hauptsache, sie müssen nicht ihre eigene Küche putzen.

Aber die Arbeitsteilung kostet ja zum Glück nicht nur Geld: Oft spart sie erhebliche Summen in Form von Mahn-, Inkasso- und Überziehungsgebühren ein. Sie kann sogar Geld einbringen, wenn man jemanden findet, der alte Rechnungen stellt, den Geldeingang überprüft, den Lohnsteuerjahresausgleich macht und überflüssige Verträge kündigt. Und weil man nicht mehr den ganzen Tag unglücklich einen Papierstapel anstarren muss, der nach Zuwendung verlangt, steigert Arbeitsteilung indirekt auch noch die Produktivität. Außerdem entfällt die Möglichkeit, durch Putzen oder Papierkramsortieren Arbeit vorzutäuschen. Zeigt sich die Produktivität unbeeindruckt, wird man immer noch zufriedener leben als vorher.

Eine sympathische Sonderform ist die sich selbst bezahlende Dienstleistung; Literatur- und Bookingagenturen etwa streichen einen Anteil an den Einnahmen ein, die man ohne sie gar nicht gehabt hätte. Aber auch jenseits der Bereiche, die eher für Minderheiten interessant sind, gibt es solche Dienstleistungsangebote. Steuerberatung etwa kann fast jeder Mensch gebrauchen. Eine Steuerkanzlei nimmt einem nicht nur eine der unangenehmsten Tätigkeiten der zivilisierten Welt ab, sondern senkt dabei auch das zu versteuernde Einkommen durch Abzüge, auf die man selbst nicht im Traum verfallen wäre. Was das kostet, errechnet sich in Abhängigkeit vom Einkommen. Selbst Geringverdienende müssen damit rechnen, dass für

Steuerberatung ein paar Hundert Euro fällig werden. Dafür sparen Fachleute beim Steuerbescheid wieder Geld ein, weil sie nicht dieselben Fehler machen, die man selbst gemacht hätte. Monatelanges Jammern, vergebliche Aufraffungsversuche und das nagende Gefühl, auch dieses Jahr wieder alles falsch gemacht zu haben, entfallen. Nette Steuerberatungskanzleien akzeptieren Kartons voller unsortierter Belege.

Natürlich wird nicht nur bei der Einkommensteuererklärung prokrastiniert, bei der man am Ende doch bloß Geld bezahlen muss, sondern auch bei der Lohnsteuererklärung, bei der es fast immer Geld zurückgäbe. Schätzungen der Finanzämter zufolge geben in den Großstädten bis zu 25 Prozent der Angestellten keine Lohnsteuererklärung ab. Auf dem Land, heißt es, liege die Zahl eher noch höher. Einerseits muss man den Staat dafür loben, dass Angestellte sich gegen diesen geringen Aufpreis gar nicht um die Steuern kümmern müssen. Andererseits fühlen sich viele Menschen verfolgt von der Vorstellung, sie müssten dringend ihre Lohnsteuererklärungen der letzten Jahre nachreichen. Wenn es nicht gelingt, sich von diesem Selbstvorwurf frei zu machen und die zu viel gezahlten Steuern als Preis für Lebensvereinfachung zu akzeptieren, lohnt sich Steuerberatung oder der Gang zum Lohnsteuerhilfeverein. Für einen sozial gestaffelten Jahresmitgliedsbeitrag bekommt man hier von der Erstellung und Versendung des Antrags bis hin zur Klage vor dem Finanzgericht alle Steuerangelegenheiten abgenommen.

Wenn das Problem schon weit vor der Steuererklärung auftritt und man von einem Karton voller unsortierter Belege nur träumen kann, braucht man eventuell umfassendere Betreuung. Als dieses Buch 2008 zum ersten Mal erschien, gab es noch keine auf LOBOs spezialisierten Dienstleistungsunternehmen (oder wir wussten nichts von ihnen). Inzwischen gibt es sie zumindest vereinzelt. Auf den folgenden Seiten erklären zwei Anbieterinnen von Organisation für Unorganisierte ihren Beruf.

«Ich mache das seit 2011. Es sind insgesamt nicht so viele Leute, deren Organisation ich übernehmen kann. Die Nachfrage wäre größer, aber der Engpass ist meine Belastungsgrenze. Für einen meiner Kunden arbeite ich momentan bis zu 30 Stunden im Monat, die anderen brauchen derzeit weniger. Es kommt auch vor, dass jemand anfragt und ich nicht weiterhelfen kann, weil der Umfang zu groß ist oder die Vorstellung der Hilfe nicht passt: Wenn man z. B. jemanden vor Ort braucht, weil die Sachen, die zu erledigen sind, mehr physische Präsenz erfordern. Ich finde es schön, dass ich meine Tätigkeit komplett vom Rechner daheim aus ausüben kann, dass ich trotz fast Vollzeitbeschäftigung für meine Großfamilie da sein kann. Und das in einem Dorf, in dem es sonst schwierig ist, Arbeit zu finden, wenn man nicht mit eigenem Auto sehr mobil ist.

Dass das, was ich anbiete, eine Dienstleistung ist, die sich selbst bezahlt, kann ich bestätigen. Ich denke bei der Steuer an die Sachen, wo man vielleicht nicht unbedingt daran denkt, dass man sie absetzen kann. Und wenn man alles fristgerecht macht, gibt es auch keine Strafzahlungen, so wie bei der Gewerbe- oder Umsatzsteuer, oder wenn man vom Finanzamt geschätzt wird. Außerdem stelle ich alle

Rechnungen, und ich kontrolliere dann auch, ob das Geld eingegangen ist. Ich versuche einfach, für die Kundschaft an Sachen zu denken, die anstehen, bevor sie eskalieren. Wenn etwas schon eskaliert ist, versuche ich, die Lage unter Kontrolle zu bekommen und für das nächste Mal Organisation anzubieten, sodass es gar nicht erst zu einer Eskalation kommt. Das ist allerdings vor allem bei Selbstständigen so, dass es sich selbst bezahlt. Bei Angestellten gibt es aber auch weniger zu tun, und dann koste ich weniger.

Man muss außerdem bereit sein, einen Teil der Privatsphäre aufzugeben. Man muss über seinen Schatten springen und sagen: Da wird jemand gucken, was auf meinen Kontoauszügen steht, und die Person sieht dann, wie ich mein Geld ausgebe. Das ist für manche problematisch. Ein anderes häufiges Hindernis ist, dass die Leute oft anfangen, vorzusortieren und sich alles anzuschauen, bevor sie mir zum ersten Mal einen Karton voller Unterlagen schicken. Dann sagen sie sich «Ach, vielleicht mach ich es doch selber». Und ein Jahr später sind wir immer noch keinen Schritt weiter. Sie wollen es gut machen oder schämen sich womöglich, weil da noch Reklame und sonstige unwichtige Papiere mittendrin sind. Aber das hilft der Sache nicht weiter. Das ist, wie wenn man Besuch kriegt und anfängt, zu Hause alles zu putzen und allen Kram von einem ins andere Zimmer zu schieben. Man hat kurz das Problem kosmetisch erledigt, es sieht zwar besser aus, aber es ist keine nachhaltige Lösung. Das andere Zimmer ist jetzt voll. Und man steht weiterhin mit dem Problem da.

Manchmal geht es sehr langsam voran. Ein Jahr vergeht, bis es jemand überhaupt schafft, mir eine Vollmacht zu unterschreiben. Dann kommt nach drei Monaten eine Kiste und dann ein Jahr wieder keine. Das ist nicht ideal, aber damit kann ich arbeiten. Ich biete eine Lösung an und soll kein Teil des Problems werden, indem ich Druck aufbaue. Manche Kunden möchten den Druck von mir, für andere ist es Gift. Man muss gut heraushören können, wie man am besten helfen kann.
Und zuletzt ist es am einfachsten, wenn die Leute halbwegs internetaffin sind. Wenn jemand gar keine Unterlagen von sich hochladen und speichern lassen möchte oder in keinem Messenger erreichbar ist, dann wird es sehr schwierig zu handhaben.»
(Nathalie Passig)

«Entwickelt hat es sich aus etwas, das ich gerne als ‹Neurodiversitätsausgleich› bezeichne. Ich bin Autist und sehr dazu geneigt, ‹langweilige›, monotone Organisations- und Sortieraufgaben zu machen, um mich und meinen mentalen Zustand nach der anstrengenden Interaktion mit dem ‹Real Life› wieder in Einklang zu bringen. Das hilft mir, mich zu beruhigen bzw. zu entspannen.
Irgendwann hat es sich im Freundes- und Bekanntenkreis so ergeben, dass sich eine Art ‹ADHS-Autismus-Symbiose› etabliert hat. Ich kümmere mich um langweilige Todos, welche die anderweitig neurodiversen Menschen in meinem Umfeld zuverlässig verpeilen, verschleppen oder prokrastinieren. Und andersherum kann ich so autistenunfreundliche Dinge wie ‹mit Leuten direkt sprechen /

telefonieren› auf extrovertiertere Menschen abwälzen, da das für die weniger ein Problem ist.
Mittlerweile biete ich dieses ‹Papierkram / Buchhaltung / Dinge heften / Dokumente digitalisieren› auch als Service über die WTF eG (Werkkooperative der Technikfreundinnen, www.wtf-eg.de) an und habe dadurch ein kleines Einkommen als Nebenberuf. Ich bin chronisch krank und daher nicht so belastbar, wie ein Vollzeitjob es erfordern würde. Mit etwas, das mir leichtfällt und Spaß macht, zeitsouverän Einkommen generieren zu können, hilft da sehr.
Das größte Hindernis für Menschen, die von einem solchen Service profitieren würden, ist, glaube ich, der simple Fakt zu wissen, dass a) es so was gibt und b) wen man dafür fragt und c) es viel unkomplizierter ist, als man befürchtet, sobald Hindernis a & b aus dem Weg geräumt sind. Die Erwartung von ‹so was wäre toll, aber gibt es bestimmt nicht› oder ‹scheinbar gibt es so was, aber jetzt muss ich erst ewig recherchieren und kommunizieren, bis ich jemanden finde, die/der das macht› kann sehr abschreckend wirken. Insbesondere wenn man nicht sicher ist, ob die ganze investierte Energie auch tatsächlich zum Ziel führt, oder man abgewiesen wird und wieder woanders von Neuem anfangen muss.
Das Level, auf dem ich unterstützen kann, ist ganz unterschiedlich. Zum einen gibt es natürlich weitreichende Möglichkeiten, wenn man in der gleichen Stadt wohnt. Da kann ich auch einfach mal vorbeigehen und regelmäßig Briefkästen leeren oder vor Ort aufräumen und sortieren. Vor der Pandemie war das allerdings deutlich

unkomplizierter. Aktuell arbeite ich nur remote, was einige Aufgaben schwieriger bis unmöglich macht, aber bei vielen Angelegenheiten kann ich trotzdem helfen.
Vor der Pandemie bin ich oft einfach mit meinem Büropaket direkt zu dem Menschen gefahren und habe direkt vor Ort mit dem gearbeitet, was dort verfügbar war. Wenn ich ‹live› irgendwo bin, kann ich mich auch besser in den Lebensraum der Menschen ‹einschwingen› und erfühlen, welche Art Ordnung für sie wahrscheinlich am besten funktionieren könnte (entweder als Selbstläufer für die Zukunft oder bis ich wieder da bin). So Sachen wie ‹ich helfe dir aufräumen / mache für dich Ordnung› funktioniert natürlich nur schlecht aus der Ferne. Insofern hat die Pandemie meine Arbeit in diesem Bereich deutlich schwieriger gemacht. Ein paar der Tätigkeiten, die ich gerne mag, sind aktuell einfach nicht gut durchführbar. Ein Beispiel dafür, was ich sehr gerne mache: bürokratische Antragsformulare ausfüllen! Allerdings kann es da sein, dass ich gewissen Input von den Menschen brauche, den ich mir nicht selbst herzaubern kann, wie z. B. dass ich irgendeine Urkunde o. Ä. brauche, die der Mensch für mich raussuchen müsste. An dem Punkt kann es dann stecken bleiben, wenn die Überwindung, mit dem Suchen anzufangen, zu groß ist (und ich vielleicht nicht eben mal vorbeikommen kann, um die Bude selbst auf den Kopf zu stellen).
Außer Ordnung machen und Post bearbeiten habe ich mich bei einigen Menschen auch schon darum gekümmert, dass Rechnungen rechtzeitig bezahlt werden, entweder durch ‹daneben stehen und wohlwollend nicken, bis die Überweisung abgeschlossen ist› oder auch durch

geeigneten Zugriff auf ein Zahlungsmittel. Im engeren Freundeskreis kann man so was vielleicht auf Vertrauensbasis machen, aber bei anderen Menschen beruhigt es mich sehr, dass ich jetzt über die Genossenschaft die Möglichkeit habe, solche Arrangements vertraglich abzusichern und für meine Dienste auch bezahlt zu werden. (Eva)

Wenn niemand Erreichbares diese Leistungen anbietet, kann man vielleicht auch selbst jemanden überreden, in den Beruf der Organisationsunterstützung einzusteigen:

N. N.: «Ich habe ein ganz massives Aufschiebeproblem, ich schiebe sogar auf, wenn die letzte Mahnung kommt, Zwangszahlungsandrohung und so weiter. Auf meinem Schreibtisch stapelten sich immer unglaubliche Dokumentenberge. Ich habe dann beschlossen, eine Sekretärin zu engagieren. Ich bin jetzt keineswegs eine Großverdienerin, ich verdiene eher wenig, aber ich habe gedacht, wenn ich das Problem vom Hals habe, dann ist mir das das Geld wert. Dann habe ich eine Anzeige gesehen in der Zeitung, da hieß es ‹58-Jährige, sehr zuverlässig, sucht Nebenbeschäftigung›. Ich habe die angerufen und gesagt: ‹Ich hätte da vielleicht was für Sie, es ist aber nichts Seriöses, es ist auch am Finanzamt vorbei›, und so weiter. Dann hab ich ihr sofort ganz offen mein Problem geschildert, und sie hat gesagt: ‹Okay, ich guck mir das mal an.› Jetzt sitzt sie so bei mir am Schreibtisch und sagt immer:

‹Frau N., da hat das Finanzamt Ihnen aber 300 Euro zu viel abgezogen, da müssen wir hinschreiben.› Dann gibt sie mir die Sachen zur Unterschrift, ich unterschreib das dann, dann schickt sie das ab. Ich bin total erleichtert, weil das wirklich ein Riesenproblem war über Jahre, das ich dadurch jetzt gelöst habe.»

Kathrin: «Und die sitzt dann bei dir zu Hause und macht das, während du da bist?»

N. N.: «Ja, zum Teil. Zum Teil ist es so, dass ich dann zum Beispiel Kontoauszüge holen gehe, was ich auch besser kann, wenn sie da ist, dann heften wir die zusammen ab. Aber es ist auch oft einfach so, dass ich in der Küche bin oder im Nebenzimmer und sie dann da die Sachen macht und mich nur unterschreiben lässt.»

Kathrin: «Wie oft kommt die dann so?»

N. N.: «Nach Bedarf. Die ersten Male kam sie halt, um den Riesenberg abzuarbeiten, das hat ein paar Tage gedauert. Und jetzt habe ich sie grade gebeten, mal wieder zu kommen, weil sich wieder was angesammelt hat.»

Kathrin: «Und was kostet das?»

N. N.: «Also ich habe ihr 15 Euro angeboten, und sie hat sofort Ja gesagt. Weil ich einfach das Gefühl hatte, dass es so eine Scheißarbeit ist, und ich hatte auch ein schlechtes Gewissen. Ich habe gedacht: Wenn ich sie anständig bezahle, dann fühl ich mich gut, und sie fühlt sich gut. Ich hatte ein schlechtes Gewissen, sie so eine Arbeit machen zu lassen, aber ihr macht das Spaß. Das ist wirklich wunderbar.»

(Auf der Rowohlt-Buchmessenparty 2008 geführtes Interview mit einer anonymen Zeitungsmitarbeiterin.)

Hat man kein Geld für die Beauftragung von Fachleuten, gibt es immer noch das Tauschgeschäft. Denn eine Aufgabe, die man normalerweise hasst, kann ganz einfach werden, wenn man sie für jemand anderen erledigt. Der schwierigste Schritt ist die Einsicht, dass man sie nicht selbst erledigen wird oder will. Danach ist es vergleichsweise leicht, jemanden zu finden, an den man sie abtreten kann. Das können Freundinnen oder Freunde sein, die ihrerseits Aufgaben vor sich herschieben und mit denen man ein Prokrastinations-Tandem bildet. Zum Glück gehen die Meinungen über unangenehme Arbeiten weit auseinander, sodass man sich eine Aufgabe herbeitauschen kann, die einem nichts ausmacht. Aber auch der Tausch identischer Tätigkeiten kann helfen – fremde Bewerbungen schreiben sich unbeschwerter, fremde Fenster putzen sich leichter als die eigenen.

Wer zu Hause selbst stapelweise unsortierte Post herumliegen hat, ist sogar besser qualifiziert, im Zuge eines Tauschgeschäfts die gleiche Aufgabe für andere zu erledigen, denn er oder sie wird währenddessen niemanden darüber belehren, dass man sich da doch nur ein bisschen zusammenreißen müsste. Wenn man im ganzen Bekanntenkreis keine LOBO-Hilfswilligen ausfindig machen kann, tut es zur Not auch jemand ohne eigene Probleme. Diesen Menschen wird man dann beispielsweise mit einer Einladung zum Essen bestechen müssen. Außerdem gibt es in vielen Städten Dienstleistungstauschringe, an die man sich wenden kann. Die Sorge, danach in der Schuld des Dienstleistungstauschrings zu stehen, weil man es nicht schafft, sich zu revanchieren, ist grundlos: Zum einen haften an den fremden Aufgaben keine Selbstvorwürfe, und zum anderen winken danach Erleichterung und Dankbarkeit. Im Kopf wird die fremde Arbeit nicht unter «Arbeit», sondern unter «jemandem einen Gefallen tun» verbucht. Freundschaftsdienste und Tauschgeschäfte sind sehr angenehme Tätigkeiten, denn hinterher wird man gemocht und fühlt sich wie ein netter, hilfsbereiter Mensch. Ach, eigentlich sollte man überhaupt keine eigene Arbeit mehr erledigen, sondern nur noch die anderer Leute.

«Verblüffenderweise gelingt es mir, beinahe alles und jedes für alle und jeden zu regeln – nur nicht für mich. Ich bringe Ordnung in fremder Leute Chaos, entfitze Verworrenstes, habe prima Lösungen für vertrackt Scheinendes, und das fast immer in allergrößter Kürze. Es ist mir Herausforderung und bereitet mir größtes Vergnügen, Befriedigung und echte Lebensfreude. Aber vor vielem von meinem eigenen Zeug muss ich regelmäßig kapitulieren – oder wenigstens mit Gepfuschtem, Verspätetem, Lieblosem leben. Dabei ist es nicht mal so, dass das Zeug anderer mich mehr interessieren würde – oft ist es vermutlich das gleiche Zeug wie meins. Es geht mir dabei nicht um das Lob oder die Dankbarkeit der anderen und ist auch nichts in Richtung Helfer-Komplex, falls es so was gibt. Wenn das Zeug eines anderen zu bewältigen war, ist mir froh ums Herz. Und das Zeug der anderen gewinnt noch an Attraktivität für mich, wenn ich zur Bewältigung ein wenig tricksen darf.»
(Bettina Andrae)

10 SCHLECHTE ARGUMENTE GEGEN ARBEITSTEILUNG

1. **«Die ganz spezielle Aufgabe, die ich vor mir herschiebe, kann mir niemand abnehmen.»**
   Das ist nicht vollkommen unmöglich, aber viel unwahrscheinlicher, als Prokrastinierende denken.
2. **«Ich will nicht, dass jemand Wildfremdes seine Nase in meine Privatsphäre steckt.»**
   Ein gebräuchlicher Einwand. Ist die Privatsphäre erst mal halbwegs aufgeräumt, wird es allerdings gleich weniger peinlich, jemanden in die Wohnung oder die Dokumente zu lassen. Was ist Ihnen wichtiger: unberührte Privatsphäre oder Befreiung von anstrengenden und wirkungslosen Ordnungsvorsätzen? Wenn es an privaten Körperteilen plötzlich komisch juckt, zeigt man sie doch auch einer Ärztin oder einem Arzt.
3. **«So, wie es jetzt bei mir aussieht, kann ich niemandem zumuten, meine Angelegenheiten in Ordnung zu bringen.»**
   Es gibt zwei Möglichkeiten: Wer so argumentiert, leidet entweder unter verzerrter Unordnungswahrnehmung, und in Wirklichkeit liegen gerade mal ein paar ungebügelte Hemden auf der halb fertigen Steuererklärung. Oder aber dahinter steckt ein echtes Messieproblem (zur Diagnose siehe Kapitel «Der Kampf gegen die Dinge»). In diesem Fall ist man zunächst auf die Hilfe ähnlich aufräumschwacher und deshalb mitfühlender Menschen angewiesen. So jemanden findet man im Freundeskreis oder in einer Messie-Selbsthilfegruppe. Achtung: *Zuerst* den Starttermin für

professionelle Putz- oder Organisationshilfe vereinbaren, *dann* kurz vorher die Aufräumaktion starten, sonst war alles umsonst.

4. **«Das verschiebt mein Problem doch nur, in Zukunft muss ich dann ständig Dokumente für mein Organisationsbüro raussuchen und aufräumen, bevor die Putzhilfe kommt!»**
Nein, müssen Sie nicht. Die Helfenden brauchen dann eben länger und werden Ihnen diese Zeit in Rechnung stellen. Außerdem können andere Menschen sich sinnvollere Ordnungssysteme ausdenken, weil sie nicht von der Idee «Das war schon immer so» vorbelastet sind.

5. **«Ich habe gar keinen stressigen Job, der mir die Zeit zum Aufräumen oder Unterlagensortieren raubt. Ich mache mich doch lächerlich, wenn ich mir helfen lasse!»**
Hinter diesem Einwand steckt die Scham darüber, bestimmte Aufgaben, die für andere Menschen relativ einfach sind, nicht selbst bewältigen zu können. Lesen Sie dieses Buch bis zum Ende durch. Wenn das nichts an Ihren Schamgefühlen ändert, fangen Sie noch mal von vorne an. Sobald Sie lernen, sich nicht mehr für solchen Unfug zu schämen, verläuft übrigens auch der Rest Ihres Lebens erfreulicher.

6. **«Das sind doch alles nur Lösungen für reiche Leute, Promis und Hausbesitzer. Die muss man sich erst mal leisten können.»**
Hier wird oft nicht berücksichtigt, dass die schlechte Organisation ihrerseits Kosten verursacht, die man sich eigentlich auch nicht leisten kann: Straf-, Mahn- und Über-

ziehungsgebühren, ungekündigte Verträge, Schätzungen durch das Finanzamt. Dazu kommen bei Selbstständigen entgangene Einnahmen durch ungestellte Rechnungen, unüberprüfte Geldeingänge, unerstattete Fahrtkosten und unbeantwortete Mails mit potenziellen Aufträgen. Wenn diese Rechnung immer noch nicht aufgeht, hilft das Tauschgeschäft (siehe oben).

7. **«Warum soll ich jemanden für etwas bezahlen, das ich selbst umsonst erledigen könnte?»**
   Man kann viele Aufgaben selbst umsonst oder billiger erledigen. Vier Gründe sprechen trotzdem dagegen: Erstens *wird* man die Arbeit vermutlich nicht oder nur mit großer Verzögerung anpacken. Zweitens muss man sich dazu mühsam überwinden und vergeudet damit Energie, die anderswo besser eingesetzt wäre. Drittens folgt aus der Tatsache, dass man eine Aufgabe erledigen *kann*, noch lange nicht, dass man seine begrenzte Arbeits- und Lebenszeit mit ihr verbringen *will*. Und viertens kann man sich, während jemand anders sich um eine ungeliebte Aufgabe kümmert, selbst Tätigkeiten hingeben, für die man genau die richtige Person ist. Arbeitsteilung ist eine gute und den Fortschritt befördernde Einrichtung, denn sie führt dazu, dass alle sich auf das konzentrieren können, was ihnen am meisten liegt.
8. **«Nur wenn ich mich selbst drum kümmere, wird es richtig gemacht.»**
   Im bereits erwähnten Buch «Procrastination and Task Avoidance» wird der Fall des 49-jährigen Roger zitiert, der sich an eine psychiatrische Klinik wendet – nicht aus Leidensdruck, sondern weil seine Familie findet, er brauche

Hilfe. Roger schiebt unerledigte Aufgaben aus 14 Jahren vor sich her, darunter ungeöffnete Post aus zehn Jahren, die niemand anderer anrühren darf, weil, so Roger, «es dann nicht ordentlich gemacht wird». Zweifellos wäre man für viele Aufgaben selbst am besten qualifiziert, wenn man sie denn erledigen würde. Aber wenn das seit 14 Jahren nicht geschehen ist, kann man allmählich über die zweitbeste Option nachdenken.

9. **«Ich kann keine anderen Menschen für meine unerledigte Arbeit bezahlen, denn das wäre aus politischen/ethischen Gründen verkehrt.»**
Erst mal kein schlechter, sondern ein guter und berechtigter Einwand. Die 40-Stunden-Woche ist darauf ausgelegt, dass eine Person zu Hause bleibt und sich in Vollzeit um den Haushalt und die Care-Arbeit kümmert. Wer keine solche Person hat, löst den Konflikt oft durch das Auslagern von Arbeit an weniger privilegierte Frauen, häufig Migrantinnen, und das zu kritisieren ist richtig. Das Problem besteht aber nicht darin, dass hier Arbeitsteilung stattfindet, sondern darin, dass die ausgelagerte Arbeit zu schlecht bezahlt wird. Überlegen Sie sich, wie Sie Ihre eigene Zeit finanziell wertschätzen, und versuchen Sie, die Arbeitszeit der unterstützenden Person höher, gleich hoch oder wenigstens nicht so drastisch niedriger zu bewerten. Gerade als LOBO wissen Sie schließlich ganz genau, dass Aufräumen, Putzen und Organisieren keine einfachen Arbeiten sind.

10. **«Ich müsste erst mal jemanden finden, der mir das abnimmt!»**
Das ist ausnahmsweise kein vorgeschobenes Argument, sondern ein echtes Catch-22-Problem: Je desorganisierter

man ist, desto dringender braucht man Hilfe, und desto schwieriger ist es, Hilfe zu finden. Zum Glück eignet sich diese Aufgabe gut für ein Tausch- oder Gefälligkeitsabkommen: Bitten Sie eine Freundin oder einen Freund darum, für Sie eine passende Lösung zu finden und gleich einen Termin für ein erstes Treffen zu vereinbaren. Die Terminvereinbarung ist wichtig, denn wenn man Ihnen einfach nur Kontaktdaten heraussucht, werden Sie drei Jahre brauchen, um sich selbst dazu aufzuraffen. Revanchieren Sie sich irgendwie. Fertig.

«Dass ich meine Arbeit geregelt kriege, liegt nur daran, dass ich mit meinen Musikschülern einfach Termine ausmache, an denen sie dann bei mir an der Haustür klingeln. Und weil es mir peinlich ist, im Schlafanzug dazustehen, schaffe ich es aus diesem Grund, zwischen 10 und 11 Uhr angezogen und gezähneputzt zu sein. Auf Deadlines reagiert mein übermächtiger innerer Prokrastinator inzwischen nicht mehr, das ist ganz schlecht. Außer wenn ich irgendwo spielen muss. Da treibt mich die nackte Angst, dass ich mich völlig unvorbereitet auf irgendeinem Podium zum Obst mache.
Nachdem ich mich jahrelang nicht aufraffen konnte, den Zahnarzt anzurufen, um mal wenigstens nach dem Rechten sehen zu lassen, und nachdem das folgenreich war, bin ich jetzt mit dem Zahnarzt so verblieben: Einmal im Jahr schickt er mir einfach eine Postkarte mit einem Termin seiner Wahl. Den muss ich dann wahrnehmen, oder mindestens anrufen, damit er verlegt wird.

Damit überhaupt was passiert, schließe ich mit anderen Verträge ab, in welchen sie sich verpflichten, mich zu Handlungen zu zwingen. Natürlich sind Leute wie ich oft Doppelbegabungen, das heißt, man hat eine Ader fürs Messianische. Es ist dann unbedingt darauf zu achten, dass der innere Messie dem Prokrastinator niemals begegnet, denn zusammen haben sie sofort die absolute Mehrheit im inneren Parlament, und man selbst frisst hinfort in einem abgelegenen Kellerloch ein schimmliges Gnadenbrot.

In einer längst vergangenen Zeit hatte ich mal eine Putzfrau bzw. Haushalts-Erste-Hilfe. Diese wundertätige Frau verfügte über ordnende Kräfte, und sie liebte die Herausforderung. Natürlich war sie ausgebucht. So blieb mein Werben um sie lange erfolglos. Aber eines Tages war sie einer ihrer Wirkstätten überdrüssig geworden; die Leute putzten heimlich in ihrer Abwesenheit. Meine Zeit war da. Ich konnte sie zu einem unverbindlichen Besichtigungstermin in meine Wohnung locken, damit sie sich's mal anschauen könne. Glücklicherweise hatte ich jede Menge Liegengebliebenes zu bieten. Okay, sie nimmt mich, meinte sie gnädig. Ich sicherte ihr wöchentlich Myrrhe und Weihrauch zu sowie ihre Lieblingsspeise und ein Gehalt. Im Gegenzug verpflichtete sie sich, mir ungerührt alles wegzuwerfen, was ich eigentlich nicht brauchte. Unter keinen Umständen durfte sie sich von mir weichklopfen lassen, was ich natürlich mit allen Mitteln versuchen würde. Es sei denn, ich könnte nachweisen, wozu ich diesen Gegenstand benötige. Was habe ich gejammert, als sie die zehn alten Babyfläschchen entsorgen wollte! Immerhin,

zwei durfte ich behalten, weil ich glaubhaft machen konnte, dass ich sie zum Abmessen von Flüssigkeiten nutze. Eines Tages ist sie nach Mannheim gezogen, wegen einem Mann. Seither schließe ich mit allen möglichen Leuten Belästigungs- und Erzwingungsverträge. Wenn die nicht ratifiziert werden, dann gehe ich vermutlich unter.»
(Angelika Maisch, Harfenistin und Musiklehrerin)

1.) ÜBERSCHRIFT AUSDENKEN (DRINGEND!)

Von Nutzen und Schaden der To-do-Liste

> In meiner To-do-Liste gefunden:
> – Unbedingt
> (Philip Steffan, Twitter, 27. September 2018)

To-do-Listen, ein unschönes Thema. Arbeitet das Eichhörnchen vielleicht eine To-do-Liste ab, auf der es «Nuss verstecken, niedliche Pose einnehmen, Nuss verstecken» heißt? Weil aber fast alle LOBOs früher oder später mit To-do-Listen experimentieren, erörtern wir hier ihre Chancen, Risiken und Nebenwirkungen. Allerdings sind alle im Folgenden geschilderten Methoden letztlich Übergangslösungen. Im Idealzustand hat man ein bis zwei Aufgaben, die so wichtig sind, dass man sie unmöglich vergessen kann. Der Rest muss nicht heute erledigt werden. Irgendwann wird er sich entweder selbst melden oder egal werden. Diesen Zustand gilt es anzustreben.

To-do-Listen sind nützlich, wenn man vergesslich ist oder es anstrengend findet, Sachen zu behalten. Mit leerem Kopf fällt das Nachdenken leichter, und man fühlt sich weniger überfordert. Listen sorgen für eine klare Vorstellung von dem, was zu tun ist, und die Arbeit sieht nicht mehr aus wie ein undurchschaubares Gewirr aus ineinander verhakten Anforderungen. Außerdem bekommt man anhand der durchgestrichenen Einträge einen Eindruck davon, wie viel oder wie wenig man jeden Tag schafft. Und wer keine festen Arbeitszeiten hat, weiß zumindest bei manchen To-do-Listen-Techniken endlich, wann Feierabend ist. Von der Vorstellung, dass die Liste jemals komplett abgearbeitet sein wird, kann man sich allerdings gleich verabschieden. Haare und Fingernägel wachsen zwar nach neueren Erkenntnissen nach dem Tod nicht mehr weiter, To-do-Listen aber schon.

Gerade für LOBOs bringen solche Listen leider eine Reihe von Nachteilen mit sich. Zum einen sind sie natürlich ein offensichtliches Terrorinstrument, das von Bürokratiefans ersonnen wurde, um auch dem Rest der Welt ein freudloses Tretmühlenleben zu bescheren. Zum anderen gibt es das Phänomen der «Demand Resistance»: Die bloße Tatsache, dass eine Aufgabe auf einer Liste steht, überzieht die vielleicht ursprünglich ganz attraktive Tätigkeit mit dem abstoßenden Mehltau der Pflichterfüllung. Jetzt ist es noch viel unwahrscheinlicher, dass man sich ihr jemals widmet. Ein weiteres Problem schildert die Managementberaterin Elisabeth Hendrickson: «Manchmal fühle ich mich dazu verpflichtet, bestimmte lästige Einträge auf meiner To-do-Liste abzuhaken, bevor ich mit den interessanteren Aufgaben anfange. Die lästigen Aufgaben sind strategisch manchmal weniger wichtig als die, die mir Spaß machen, aber sie stehen nun mal auf meiner To-do-Liste, also habe ich das Gefühl, sie auch anpacken zu müssen. Am Ende werden so manchmal weder die lästigen noch die angenehmen Aufgaben erledigt, und ich stecke fest.»

Hinter dem, was Elisabeth Hendrickson hier beschreibt, steckt ein Konflikt, unter dem Frauen häufiger leiden als Männer. Brigid Schulte hat ihn 2019 im *Guardian* zusammengefasst: «Feministische Forscherinnen kommen außerdem zu dem Ergebnis, dass viele Frauen das Gefühl haben, lange ungestörte Zeiträume, wie Männer sie für sich haben, nicht zu *verdienen*. Sie glauben, sie müssten sich das Recht darauf erst erarbeiten. Und dazu müssen sie zuerst eine To-do-Liste abarbeiten, die nie endet: die Hausarbeit eines Tages macht die Träume eines Lebens zunichte, wie Melinda Gates in ihrem neuen Buch schreibt. Tatsächlich versuche ich seit mehr als vier Monaten, mir Zeit zum Nachdenken und zum Schreiben dieses Essays zu nehmen. Jedes Mal, wenn ich mich hingesetzt habe und anfangen will, kommt ein panischer Anruf oder eine E-Mail von meinem Mann, meinem Sohn oder meiner Tochter, von meiner Mutter, die mit dem unbekannten Terrain und dem endlosen Papierkram der frisch Verwitweten kämpft, Kreditkartenunternehmen oder Handwerker mit irgendwelchen Notfällen, die meine sofortige Aufmerksamkeit erfordern, wenn die Katastrophe noch abgewendet werden soll.»

Hat man die Demand Resistance und die Fallen des Pflichtgefühls umschifft, können immer noch hundert andere Dinge dazwischenkommen. Aufgaben bleiben unerledigt, und dann steht die Liste da und schaut einen vorwurfsvoll an. Das so erzeugte schlechte Gewissen führt dazu, dass man sich Augen und Ohren zuhält, «lalala, ich guck gar nicht hin!» ruft und am Ende noch weniger tut, als man ohne To-do-Liste vielleicht versehentlich geschafft hätte.

An dieser Stelle müssen wir darauf hinweisen, dass es zumindest theoretisch keinen Grund gibt, sich für die unerledigten Punkte zu schämen: Walter Chen und Rodrigo Guzman haben 2010 ein Tool namens IDoneThis ins Leben gerufen, eine umgekehrte To-do-Liste für Leute, die statt Aufgaben für morgen lieber das notieren wollen, was sie heute geschafft haben. Später wurde IDoneThis auf Wunsch der Nutzenden um klassische To-do-Funktionen erweitert. Einem *Wired*-Bericht von 2014 zufolge stellte sich bei einer Analyse der Daten heraus, dass 41 Prozent aller dort angelegten Einträge für immer unerledigt blieben. Man kann also ziemlich viel ungetan lassen und ist immer noch überdurchschnittlich erfolgreich und produktiv.

Wenn es trotzdem einmal gelingt, eine To-do-Liste abzuarbeiten, ist die Wahrscheinlichkeit groß, dass man seine Zeit mit banalem, leicht auflistbarem Kleinkram vergeudet hat, anstatt sich den wichtigen, aber weniger scharf umrissenen Aufgaben zu widmen. Paul Graham warnt in seinem Essay «Good and Bad Procrastination»: «Jeder Ratschlag zum Thema Prokrastination, der sich um das Abhaken von Einträgen auf der To-do-Liste dreht, ist nicht nur unvollständig, sondern geradezu irreführend, wenn er nicht die Möglichkeit berücksichtigt, dass die To-do-Liste selbst eine Form der B-Prokrastination [also der schädlichen Prokrastination] darstellt. Genau genommen ist ‹Möglichkeit› noch zu vorsichtig ausgedrückt. Es ist bei fast allen To-do-Listen so.» In der Tat gehört das Anlegen ausführlicher Listen dessen, was man alles zu tun gedenkt, zu den Klassikern der Prokrastination. Julie Morgenstern, die Autorin von «Making Work Work», schätzt, dass dreißig Prozent aller Listen-Fans mehr Zeit mit der Verwaltung ihrer Listen zubringen als mit dem Erledigen des Aufgelisteten. Und gerade weil das Aufschreiben so wunderbar viel Zeit kostet, werden LOBOs danach sofort mit gutem Gewissen – denn sie haben ja irgendwas getan – die Existenz der Liste vergessen.

Falls man sich trotz dieser Nachteile ins Hamsterrad der To-do-Liste begeben möchte, hier ein paar praktische Tipps: To-do-Listen lassen sich nur dann länger als ein bis zwei Wochen führen, wenn man sie gern und freiwillig führt. Das bedeutet, dass man zum Aufschreiben ein Medium braucht, das man entweder ohnehin bereits ständig verwendet oder das so toll und funkelnd ist, dass man es schon immer mal ständig verwenden wollte. Günstiger ist die erste Variante, denn das tolle und funkelnde Werkzeug hört leider häufig nach den ersten vier Wochen zu funkeln auf und bleibt ab dann ungenutzt. Allgemeine Notizbücher oder Apps, die man auch für andere Zwecke verwendet, sind besser als spezialisierte To-do-Listen-Orte, denn sobald sich ein paar Punkte angesammelt haben, wird man stark versucht sein, die Existenz des Papiers, der Datei oder der App zu vergessen. Dann ist es von Vorteil, wenn direkt neben der To-do-Liste andere Dinge stehen. So begegnet man den notierten Aufgaben immer wieder auf dem Weg zum wichtigen Erdbeerkuchenrezept und den ständig gebrauchten Kontodaten.

Es hat keinen Sinn, Pläne wie «Dissertation schreiben» auf so eine Liste zu setzen. Jeder Eintrag muss so weit heruntergebrochen werden, dass das Ziel auf jeden Fall heute noch, und zwar am besten innerhalb von fünf Minuten, erreicht werden kann. Die Aufgabe hat dann den idealen Umfang, wenn man sich bei jeder weiteren Untergliederung albern vorkommen würde («Stift in die Hand nehmen»). Es hilft, sich beim Aufschreiben vorzustellen, die Person, die den Auftrag schließlich erfüllt, sei nicht man selbst. Erstens hilft das bei der präzisen Beschreibung, und zweitens bereitet man so den Boden für die gute Idee, die Aufgabe tatsächlich zu delegieren.

Es folgen einige mehr oder weniger bewährte Techniken, wobei «bewährt» lediglich heißt, dass sie häufig empfohlen werden. An Forschung, wie gut oder schlecht die unterschiedlichen Methoden eigentlich funktionieren, fehlt es nach wie vor. Für LOBOs eignen sich vor allem diejenigen Techniken, die nicht konsequent und regelmäßig praktiziert werden müssen. Vorsicht ist insbesondere bei allen Methoden geboten, die *Streaks* enthalten, also grafisch dargestellte, ununterbrochene Folgen von Tagen, an denen man einen Vorsatz eingehalten hat. Ein einmal gerissener Streak kann bei LOBOs leicht bedeuten, dass man aus purem Ärger über das Scheitern erst mal elf Monate gar nichts mehr macht. Wir listen aber auch die Disziplin erfordernden Mittel auf, vielleicht inspirieren sie ja doch jemanden dazu, sich eine maßgeschneiderte Methode zusammenzustellen.

Die klassische «Ach, irgendwie»-Methode: Man schreibt alles, was man irgendwann mal erledigen sollte oder schon vor Jahren hätte erledigen sollen, unterschiedslos auf eine lange Liste, die man dann abarbeitet, wie es gerade passt.

- **Vorteile:** Erfordert kein Nachdenken. Verursacht relativ wenig schlechtes Gewissen und geht nicht gleich kaputt, nur weil man die Liste mal ein paar Wochen lang ignoriert.
- **Nachteile:** Wenig effektiv. Es kann Jahre dauern, bis bestimmte Punkte von der Liste verschwinden.
- **Eignet sich für:** Geduldige.

David Allens «Getting Things Done»-Methode: Dieses Methodenbündel ist zu komplex, um es hier zu beschreiben. Das macht aber nichts, denn als LOBO haben Sie Allens Buch «Wie ich die Dinge geregelt kriege» wahrscheinlich sowieso ungelesen im Bücherregal stehen. Lesen Sie die Details bei Bedarf dort nach.

- **Vorteile:** Die GTD-Methode und ihre Varianten sind bekannt und werden an vielen Orten im Netz diskutiert. Bei Ihrem Kampf gegen die Desorganisation werden Sie sich so weniger allein fühlen.
- **Nachteile:** Das GTD-System geht kaputt, wenn man es mal eine Woche lang vernachlässigt. Außerdem setzt es mehrere gleichzeitige Verhaltensänderungen voraus, wo doch schon eine einzige schwer genug herbeizuführen und durchzuhalten ist.
- **Eignet sich für:** Ordentliche, aber überforderte Menschen, die sich ihre Aufgaben eher nicht selbst wählen, sondern von außen vorgesetzt bekommen.

Leo Babautas «Zen to Done»-Methode: Man legt für jede Woche eine Liste mit 4–6 «Big Rocks» – also umfangreicheren Aufgaben – an, die man schon mal auf die Tage verteilt. Für jeden Tag gibt es eine täglich neu erzeugte Liste von ein bis drei «Wichtigsten Aufgaben», die man auf jeden Fall erledigt, und zwar am besten möglichst früh. Der «Big Rock» für diesen Tag ist in dieser Aufgabenliste bereits enthalten. Unter zenhabits.net ist die ZTD-Methode genauer beschrieben.

- **Vorteile:** Wichtige Aufgaben haben Vorrang vor dem Kleinkram. Es geht nicht darum, möglichst viel zu tun, sondern darum, das Richtige zu tun.

- **Nachteile:** Auch bei dieser Methode ist absehbar, dass ein unbürokratisch veranlagter Mensch früher oder später aufhören wird, pünktlich und rechtzeitig die jeweiligen Listen anzulegen und abzuarbeiten. An dieser Stelle lässt man jede Hoffnung fahren und kehrt zu den alten Gewohnheiten zurück.
- **Eignet sich für:** Menschen, die sowieso keine Probleme haben, alles zu erledigen, und nur so zum Spaß auch mal eine To-do-Liste führen wollen.

Peter Bregmans «1 Thing»-Methode: Als Erstes legt man eine lange To-do-Liste an, auf der alles steht, was man schon immer mal erledigen wollte. Dann nimmt man ein neues Blatt oder ein Post-it und überträgt die eine Sache von der Liste darauf, die man am dringendsten erledigen will. Nicht die ganze Aufgabe, sondern nur das, was sich realistischerweise an einem Stück erledigen lässt: «Die erste Seite schreiben» zum Beispiel (oder «die einfachste Seite, irgendwo im Mittelteil», wenn man Probleme mit ersten Seiten hat). Die lange Liste legt man außer Sichtweite ab. Erst wenn man die Aufgabe erledigt und durchgestrichen hat, sucht man sich die nächste aus und verfährt mit ihr genauso.

- **Vorteile:** Die lange Liste dient wirklich nur als Erinnerungsstütze, nicht als ständige Mahnung.
- **Nachteile:** Für LOBOs kann die Verlockung groß sein, eine neue Aufgabe auszuwählen, statt die ursprünglich aufgeschriebene zu Ende zu bringen.
- **Eignet sich für:** Menschen, die bereits Übung darin haben, einen Großteil der theoretisch anstehenden Aufgaben zu ignorieren oder zu vergessen.

Mark Forsters «Procrastination Buster»-Methode: Nimmt man sich für den Tag eine schwierige und drei leichte Aufgaben vor, werden die leichten Aufgaben erledigt und die schwierige bleibt ungetan. Deshalb schreibt man stattdessen eine schwierige Aufgabe und drei noch viel abschreckendere Pläne auf die To-do-Liste.

- **Vorteile:** Mit etwas Glück wird die schwierige Aufgabe wirklich erledigt. Konsequente Durchführung ist nicht erforderlich.
- **Nachteile:** Es fehlt ein Aufbewahrungsort für einfache Aufgaben. Die Chancen steigen deutlich, dass man sich vor der Liste voll schwieriger Pläne so ekelt, dass man sie verliert, verlegt oder den ganzen Tag lang nur damit beschäftigt ist, ihr aus dem Weg zu gehen. (Es kann natürlich sein, dass bei dieser Ausweichtätigkeit versehentlich Aufgaben erledigt werden, die noch schwieriger und/oder wichtiger als diejenigen auf der Liste sind.)
- **Eignet sich für:** Risikofreudige.

Dwight D. Eisenhowers «ABC»-Methode: Alle Aufgaben werden von A bis C und von 1 bis 3 nach den Kriterien wichtig/unwichtig und dringend/nicht dringend eingeteilt. Die Kategorie C3 (unwichtig/nicht dringend) lässt man ganz bleiben, A1 erledigt man sofort und selbst, B1 und C1 delegiert man, A2 und A3 erledigt man zu einem festgesetzten Termin.

- **Vorteile:** Die Unterscheidung zwischen «dringend» und «wichtig» bewahrt vor der verbreiteten Ansicht, alles Dringende sei automatisch auch wichtig.
- **Nachteile:** «Bleiben lassen» und «delegieren» leuchten unmittelbar ein, aber «sofort selbst erledigen» und «zu einem

festgesetzten Termin erledigen»? Wie ging das noch gleich? Außerdem bedeutet die Kategorie A1, «dringend und wichtig», oft gar nicht, dass etwas wirklich dringend oder wichtig ist, sondern nur, dass jemand anders seine Arbeit schlecht organisiert hat und man selbst es jetzt ausbaden soll.

- **Eignet sich für:** US-Präsidenten.

Alan Lakeins «ABC»-Methode: Alle Punkte auf der To-do-Liste werden entsprechend ihrer Wichtigkeit mit A, B und C markiert. Dabei zählen die eigenen Prioritäten, nicht die anderer Leute. A-Aufgaben werden vor B-Aufgaben erledigt, B-Aufgaben vor C-Aufgaben. Die C-Kategorie sollte auf einer eigenen Seite stehen, damit unübersehbar ist, dass man seine Zeit verschwendet, wenn man diese Seite aufschlägt. Wer das gerne möchte, darf auch die B- und C-Aufgaben zuerst erledigen. Man muss sich dann aber klarmachen, dass die A-Aufgaben nicht liegen bleiben, weil man keine Zeit hat, sondern weil man sich freiwillig mit den Kategorien B und C beschäftigt. Alle C-Punkte kann man darauf abklopfen, ob sie sich womöglich unbegrenzt verschieben lassen.

- **Vorteile:** Wer seine Zeit mit Unwichtigem vertut, kann die Augen nicht mehr so leicht vor dieser Tatsache verschließen. Konsequente Durchführung ist nicht erforderlich.
- **Nachteile:** Auch Prioritäten erzeugen bei Empfindsamen eine «Demand Resistance». Manchen fällt es leichter, eine wichtige Aufgabe dann zu erledigen, wenn sie sich unauffällig zwischen «Bleistifte spitzen», «Socken bügeln» und «den Hund waschen» verbirgt.
- **Eignet sich für:** Fortgeschrittene, die einen hohen Grad der prokrastinatorischen Selbsterkenntnis erlangt haben.

Timothy Ferriss' «Things Not To Do»-Methode: Anstatt sich Dinge vorzunehmen, die man erledigen will, nimmt man sich vor, bestimmte Tätigkeiten zu unterlassen. Genau wie bei To-do-Listen sollte man sich nicht mehr als ein bis zwei Unterlassungen gleichzeitig vornehmen. Ein paar Beispiele von Ferriss: Nicht in Meetings ohne klare Tagesordnung und Dauer einwilligen, bei unbekannten Anrufern nicht ans Telefon gehen, abends und/oder samstags nicht erreichbar sein.

- **Vorteile:** Unterlassen ist meistens einfacher als Tun, solange es nicht gerade das Aufessen einer Familienpackung Schaumküsse ist, das man zu unterlassen plant. Konsequente Durchführung ist nicht erforderlich.
- **Nachteile:** Keine bekannt. Kombiniert man die «Not To Do»-Liste nicht mit einer konventionellen To-do-Liste, weiß man allerdings wieder nicht, was eigentlich zu tun ist.
- **Eignet sich für:** Menschen, die To-do-Listen ablehnen und sich ganz langsam an das Konzept gewöhnen wollen.

Kathrin Passigs «Einatmen! Ausatmen!»-Methode: Man legt eine Liste an, auf der man alles vermerkt, was man sonst eventuell wieder vergessen könnte, auch «frühstücken» und «Heizung höher drehen». Erledigt man versehentlich etwas, was gar nicht auf der Liste gestanden hat, trägt man es nach und streicht es sofort durch.

- **Vorteile:** Man kann pro Tag viel mehr Punkte durchstreichen als bei anderen To-do-Listen. Am Ende jedes Tages entfällt das vage Gefühl, wieder mal nichts Richtiges geschafft zu haben. Stattdessen kann man schwarz auf weiß nachlesen, dass man so emsig wie ein ganzer Bienenstock gewesen ist. Und man muss sich absolut nichts mehr merken, was gut ist, wenn man zu den Menschen gehört, die sonst ständig «Post! Handyakku! Schuhe zubinden!» vor sich hin murmeln.

- **Nachteile:** Hier zählt die schiere Menge. Weil es sich so gut anfühlt, viele Punkte durchzustreichen, wird man zwar jeden Buchstaben auf der Tastatur einzeln mit Wattestäbchen putzen, aber nur selten etwas Wichtiges erledigen. Außerdem verbringt man noch mehr Zeit als bei den Konkurrenzmethoden mit dem Anlegen der Liste.
- **Eignet sich für:** Nihilisten, Zen-Buddhistinnen und andere Menschen, die glauben, dass wir sowieso nicht erkennen können, welche Tätigkeiten wichtig sind und welche unwichtig. Oder wenn, dann allenfalls Jahre später.

AUFSCHUBUMKEHR

Die belebende Kraft der Deadline

> Calvin: Kreativität lässt sich nicht einfach aufdrehen wie ein Wasserhahn. Man muss schon in der richtigen Stimmung sein.
> Hobbes: In welcher Stimmung?
> Calvin: Torschlusspanik.
> (Bill Watterson: «Calvin & Hobbes»)

Für dieses Buch hatten wir uns – gewitzigt durch die Erfahrung, dass man die ersten Monate sowieso nur verplempert – statt des üblichen Jahres lediglich fünf Monate Zeit gegeben, in der Absicht, so unmittelbar in die Phase der Torschlusspanik einzusteigen. Im ersten Monat passierte gar nichts. Nach dem zweiten Monat war das Buch zehn Seiten lang, im dritten Monat kamen dreißig Seiten dazu, im vierten Monat weitere siebzig Seiten, und der fünfte Monat brachte heroische hundertvierzig Seiten. Bei der Überarbeitung des Buchs vierzehn Jahre später geschah im eigentlich dafür vorgesehen Jahr gar nichts, und die Arbeit begann überhaupt erst nach dem Verstreichen des Abgabetermins (siehe «Nachwort zur überarbeiteten Ausgabe»). «Edwards Gesetz von Zeit und Aufwand» ist ein alter Witz, der das Phänomen beschreibt: Der Aufwand, den man in die Arbeit investiert, ist umgekehrt proportional zur verbleibenden Zeit. Je näher also das Ende heranrückt, desto mehr Arbeitswille stellt sich ein; bleibt einem nur noch ein Achtel der Zeit, bringt man leicht achtmal so viel Energie auf wie zu Anfang.

Dieses Verhalten angesichts einer Deadline scheint weit über Hardcore-LOBO-Kreise hinaus verbreitet zu sein, zumindest deuten darauf die Beobachtungen von Valentina Alfi, Giorgio Parisi und Luciano Pietronero hin: Sie betrachteten das Anmeldeverhalten der Teilnehmer zweier naturwissenschaftlicher Konferenzen und fanden heraus, dass der «Anmeldungsdruck» bis zum Anmeldeschluss in Form einer bestimmten Kurve ansteigt. Daraus folgerten sie: «Der Grad der Übereinstimmung zwischen den Daten der beiden Konferenzen und unserem Modell legt nahe, dass es eine einfache, universelle Verhaltensweise im Angesicht einer Deadline gibt.» Etwa 75 Prozent der Teilnehmenden melden sich erst in den letzten 25 Prozent der Zeit an. Wenn naturwissenschaftliche Tagungen nicht zufällig einen prokrastinatorischen Sonderfall darstellen, lässt sich daraus entnehmen, dass fast alle Menschen angesichts von Deadlines ein ziemlich präzise berechenbares Aufschiebeverhalten an den Tag legen.

Bei Konferenzanmeldungen wie auch beim Bücherschreiben ist eine Deadline allerdings nicht unbedingt eine Deadline. Nach Ablauf des fünften Monats nahmen wir die in jedem Verlagsvertrag bereits fürsorglich eingebaute Verlängerungsmöglichkeit von vier Wochen in Anspruch, auf die vier Wochen folgte eine weitere Woche, auf die Woche noch zwei Tage. Unerfahrene würden hier vermuten, es wäre klüger, sich beim nächsten Mal einfach mehr Zeit zu nehmen. Das aber führt nur dazu, dass sich die anfängliche Aufschiebephase entsprechend ausdehnt. Wirklich produktiv genutzt wird nur das letzte Viertel bis Fünftel der Zeit. Deadlineverschiebungen im letzten Moment haben daher den Vorteil, dass sie die Zeit des effizienten Arbeitens durch einen einfachen Trick verlängern. Voraussetzung dafür ist allerdings eine glaubhafte, aber gleichzeitig flexible Deadline.

Eine solche Deadline zu finden oder zu konstruieren, ist leider gar nicht so leicht. Alle wissen, was von angeblich unumstößlichen Terminen zu halten ist. In Werbeagenturen spricht man von Deadline, Deaddeadline und Deaddeaddeadline, analog zur letzten, allerletzten und wirklich allerallerletzten Mahnung, was dazu führen kann, dass die Arbeit kaum vor der ersten Deadline begonnen wird. Wichtig ist daher eine ausgewogene Balance zwischen kommunizierter Deadline, tatsächlich physikalischer Deadline («Mittwoch um zwölf Uhr legt das Boot ab») und den daraus entstehenden Konsequenzen.

Edward Yourdon beschreibt im schon erwähnten «Death March»-Ratgeber die beiden Verhandlungsspielchen «Doubling and Add Some» und «Reverse Doubling». Ersteres ist das, was alle klugen Selbstständigen oder Projektleitenden tun, wenn sie um eine Abschätzung der Kosten, des Personal- oder des Zeitbedarfs für ein Projekt gebeten werden: Sie verdoppeln die realistische Schätzung und schlagen zur Sicherheit noch was obendrauf. Das Management oder die auftraggebende Gegenseite kontert aus Erfahrung mit «Reverse Doubling» und halbiert die Angabe wieder. Jetzt sind alle zufrieden, es sei denn, die ursprüngliche Schätzung wurde von einer Person abgegeben, die neu in der Branche und gar nicht auf die Idee gekommen ist, ihre Angaben zu verdoppeln. Diesem Phänomen begegnen wir in unterschiedlichen Verkleidungen überall im Arbeits- und sonstigen Alltag. Nach demselben Prinzip funktioniert das Einverständnis zwischen den Beteiligten beim Festsetzen von Deadlines: Die Auftraggeberin lügt, die Deadline sei allerallerspätestens am ersten März, andernfalls müsse die ganze Unternehmenssparte verkauft werden, während in Wirklichkeit eine Abgabe im Dezember auch noch genügt. Der Auftragnehmer nickt ernsthaft und behauptet Ende Februar seinerseits, Cola in der Tastatur habe seinen Rechner ruiniert. Ein gewisses Maß an einvernehmlicher Tatsachenverdrehung funktioniert so ähnlich wie die Demokratie – nicht besonders gut, aber immer noch besser als alles andere.

Mit der richtigen Einstellung aller Beteiligten ist die Deadline das machtvollste Arbeitsinstrument, das Prokrastinierenden zur Verfügung steht. Wo auch nur ein Fünkchen Kreativität für die Erledigung der Aufgaben benötigt wird, vermag die Deadline oft alle verfügbare Schaffenskraft herauszukitzeln – jedenfalls besser als andere Instrumente. Die Deadline stellt das Versprechen einer zukünftigen, plötzlichen Erleichterung dar und wirkt so antriebsverstärkend. Nicht zufällig trägt sie ihren martialischen Namen. Der Wunsch, auf einen oft mythisch überhöhten Zeitpunkt hinzuarbeiten, hat vermutlich mit der Sehnsucht zu tun, dass man irgendwann «ankommen» könne und dann alle Erdenschwere von einem abfalle. Forschende könnten bei Gelegenheit untersuchen, ob das Verlangen nach einer Deadline mit der Sexualisierung der Arbeit und dem Streben nach einem Höhepunkt zu tun hat.

Leider haben Deadlines nicht nur Vorteile. Diverse Studien aus den letzten vierzig Jahren zeigen, dass angenehme, freiwillig ausgeübte Aktivitäten unattraktiver werden, sobald jemand sie mit einer Deadline ausstattet. Sofort wird es schwerer, sich zu dem aufzuraffen, was sich jetzt wie eine lästige Pflicht anfühlt, und die Qualität der Ergebnisse sinkt. Die Psychologen Mark Burgess, Michael Enzle und Rodney Schmaltz haben sich mit der Frage befasst, wie sich diese schädlichen Auswirkungen von Deadlines begrenzen lassen. In ihren Experimenten mussten Studierende einfache Lego-Bauaufgaben lösen. Eine Gruppe konnte selbst entscheiden, wie viel Zeit zur Verfügung stehen sollte, eine zweite Gruppe bekam ein festes Limit vorgegeben, einer dritten Gruppe gab man lediglich die Anweisung, möglichst schnell zu arbeiten, und eine Kontrollgruppe hatte gar keine Deadline. Nach Lösung dieser Aufgabe wurde heimlich gemessen, ob und wie lange sich die Studierenden in einer Pause freiwillig mit den Legosteinen beschäftigten. Die Studierenden, die möglichst schnell arbeiten sollten, spielten danach gern weiter mit den Steinen, gefolgt von denen, die keine oder eine selbst gesetzte Deadline hatten. Nur die Studierenden aus der Gruppe mit der festen Deadline mochten ihre Pause nicht mehr mit dem unsympathisch gewordenen Lego verbringen. Eigene Zwischendeadlines richteten keinen Schaden an: Das Legovergnügen derer, die so vorgingen, blieb fast genauso groß wie das einer Kontrollgruppe ganz ohne Deadline.

Eine Studie der Verhaltensökonomen Dan Ariely und Klaus Wertenbroch aus dem Jahr 2002 untersucht dieselbe Frage, aber weniger im Hinblick auf das Vergnügen an der Arbeit als im Hinblick auf deren pünktliche Abgabe und Qualität. Dabei erwies sich die End-Deadline als das ungünstigste Modell, sowohl was die Pünktlichkeit der Abgabe als auch ihre gründliche Erledigung anging. Am besten schnitten die Testpersonen ab, denen man drei feste Zwischendeadlines vorgegeben hatte.

Allerdings machte ihnen die Arbeit am wenigsten Spaß. Eine dritte Gruppe mit selbst gesetzten Deadlines lag, was Gründlichkeit und Pünktlichkeit betraf, im Mittelfeld. Im Hinblick auf den Spaß an der Arbeit ist es also ideal, gar keine Deadline zu haben. Ernst zu nehmende Zwischendeadlines tun der Qualität der Arbeit gut und sorgen für pünktliche Abgabe, machen aber nicht froh.

Die Psychologen Roger Buehler und Michael Ross baten in zahlreichen Versuchen Studierende einzuschätzen, wann sie bestimmte Projekte abschließen würden. Die Studierenden sollten pessimistische, realistische und optimistische Prognosen abgeben. Das Ergebnis ist wenig überraschend: In keinem Experiment gelang es auch nur der Hälfte der Versuchspersonen, ihre Aufgaben zu irgendeinem der drei Zeitpunkte abzuschließen. Selbst wenn ausdrücklich nach einer äußerst konservativen Vorhersage gefragt wurde, überschätzten die Studierenden ihre Fähigkeiten, die Projekte pünktlich zu beenden.

Gerade für LOBOs funktionieren Deadlines zwar nur dann, wenn sie mit Selbstschussanlagen und mehreren eingebauten Weltuntergängen ausgerüstet sind; man wird also ziemlich sicher die meisten Zwischendeadlines verfehlen. Aber das Scheitern ist nur relativ: Dass das Ziel nicht erreicht wird, heißt nicht, dass keine Fortschritte zu verzeichnen wären. Die von Roger Buehlers Team untersuchten Studierenden blieben zwar hinter ihren eigenen Vorhersagen zurück («Eine Woche vor der Deadline bin ich fertig»), schafften es aber häufig noch, die Deadline – dann eben ohne Spielraum – zu erreichen.

An dieser Stelle sollte man sich zum Erfolg beglückwünschen, anstatt sich Vorwürfe zu machen, weil man schon wieder so schlecht geplant hat. Schließlich ist die Unfähigkeit zur realistischen Planung ein weit über LOBO-Kreise hinaus verbreitetes Phänomen, das schon seit den 1970er-Jahren unter dem Namen «Planning Fallacy» («Planungstrugschluss») erforscht wird. Die Planning Fallacy besagt, dass die meisten Menschen beim Planen von Projekten und beim Fassen von Vorsätzen dieselben drei Fehler machen: Erstens unterschätzen sie die benötigte Zeit. Zweitens nehmen sie an, in Zukunft stünde mehr Zeit zur Verfügung als in der Gegenwart. Und drittens gehen sie davon aus, in dieser goldenen Zukunft selbst bessere Menschen geworden zu sein, die weniger prokrastinieren. Kürzer drückt es der Künstliche-Intelligenz-Forscher Eliezer Yudkowsky aus: «Planning Fallacy bedeutet: Die Leute glauben, sie könnten planen, ha ha.»

Dieses Problem ist offenbar sehr robust. Man kann Versuchspersonen bitten, sich an frühere, verspätet abgegebene Projekte zu erinnern, das Projekt in Untereinheiten einzuteilen, sich ein «Worst-Case-Szenario» auszumalen, man kann ihnen Geld oder sonstige Anreize für korrekte Vorhersagen bieten: Es hilft alles nichts. Auch wer den eigenen Zeitaufwand von jemand anderem überschlagen lässt, kommt damit der Wahrheit nicht viel näher. Die Befragten vertun sich hierbei aber wenigstens konsequent in die Gegenrichtung und *überschätzen* die von anderen benötigte Zeit. Da übermäßig pessimistische Schätzungen in der Regel weniger Schaden anrichten als übermäßig optimistische, lohnt es sich vielleicht, auf die Mitmenschen zu hören. Oder aber man überlegt sich selbst einen realistisch scheinenden Fertigstellungstermin, befragt dann jemand anderen und wählt schließlich den Mittelwert der beiden Vermutungen.

Besonders grausam erscheint im Wissen um die Allgegenwart der «Planning Fallacy» die Beschreibung einer therapeutischen Maßnahme aus dem Fachbuch «Procrastination and Task Avoidance»: Man lässt die zu behandelnde Person angeben, wie lange sie für eine bestimmte Aufgabe zu brauchen glaubt, «und wenn sich diese Angabe später als falsch erweist (da es normalerweise viel länger dauert, Aufgaben abzuschließen, als diese Menschen annehmen), nutzt der Therapeut diese Information, um andere irrationale Annahmen des Klienten infrage zu stellen». Was die Autoren – vermutlich aufgrund ihrer Berufserfahrung mit Studierenden – für ein spezielles Problem «dieser Menschen» halten, ist aber ein Phänomen, das man überall beobachten kann, auch dort, wo die Folgen viel schwerwiegender sind als bei verspätet abgegebenen Seminararbeiten. Das amerikanische National Institute of Standards and Technology stellte 2002 fest, dass 75 Prozent aller beendeten Softwareprojekte mit Verspätung auf den Markt kommen und/oder höhere Kosten verursachen als geplant. Auch andere Branchen bieten kein rühmliches Bild: Das Mauterfassungssystem «Toll Collect» wurde mit 16-monatiger Verspätung in Betrieb genommen, wodurch dem Staat 3,5 Milliarden Euro Mauteinnahmen entgingen. Der neue Berliner Hauptbahnhof sollte zunächst im Jahr 2000 teileröffnet werden, später war von einem Probebetrieb ab 2004 die Rede, und wenn nicht die Fußball-WM 2006 seine Fertigstellung absolut unumgänglich gemacht hätte, hätte es vermutlich noch länger gedauert. Dieses Projekt sieht wiederum geradezu diszipliniert aus im Vergleich zum neuen Berliner Flughafen, an dem seit 2006 gebaut wurde. Ursprünglich sollte der Flugbetrieb 2011 starten. Sieben Verschiebungen später wurde der Flughafen schließlich im Oktober 2020 eröffnet, nach vierzehnjähriger Bauzeit. Ob Psychotherapie wohl dabei geholfen hätte, alle Beteiligten von ihren «irrationalen Annahmen» abzubringen?

Halten wir also einfach fest, dass Schätzungen, wann ein bestimmtes Projekt abgeschlossen sein wird, auch dann noch zu optimistisch sind, wenn man den eigenen Optimismus bereits einkalkuliert. Douglas Hofstadter hat diesen Sachverhalt in seinem Buch «Gödel, Escher, Bach» auf den Namen «Hofstadters Gesetz» getauft: «Es dauert immer länger als erwartet – auch wenn man Hofstadters Gesetz berücksichtigt.» Trotzdem können solche Schätzungen helfen, statt vier Mal so lange wie veranschlagt wenigstens nur doppelt so lange zu brauchen. Und das ist ja auch schon was.

6 TIPPS ZUM UMGANG MIT DEADLINES

1. **Kontrolle und Druck von außen aktiv suchen –** jedenfalls dann, wenn die eigenen Deadlineprobleme großen Leidensdruck verursachen. An der Uni kann man sich beispielsweise die Mühe machen herauszufinden, von wem man die Abschlussarbeit in einem Stil betreuen lassen kann, der zur eigenen Arbeitsweise passt. Wer unter strenger Daueraufsicht gut zurechtkommt, sollte eine Betreuerin wählen, die sich wöchentliche Zwischenergebnisse vorlegen lässt, und keine, die die Arbeit nur freundlich lächelnd aus der Ferne verfolgt, weil sie an selbstständiges Arbeiten glaubt.
2. **Wo es echte Deadlines gibt, da lass dich ruhig nieder.** «Eine Deadline ist eine Deadline, wenn die Aufgabe

danach tot ist, sprich: die Erledigung sinnlos geworden ist. Bei der Lokalzeitung hatte ich zum ersten Mal das Gefühl, an einem normalen Berufsleben teilnehmen zu können: Alles, was bis 17 Uhr nicht fertig war, wurde weder gedruckt noch bezahlt. Ich begann um 11 Uhr mit einer klaren Aufgabenstellung und ging um 17 Uhr nach Hause und hatte die Arbeit restlos getan. Bis auf die ehrgeizigen Reportageprojekte, deren Bauruinen vielleicht noch immer im Stehsatz des General-Anzeigers konserviert sind. Eine Tageszeitung ist eine betreute Werkstätte für Prokrastinierende. Wenn alle Aufträge so ernst zu nehmende Deadlines hätten, wäre vieles leichter.» (Angela Leinen)

3. **Auf Kante genäht hält besser.** Parkinsons Gesetz besagt: Arbeit dehnt sich so lange aus, bis sie die verfügbare Zeit ausfüllt. Das bedeutet, dass man sich nur halb so viel Zeit nehmen soll, wie man zu brauchen glaubt, und nicht etwa doppelt so viel. Die Zeit wird in beiden Fällen nicht reichen, aber wer weniger Zeit einplant, quält sich kürzer.
4. **Abschätzungen nicht vor Publikum abgeben.** Vorhersagen über die Dauer eines bestimmten Projekts, die man im Gespräch mit anderen trifft, sind völlig unrealistisch: Anscheinend wollen die meisten Menschen unbewusst einen günstigen Eindruck erwecken und verschätzen sich daher noch viel grotesker, wenn sie einen Fertigstellungstermin öffentlich angeben müssen, anstatt ihn nur für sich selbst zu beschließen. Deshalb dürfen andere Menschen vom Ergebnis der eigenen Termin-Überlegungen erst erfahren, nachdem man einen Plan stillschweigend gefasst, verinnerlicht und am besten an mehreren Stellen aufgeschrieben hat.

5. **Sozialen Druck erzeugen.** Ist der Plan erst einmal gefasst, darf und sollte man aller Welt vom felsenfesten Plan berichten, das Projekt abzuschließen, und zwar keine Sekunde später als dann und dann. Je unverschämter man mit diesen Plänen prahlt, desto peinlicher wäre das Scheitern. Damit lassen sich volle ein bis zwei Prozent zusätzliche Motivation erzeugen.
6. **Eine Deadline ist weniger als die Summe ihrer Teile.** Genau wie bei den To-do-Listen (siehe dort) gilt auch hier: Es lohnt sich, ein Projekt zur besseren Planung und zur Festlegung von Zwischendeadlines in überschaubare Schritte herunterzubrechen. Man wird dann zwar öfter scheitern, nämlich einmal an jeder einzelnen Zwischendeadline, aber die Summe aus mehreren kleinen Überziehungen ist mit etwas Glück weniger problematisch als ein einziges, katastrophales Scheitern ganz zum Schluss.

Der Schriftsteller Wolfgang Koeppen kündigte seinem Verleger Siegfried Unseld 1959 einen Roman an. Unseld versuchte 35 Jahre lang, Koeppen zur Abgabe zu bewegen, Koeppen gelang es währenddessen, immer wieder neue Vorschüsse aus Unseld herauszuwringen. Das Buch wurde nie fertig. Aus dem Briefwechsel:

1961: «Ich bin jetzt so weit, zu sagen, dass ich den ersten Band des grösseren Romans nicht vor Ende März fertig haben werde.»
1963: «Ich hoffe, am letzten Mai, äusserstenfalls am fünfzehnten Juni fertig zu sein.»

1966: «Manuskript? Ja. Juni. Ende Juni.»
1968: «Bei alledem arbeite ich wieder und bilde mir ein, das Buch in vier bis sechs Wochen zu haben. Sie glauben es nicht. Ich verstehe Sie. Auch das könnte ein Ansporn sein.»
1971: «Ich werde Ende April fertig sein, aber diesmal werde ich fertig sein.»
1974: «Ich hoffe, wenn es gut geht, dir den fertigen Roman zum Jahresende zu geben.»
1978: «Bitte, lass es mich tun. Ich mag über das wie und wo heute nichts sagen. ich werde mich ransetzen mit dem Vorsatz, es bis zum 13. Juli (Julei) zu schaffen. Ein Risiko bleibt.»
1981: «Es war reiner kindischer Trotz, dir zu sagen, dass ich seit Juni keine Zeile am Roman geschrieben hätte. Natürlich habe ich geschrieben …»
1992: «Das Schlimmste: Das Versprechen 01. Februar lässt sich nicht halten. Ich bleibe aber dran.»
1995: «Lieber Siegfried, ich werde dieses Buch und auch andere Bücher fertig schreiben. Lasse mich das schreiben, störe mich nicht.»
(Wolfgang Koeppen/Siegfried Unseld: «Der Briefwechsel»)

NUR EIN VIERTELJÄHRCHEN

Alles, was Sie über Zeitmanagement wissen müssen

KOMMUNIKATION DER UNZULÄNGLICHKEIT

Ausreden und Entschuldigungen

> «Sich aus Angelegenheiten herauswieseln, ist eine wichtige Fähigkeit. Sie unterscheidet den Menschen vom Tier … außer von den Wieseln.»
> (Die Simpsons)

Mit den Ausreden und den Entschuldigungen stehen uns zwei wunderbare Kulturtechniken zur Verfügung, um die leicht verbeulte Realität zurechtzurücken. Sie gehören in ein Fachgebiet mit eigenen, nicht unbedingt leicht zu durchblickenden Gesetzen: die Kommunikation der Unzulänglichkeit. LOBOs werden immer wieder in Situationen geraten, in denen sie mit anderen Menschen über Unzulänglichkeiten sprechen müssen – die nicht eingehaltene Abgabe, der nicht wahrgenommene Termin, der versäumte Anruf … Wer diese Liste nicht in Minuten um mindestens fünfzig Punkte ergänzen kann, sollte dieses Buch aus der Hand legen und etwas Sinnvolleres mit der Zeit anfangen. Gartenarbeit etwa soll den Blutdruck senken. LOBOs aber wissen, dass oft der unangenehmste Teil einer nicht oder zu spät erledigten Aufgabe die Kommunikation drum herum ist.

Die vornehmste, aber nur begrenzt verwendbare Art der Ausrede ist, sich zu verleugnen oder sich verleugnen zu lassen. Dabei weicht man bereits der Situation aus, in der man eine Ausrede benützen oder eine Entschuldigung formulieren würde. Das Verleugnen reicht vom gezielten Nicht-ans-Telefon-Gehen bis zum sekundenschnellen Verschwinden durch den Hintereingang und kann zu einem regelrechten Sport werden. Das ist natürlich viel zu anstrengend in verschiedener Hinsicht. Zum einen ist Verleugnen eine kurzfristige Angelegenheit, die einem ein paar Stunden, im besten Fall ein paar Tage bringt, bevor das Gegenüber weiß, dass die schlimmsten Befürchtungen offenbar zutreffen. Zum anderen erfordert Verleugnung oft eine komplexe logistische Organisation sogar in artfremden Bereichen. Man bedenke nur, wie ungünstig es wirkt, wenn man plötzlich während der angeblichen Autofahrt zur sterbenden Großmutter in der Anwesenheitsliste des bevorzugten Messengers grün blinkt.

Während eines Verleugnungsvorgangs muss man also umfassend aufmerksam, geradezu alert sein und kann keinen Gang aus dem Haus riskieren, ohne wie beim U-Bahn-Fahren ohne Fahrschein mit einem 360°-Radar die Menschen im Umfeld nach möglichen Bedrohungen abzusuchen. Deshalb eignet sich die Verleugnung, so angenehm sie erscheinen mag, für die meisten Menschen nicht als dauerhafte Lösung – um jedoch ein paar Stunden zu gewinnen, leistet sie von Zeit zu Zeit ganz gute Dienste. Erst recht, wenn man in der gewonnenen Zeit mit der verlangten Aufgabe entscheidend vorankommt. Und schon die theoretische Möglichkeit kann ähnlich entlastend wirken wie ein vorsorgliches Krankheitsattest kurz vor dem Abgabetermin der Diplomarbeit.

Vom Verleugnen nur einen Blickkontakt entfernt ist die Gazelle der Unzulänglichkeitskommunikation, die Ausrede. Sie ist im Idealfall schnell und flexibel und nicht zu fassen, egal wie nahe man herankommt. Das gilt besonders für die prophylaktische Ausrede, die nicht als solche wahrgenommen wird, sondern als echte Erklärung; Profis sprechen hier vom «Regenschirmaufspannen, bevor es regnet». «Zum Glück habe ich rechtzeitig bemerkt, dass wir alle bisher von falschen Voraussetzungen ausgegangen sind. Die muss ich erst korrigieren – die Deadline wird sich so nur mit fehlerhaftem Fundament halten lassen, und das kann ja niemand wollen.» Den letzten Satzteil kann man bei geschickter Gesprächsführung auch so lautstark weglassen, dass jemand anders ihn ergänzen muss.

Für diese Art der vorauseilenden, zeitgewinnenden Ausrede ist es immer gut, sämtliche Projekte und Arbeitsprozesse nach Fehlern zu durchsuchen, die man als Ass in der Hand behält. Man muss diese Karte allerdings zur rechten Zeit ausspielen: Fünf vor zwölf hört sich alles nach Ausrede an, was nicht wie «Hier ist die fertige Präsentation, Herr Höbel» klingt. Insofern kann als Faustregel gelten, dass solche grundlegenden und deadlineaufschiebenden Entdeckungen frühestens nach der Hälfte und spätestens nach zwei Dritteln der veranschlagten Zeit kommuniziert werden müssen.

Eigentlich soll dieses ganze Buch dazu führen, dass seine Leserinnen und Leser keine Ausreden erfinden müssen, sondern ihr Leben so einrichten, dass sie unnötig werden. Wenn es auf dem Weg dorthin aber doch zum Äußersten kommt und in zwanzig Minuten Ergebnisse von vier Wochen Arbeit erwartet werden, hilft alles Regenschirmaufspannen nicht mehr – eine treffsichere, kraftvolle Ausrede muss her. In Ausreden steckt durchaus auch hilfreiches Potenzial: Wer sie gut einzusetzen weiß, wird seltener in eine Schockstarre verfallen, die dazu führt, dass man sich bei den wartenden Kundinnen, Kollegen oder Ämtern niemals wieder meldet. Zu den am meisten gefürchteten Phänomenen bei LOBOs gehört nämlich, dass sie schlechte Nachrichten ungern überbringen und deshalb jeden Kontakt vermeiden.

Grundsätzlich sind die beiden wichtigsten Maßstäbe für gute Ausreden Nachvollziehbarkeit und Zukunftsfähigkeit. Letztere ist simpel erklärt: Keine Ausrede sollte den mittelgroßen Stein, der jetzt im Weg liegt, durch einen Riesenfindling für nächste Woche ersetzen. Die oft für wichtig gehaltene Glaubwürdigkeit spielt nur eine untergeordnete Rolle: In dem Moment, wo das Gegenüber die Wahrheit dessen, was man gerade erklärt, infrage stellt, ist es bereits zu spät. Ausreden sind wie Pompeia, die Frau des Caesar – sie dürfen nicht einmal in den Verdacht des Betruges geraten.

Die Nachvollziehbarkeit hingegen ermöglicht es den Adressaten der Ausrede, sich und andere zu beruhigen, egal, ob die Ausrede geglaubt wird oder nicht. Nachvollziehbarkeit ist eine Typfrage – man sollte also wissen, was für eine Ausrede einem gut zu Gesicht steht. Das kann bei dem einen eine niedergeschlagen vorgetragene, wahr anmutende Geschichte sein, bei dem anderen ein Abenteuermärchen, das niemand glaubt, aber alle toll finden. Am besten jedoch sind Ausreden, die sich selbst erzählen.

Kommunikationsmanager Cedric Ebener berichtet von einer Kundenpräsentation, die auch nach nächtelangem Durch-arbeiten nicht fertig werden wollte. Am Tag vor dem Kundentermin war klar, dass man allenfalls ein 50-prozentiges Ergebnis würde präsentieren können, vor allem die grafischen Darstellungen fehlten. In der Krisensitzung am Nachmittag kam ihm die rettende Idee. Er kaufte einen kaputten Laptop für 50 Euro und fuhr zum verabredeten Treffen. Mit den üblichen charmanten Sprüchen unterhielt er das anwesende Entscheiderdutzend, während er mit einigen geübten Handgriffen den Beamer an den Laptop anschließen wollte. Mit einer scheinbar der Übermüdung und der Euphorie geschuldeten Drehbewegung wischte er den Computer vom Tisch. Sowohl der Rechner als auch der edle Marmorboden zeigten sich wohlwollend und inszenierten einen gelungenen Aufprall, der visuell und akustisch nichts zu wünschen übrig ließ. Cedrics mäßige Schauspielbegabung ermöglichte es ihm, leicht fassungslos gar nichts zu tun. Nach einer Schockminute für alle Beteiligten kostete Cedric die Mischung aus Ärger und Mitleid aus und trug die Ergebnisse mündlich vor, wobei er sie mit einem Filzstift auf einen im Raum befindlichen Overhead-Projektor skizzierte – «live!». Es ist Cedrics rhetorischer Begabung, aber eben auch dem «Unglücksfall» geschuldet, dass der Vortrag mit Applaus endete. Die vollständige Präsentation erreichte die Entscheiderrunde zwei Tage später.

Auch die verbale Ausrede sollte Nachvollziehbarkeit anstreben und mit Wortbildern arbeiten. Allerdings reicht es in ungefähr 99 Prozent aller Fälle, einfach ohne weitere Begründung zu sagen: «Tut mir leid, dass ich zu spät komme.» Man muss nicht jedes Mal gleich lügen, man sei auf dem Weg zum Termin von Aliens entführt worden. Beim verbleibenden Prozent sollte die Ausrede so viel Wahrheit wie irgend möglich enthalten. Es gibt nichts Ärgerlicheres als eine Ausrede, die aus anderen Gründen als dem zentral zu verschleiernden auffliegt, wenn man sich also in selbst aufgebauten Widersprüchen verheddert. Gute Ausreden dehnen daher eher die Tatsachen in eine leicht gekrümmte Realität hinein; die Ausrede ist die kleine Adoptivschwester der Lüge, die eigentlich gar nicht in die Familie Boshaft gehört.

Um spät, aber doch klar Stellung zu beziehen: Lügen, die über Not- und Höflichkeitslügen hinausgehen, sind fast ausnahmslos schlecht für alle Beteiligten und führen zu mehr Problemen, nicht zu weniger. Zwar gibt es um die Lüge herum eine watteweiche Grauzone aus leichtem Flunkern («Bin schon losgegangen») und geschicktem Verschweigen, gegen die sich schon deshalb wenig sagen lässt, weil es kaum Menschen gibt, die diese Form der Konversationsdiplomatie nicht benutzen. Von der echten, harten Lüge aber müssen wir abraten: Zumal in Verbindung mit Prokrastination entsteht leicht eine explosive Mischung. Die Lüge sollte also nur die letzte Zuflucht sein. Man kann nicht sein Leben lang durch Ausreden wieder geradezubiegen versuchen, dass man sich immer wieder auf unmögliche Projekte einlässt, zu kurze Deadlines vorschlägt oder akzeptiert und sich generell ständig grotesk verschätzt.

Die Geschichte des Franzosen Jean-Claude Romand illustriert, wie aus einer gelogenen Ausrede eine Katastrophe werden kann. Er versäumte eine Prüfung in seinem Medizinstudium, erzählte seiner Frau und seinen Freunden aber, er habe sie bestanden. Aus Scham, die erste Lüge gestehen zu müssen, türmte er Unwahrheit auf Unwahrheit, bis er in seinem Ort als angesehener Arzt galt, der für die Weltgesundheitsorganisation in Genf arbeitet. Achtzehn Jahre lang hielt er diese Illusion aufrecht und ging tagsüber spazieren. Er finanzierte sich durch eine andere Lüge, indem er Familie und Freunden anbot, ihre Ersparnisse zu sehr guten Zinsen an seinem Arbeitsort in der Schweiz anzulegen. Als einer der Bekannten eine größere Geldsumme benötigte und sein Konto auflösen wollte, drohte das Fantasiegebäude in sich zusammenzufallen. Aus Angst, seine Familie könne die Wahrheit erfahren, erschoss er 1993 seine Frau, seine beiden fünf und sieben Jahre alten Kinder, seine Eltern und den Familienhund.

Lügen haben eine Eigendynamik, die dazu führen kann, dass man beginnt, selbst an sie zu glauben. So verhindert eine größer werdende Lüge, dass man sich der dahinterstehenden Problematik bewusst wird. Das verschlechtert die Chancen, umzudenken und pragmatische Lösungen für große Lebensprobleme zu finden, etwa einen Berufswechsel oder die Scheidung. Oder kürzer: Wer lügt, leidet.

Im Gegensatz zu Ausreden und Lügen kann die Entschuldigung, obwohl mit ihnen verwandt, geradezu wie Seelenbalsam wirken, wenn sie richtig angewendet wird. Dabei müssen wir jedoch die ärgerliche Doppeldeutigkeit des deutschen Begriffs «Entschuldigung» berücksichtigen. In der Entschuldigungswissenschaft unterscheidet man englisch «Excuse» von «Apology». Excuse nennt sich die mit der Ausrede verwobene Form der Entschuldigung, der Versuch also, sich von Schuld freizusprechen. Für diese Art der Selbstrechtfertigung gilt, was auch für Ausreden gilt – sparsame, gezielte Verwendung, möglichst stromlinienförmig in die Kommunikation eingepasst. Die für uns interessantere Spielart der Entschuldigung ist die Apology: einen Fehler zuzugeben und sich dafür zu entschuldigen im Sinn, den Fehler zu bedauern. LOBOs sollten die Apology ernsthaft erlernen.

Eine ehrliche Entschuldigung verbessert nicht nur das Verhältnis zwischen den Beteiligten, oft verschafft sie einem auch selbst erhebliche psychische Entlastung. Wie bei der Beichte im Katholizismus ist aber die Entschuldigung nur ein Teil dieses Mechanismus – der andere Teil ist Reue. Im nicht katholischen Alltag bietet es sich an, statt des pathoslastigen Worts «Reue» lieber «Lernfähigkeit» einzusetzen, also Einsicht in den oder die Fehler, die überhaupt erst zur Notwendigkeit der Entschuldigung geführt haben (siehe auch Kapitel «Triumph des Unwillens»). Das gute Problembewältigungsinstrument Entschuldigung nutzt sich ab wie eine verklemmte Handbremse, wenn man es überstrapaziert.

Zu jeder guten Entschuldigung gehört deshalb auch die nachbereitende Kommunikation, die guten Willen bei der zukünftigen Vermeidung ähnlicher Fehler beweisen sollte. «Ich habe eine bessere Termin-Erinnerungs-Methode gesucht und gefunden, sodass das hoffentlich wenigstens nicht noch mal passiert», könnte dieser Teil der Entschuldigung lauten, oder «Ich habe jetzt endlich die Einzugsermächtigung ausgefüllt». Aber Vorsicht: In diesem Teil der Entschuldigung dürfen auf keinen Fall Wendungen wie «in Zukunft besser aufpassen», «zusammenreißen» oder «dran zu denken versuchen» vorkommen. Sie wissen selbst, dass das nicht funktionieren wird, und die Gegenseite weiß es erst recht.

Ein unordentlicher Lebensstil entschuldigt nicht alles, zumindest nicht immer. Falls man es sich nicht mit allen Nicht-LOBOs verderben möchte, empfiehlt es sich, einen Blick auf die folgenden Hinweise zu werfen.

1. **Keine äußeren Zwänge vorgaukeln.** Erstens ist es unhöflich, sich auf Arbeit oder Termine rauszureden, um ein Gespräch zu unterbrechen, zu dem man keine Lust hat. Zweitens wird man bald selbst anfangen, ernsthaft an diese Zwänge zu glauben.
2. **Nichts versprechen.** Insbesondere nicht «Ja» oder «Mal sehen» sagen, wenn man schon weiß, dass man «nie im Leben» meint. Weise LOBOs tun das zu Versprechende und kündigen es erst danach groß an.
3. **Manchmal muss man andere hängen lassen.** Es gibt Schlimmeres, man könnte einen Autounfall haben oder in die Entzugsklinik müssen, dann müssten die anderen auch sehen, wie sie allein zurechtkommen. Hängenlassenkönnen ist eine wichtige Fähigkeit, die viel zu selten trainiert wird. Die Abhängigkeit der anderen von einem selbst ist nämlich oft nur eingebildet, und zwar, damit man sich besser und wichtiger fühlt. Schon aus Gründen der eigenen Psychohygiene und als Demuts-Training sollte man sich daher vornehmen, jede Woche jemanden hängen zu lassen. Allerdings muss man dann zum Ausgleich an anderer Stelle bereitwillig einspringen, also zum Beispiel auch mal Leuten beim Umzug helfen, die eine umfangreiche Felsblocksammlung besitzen.

4. **Rechtzeitig absagen.** Die Menschen, die sich auf einen verlassen haben, sollen zumindest eine reelle Chance bekommen, für Ersatz zu sorgen. Wenn man bereits ziemlich genau weiß, dass es jetzt auf keinen Fall mehr klappt oder man partout keinen Funken Interesse für die Arbeit aufbringen kann, ist es unanständig, diese Erkenntnis für sich zu behalten.
5. **Keine Unbeteiligten mit reinziehen.** Das komplexe Wechselspiel aus Deadlines, Ausflüchten, Drohungen, allerletzten Verschiebungen und der daraus resultierende Stress sollte nicht die Lebensqualität Außenstehender beeinträchtigen. Insbesondere dürfen andere Menschen nie in eine Situation gebracht werden, in der sie für einen lügen müssen.
6. **Deadlines einfordern.** Menschen, mit denen man zum ersten Mal zusammenarbeitet, vorwarnen, dass ohne Deadline wenig bis nichts passieren wird. Falls keine echte Deadline zur Hand, sollte die andere Seite deren Existenz glaubhaft vortäuschen.
7. **Schonungslose Aufklärung über Ausleihprobleme.** Macht jemand ein nett gemeintes Leihangebot, warne man diese Person vor, dass sie das betreffende Buch/die Bohrmaschine voraussichtlich nie wiedersehen wird. Nicht alle finden das so schlimm, wie man annehmen könnte. Es gibt Menschen, die ganz froh sind, wenn sich ihr zu verwaltender Besitz auf diese Art reduziert. Diese Aufklärung empfiehlt sich schon im eigenen Interesse, denn sie verringert das schlechte Gewissen, das man noch Jahre später beim Anblick des nicht zurückgegebenen Gegenstands empfinden wird.

8. **Nicht sehenden Auges ins Unglück laufen.** Grob fahrlässig ist es, sich wissentlich in eine prokrastinationsauslösende Situation zu begeben, die anderen Menschen Scherereien bereitet. Kein LOBO sollte Bestellungen auf Rechnung tätigen. Ist die Ware erst geliefert, gibt es keine Motivation mehr, sich noch um das lästige Bezahlen zu kümmern. Unternehmen, die nur auf Rechnung versenden, sind unbedingt zu meiden. Wenn man privatversichert ist, kann man nach ärztlichen Behandlungen sofort die Rechnung erbitten und noch vor Ort bezahlen. Für die Praxisangestellten ist das ein kleines bisschen mehr Arbeit, aber nicht so viel, wie durch die sonst fälligen drei bis zehn Mahnungen entstehen würde.
9. **Leiden einstellen.** Wer einen am Lustprinzip orientierten Lebenswandel führt, ist verpflichtet, dabei auch glücklich zu sein. Nur so kann man seine Mitmenschen vom Pfad der freudlosen Pflichterfüllung abbringen.

5.
AUSKLANG

DER BÄR AUF DEM FÖRSTERBALL

Vom Umgang mit LOBOs (für Nicht-LOBOs)

> «Eine dreckige Katze wird von alleine sauber. Schleifst du sie zum Bach, wird sie dich kratzen.»
> (Baskisches Sprichwort)

Am Vorhandensein oder Aussterben besonders empfindlicher Tiere lässt sich die Qualität eines Ökosystems ablesen. Nach demselben Prinzip können auch die Schwierigkeiten, die LOBOs im Alltag haben, als Indikator dafür dienen, dass es an den Umweltbedingungen etwas zu verbessern gibt. Davon profitieren nebenbei die übrigen, weniger anfälligen Lebewesen. Wer mit LOBOs umgehen lernt – sei es im Privat- oder im Arbeitsleben –, macht die Welt auch für gut organisierte Menschen angenehmer und nutzungsfreundlicher.

Andere Menschen funktionieren allerdings anders, als man selbst sich «anders» vorstellt. Vergessen Sie deshalb als Erstes Ihr Einfühlungsvermögen. Dass es Ihnen manchmal nicht so gut geht, wird Ihnen nicht dabei helfen, sich in Depressive hineinzuversetzen. Und dass Sie sich manchmal zehn Minuten lang aufraffen müssen, um den Abwasch zu machen, hilft Ihnen genauso wenig, jemanden zu verstehen, der dafür drei Wochen braucht.

Gehen Sie daher nicht davon aus, dass andere Menschen dieselbe Menge Überwindung wie Sie selbst benötigen, um sich einer bestimmten Aufgabe zu widmen. Was Ihnen leichtfällt, kann andere Menschen unendliche Mühen kosten und umgekehrt. Besser Organisierte, mit denen wir über dieses Buch sprachen, zeigten sich oft hartherzig: «Mir macht es doch auch keinen Spaß aufzuräumen, und ich räume trotzdem auf!» Wer glaubt, dass sich andere Menschen das Leben zu leicht machen, ärgert sich natürlich. Aber keine Sorge: Das LOBO-Leben ist nicht leichter als Ihres. Alle bewältigen genau das, was sie im Rahmen ihrer Aufraffungsfähigkeiten schaffen können, nicht mehr und nicht weniger. Der Ärger darüber, dass andere Menschen gefühlt zu wenig oder das Falsche arbeiten, entspringt oft daraus, dass man selbst zu viel arbeitet und zu wenig Zeit hat.

«Ich bringe eine Kiste nach Hause, stelle sie dort mitten im Weg ab und steige die nächsten sechs Wochen mehrmals täglich über diese Kiste. Dabei denke ich jedes Mal: ‹Jemand müsste mal diese Kiste wegräumen.› Aber der Gedanke führt zu nichts. Es ist wie bei einem Auto, bei dem kein Gang eingelegt ist. Man kann dann Gas geben, so viel man will, das Auto wird sich keinen Zentimeter bewegen. Unter dem Einfluss meines Narkolepsiemedikaments, das zufällig auch ein ADHS-Medikament ist, sehe ich diese Kiste und denke gar nicht erst ‹Jemand müsste mal›. Ich räume sie sofort weg und drei andere noch dazu. Das verursacht überhaupt keine Mühe, der Gang ist einfach drin, und das Auto fährt. Der Vorgang hat nichts mit Willenskraft, Selbstdisziplin oder Charakter zu tun, son-

dern offenbar ausschließlich mit den aktuellen Zuständen in meinem Dopaminstoffwechsel. Während der Arbeit an diesem Buch sind mir drei Menschen begegnet, die keine Aufschiebeprobleme haben: der Berliner Autor Michael Rutschky, meine Tante Elfi und der Berliner Galerist und Journalist Jacek Slaski. Alle drei gaben zu meiner Überraschung an, das zügige Erledigen der anstehenden Aufgaben koste sie keine große Überwindung, ‹man macht es halt einfach›. Drei Personen sind eine sehr kleine Stichprobe, aber der Verdacht erhärtet sich, dass sich gut organisierte Menschen in Wirklichkeit nicht mehr, sondern weniger zusammenreißen müssen als Prokrastinierende.»
(Kathrin Passig)

Durch die richtigen Rahmenbedingungen kann man Prokrastination zwar nicht beseitigen, aber besser in den Griff bekommen. LOBOs sind dankbar, wenn man ihnen Arbeitsbedingungen schafft, unter denen sie funktionieren können. In der Programmierung etwa gibt es seit den 1990er-Jahren das Konzept der Agilen Softwareentwicklung. Viele agile Praktiken eignen sich gut zur Eindämmung von Prokrastinationstendenzen. So sitzen beim Pair Programming grundsätzlich immer zwei Personen vor dem Rechner und arbeiten gemeinsam, was sich vermutlich schon allein deshalb als effizienter erwiesen hat, weil sie sich so gegenseitig daran hindern, den ganzen Tag das Internet durchzulesen. Überstunden gelten als Zeichen falscher Planung und sind verboten, damit sich das Team nicht in unproduktiven «Death March Projects» aufreibt. Projekte werden in kleine Arbeitspakete zerlegt, die sich in wenigen Stunden erledigen lassen. Fehlerkontrolle, Verbesserungen und die Abstimmung mit den Auftraggebenden finden in möglichst kurzen Zyklen statt. In einer täglichen kurzen Besprechung berichten alle Beteiligten, was sie am Vortag geleistet und was sie sich für heute vorgenommen haben – unter sozialer Kontrolle funktionieren LOBOs besser und leiden weniger.

Auch im Zusammenhang mit Universitäten gibt es inzwischen Forschungsergebnisse, die darauf hindeuten, dass Prokrastination weniger eine schlechte Angewohnheit von Studierenden ist als ein Anzeichen dafür, dass Universitäten Prokrastination erzeugen. Vor allem in geisteswissenschaftlichen Studiengängen stellen Universitäten alle Bedingungen her, von denen bekannt ist, dass sie die Aufschiebeneigung vermehren: unklare Anforderungen, unklare Deadlines, unklarer Sinn einzelner Aufgaben oder gleich des ganzen Studiengangs. In Fächern und an Hochschulen mit günstigeren Rahmenbedingungen leiden die Studierenden weniger unter Aufschiebeproblemen.

Beim Zusammenleben mit LOBOs ist es wichtig, deren Schlampigkeit, schlechte Planung und mangelnde Pünktlichkeit nicht persönlich zu nehmen. Kritik und Ermahnungen helfen nicht und schaden meistens. Zum einen wecken Sie dadurch Widerstand, zum anderen begeben Sie sich selbst – im schlimmsten Fall dauerhaft – in eine Elternrolle, in der Sie vermutlich nichts verloren haben. (Es sei denn, bei den schlecht organisierten Menschen handelt es sich um Ihre Kinder.) Die meisten Prokrastinierenden setzen sich schon genug unter Druck, sie brauchen dabei keine Hilfe von außen.

Und bevor Sie verlangen, dass Mitarbeitende mit LOBO-Tendenzen einfach allesamt gefeuert und durch Workaholics ersetzt werden, bedenken Sie dreierlei. Erstens prokrastinieren so gut wie alle Menschen bei bestimmten, individuell verschiedenen Tätigkeiten, während andere ihnen leichtfallen. Prokrastination am Arbeitsplatz ist oft das Ergebnis davon, dass Vorgesetzte versuchen, mit einem Mikroskop einen Nagel in die Wand zu schlagen, also ihre Mitarbeitenden am falschen Ort oder unter den falschen Bedingungen einsetzen. Denken Sie zweitens an die Zukunft: Durchschnittliche LOBOs sind immer noch produktiver als Workaholics nach dem Burn-out. Und drittens könnten Sie schon nächstes Jahr selbst ein LOBO sein. Vielleicht werden Sie chronisch krank, fangen sich eine Depression ein oder werden auf die falsche Stelle befördert, und schon gehören auch Sie zu den Menschen, bei denen sich die unbeantworteten Anfragen stapeln. Prophylaktisch oder zur Steigerung Ihres Einfühlungsvermögens können Sie sich vornehmen, das Prokrastinieren selbst zu erlernen. Gelingt es Ihnen, haben Sie etwas dazugelernt. Kommen Sie dagegen nicht voran und schieben den Vorsatz vor sich her, sind Sie schon am Ziel.

TIPPS ZUM UMGANG MIT LOBOS

a) im Beruf

1. Anfällige dürfen nicht fahrlässig in prokrastinationsgefährliche Situationen gelockt werden. Wenn Sie schon wissen, dass eine Mitarbeiterin unter einer Papierkramschwäche leidet, bürden Sie ihr nicht mit den Worten «Ach, wenn du dich ein bisschen zusammenreißt, geht das sicher» das Rechnungswesen der Firma auf.

2. Es kann passieren, dass ein LOBO eine Woche vor der Deadline erklärt, es sei aufgrund schwerer Arbeitsstörungen leider völlig ausgeschlossen, dass er seinen Teil der Verpflichtungen erfüllt. Nehmen Sie diese Absage ohne weitere Überredungsversuche und mit einem Minimum an Vorwürfen hin. Denn die Alternativen lauten: a) Die Absage kommt am Tag der Deadline, b) die Absage kommt drei Tage nach der Deadline oder c) der Betreffende meldet sich nie wieder und wandert nach Australien aus.
3. Eine Deadline ist Silber, viele Deadlines sind Gold. Lassen Sie sich nicht in die Karten schauen, setzen Sie glaubwürdige Deadlines und lassen Sie sich zu möglichst vielen Zwischenterminen Teile der Arbeit vorlegen. Sobald Sie eine Terminüberziehung auch nur ein einziges Mal unwidersprochen hinnehmen, ist es mit der Deadlinedisziplin aus. Die meisten Menschen sind dankbar für klare Deadlines – auch wenn Sie denken, gerade diese Person habe so etwas nicht nötig:

«Mein Problem ist: Weil ich so ein langweilig und vorhersehbar verlässlicher Mensch bin, bekomme ich keine Abgabetermine mehr vorgegeben. Weil ohne Abgabetermin aber natürlich gar nichts geht, versuche ich, meinen Gegenübern irgendwelche Deadlines aufzudrängen, was freilich auch nicht hilft, wenn man nicht mehr als ein müdes ‹Ist schon recht› oder Ähnliches zur Antwort bekommt.»
(Markus Honsig)

4. Schicken Sie zu unterzeichnende Dokumente möglichst nicht mit der Post. Die Post wird in einem Stapel anderer Post oder im Altpapier verloren gehen. Ziehen Sie das Dokument einfach bei einem persönlichen Treffen aus der Tasche, schicken Sie einen Fahrradkurier, der auf das unterzeichnete Schriftstück wartet, oder stellen Sie Ihre Systeme auf irgendwas mit digitaler Unterschrift um. Die höheren Kosten werden dadurch aufgewogen, dass Sie die Unterschrift zwei Jahre früher als bei jedem anderen Verfahren in der Hand halten.
5. Wenn es unbedingt der Postweg sein muss, können frankierte und adressierte Rückumschläge Wunder wirken. Wahrscheinlich hat die Empfängerin Ihrer dringenden Post gerade keinen Briefumschlag oder keine Marke oder beschließt, sich «später mal» um beides zu kümmern. Außerdem übt der frankierte Rückumschlag einen subtilen psychologischen Druck aus. Reicht das Geld dafür nicht, formatieren Sie Ihr Schreiben wenigstens so, dass die Adresse für die Rückantwort beim Falten gleich an der passenden Stelle für einen Fensterumschlag steht. Jedes kleine Entgegenkommen hilft.
6. Wenn Sie anderen Menschen ein Produkt verkaufen oder sie zur Registrierung auf einer Website bewegen wollen, muss alles in einem einzigen, unkomplizierten Arbeitsgang erledigt werden können. Es darf keine Sollbruchstellen geben, an denen erst der Stromzähler im Keller abgelesen und dann ein Faxformular ausgedruckt, unterschrieben, bei der Post beglaubigt und gefaxt werden muss. Jeder zusätzliche Arbeitsschritt, jedes entbehrliche Formularfeld kostet Sie Kundschaft. Bedenken Sie, dass LOBOs

einen hohen zweistelligen Prozentsatz jeder Zielgruppe ausmachen.

7. Formulieren Sie Fragen so, dass auch die Nichtbeantwortung des Schreibens schon eine Antwort darstellt. Also nicht «Wer ist für diesen Vorschlag?», sondern «Wenn bis nächsten Dienstag niemand widerspricht, gilt der Vorschlag als angenommen». Durchtriebene formulieren die Anfrage so, dass die Empfängerin die schlechtere Karte zieht, wenn sie nichts tut, und sorgen so für zusätzliche Motivation.
8. Erteilen Sie klare und verständliche Aufträge und vermitteln Sie eindeutige Prioritäten. Der Auftrag muss möglichst konkret umrissen sein, und es schadet nicht, währenddessen noch ein paarmal Rücksprache zu halten. Je unklarer die Aufgabe, je widersprüchlicher die Prioritäten und je sinnloser das Ergebnis scheint, desto mehr wird prokrastiniert.
9. Helfen Sie anderen, besser zu planen. Lassen Sie niemanden spontan eine Schätzung abgeben, wie lange ein Projekt dauert (zu den Gründen siehe Kapitel «Aufschubumkehr»). Akzeptieren Sie keine offensichtlich unrealistischen Schätzungen, nur weil sie Ihnen oder Ihren Vorgesetzten besser ins Konzept passen.
10. Häufig ist die Hürde der Anfang und nicht die Fertigstellung. Fragen Sie nicht «Wann bist du fertig?», sondern «Wann kannst du mir eine erste Rohfassung schicken?». Oder schicken Sie gleich selbst eine besonders schlechte Rohfassung. Die Existenz einer grauenvollen Version wirkt motivierender als die Existenz einer leeren Datei.

b) im Privatleben

1. Die Umerziehung anderer Menschen ist mühsam, wenig Erfolg versprechend und macht (mit Ausnahmen, Stichwort BDSM) keinen Spaß. Wenn ein Partner oder eine Mitbewohnerin Ihre Hygiene- und Ordnungsvorstellungen nicht teilt, ist es einfacher, sich auf das Bezahlen einer dritten Person für das Putzen oder Aufräumen zu einigen.
2. Die meisten Ordnungsvorstellungen sind Privatsache. Wer gefaltete Wäsche im Schrank haben will, muss sie selbst falten.
3. Verschwenden Sie keine Zeit mit ideologischen Fragen («Aber das musst du doch eines Tages lernen!»), es geht um die Lösung konkreter Probleme. Für konkrete Probleme gibt es fast immer Lösungen.
4. Zu einem Konflikt gehören immer zwei. Neil Fiore rät zum Thema Pünktlichkeit und Planung: «Halten Sie sich vor Augen, dass dieses ganze Pünktlichkeitsthema Ihr Problem ist. Es ist so nutzlos wie unangebracht, die prokrastinierende Person zu beschuldigen. Sie kommen weiter, wenn Sie Ihre kleine Pünktlichkeitsschwäche eingestehen: ‹Ich bin nicht so flexibel und spontan wie du und fühle mich deshalb verpflichtet, jetzt gleich mit der Vorbereitung auf kommende Deadlines anzufangen.› (…) ‹Ich kann nicht so gut wie du mit der Aufregung umgehen, wenn alles in letzter Minute erledigt wird›, könnten Sie hinzufügen. Jetzt, wo Sie die Aufmerksamkeit der anderen Person geweckt haben, können Sie ehrlich darum bitten, dass sie Sie versteht und Ihnen hilft, Ihre Nervosität in den Griff zu bekommen.»

5. Wenn jemand vorhersehbar zu spät kommen wird, weil es die letzten Male auch immer so war, bringen Sie sich eine Beschäftigung mit, damit Sie sich beim Warten nicht langweilen, oder kommen Sie selbst eine halbe Stunde später. Oder verabreden Sie sich um halb acht, wenn Sie sich um acht treffen wollen. Wenn es klappt, prahlen Sie nicht mit Ihrem Erfolg, denn LOBOs sind lernfähig und erscheinen dann eben nächstes Mal erst um halb neun.
6. Bringen Sie andere Menschen nicht in eine Situation, in der sie nicht anders können, als zu lügen oder die Lage zu beschönigen. Dauerhaftes Schönreden der Lage ist auch für LOBOs nicht gesund. In vielen Fällen bedeutet das, dass Sie sich am besten gar nicht nach dem Zustand der Wohnung oder dem Fortschritt des Studiums erkundigen.
7. Paare sind nicht verpflichtet, unter demselben Dach zu wohnen. Schon gar nicht, wenn ihre Ordnungsvorstellungen inkompatibel sind.
8. Verzichten Sie auf Ratschläge wie «Reiß dich doch einfach mal zusammen und mach es» oder «Teil dir die Aufgabe in kleine Schritte ein, dann geht es ganz leicht». Damit unterstellen Sie der anderen Person, dass sie erstens in Wirklichkeit überhaupt kein Problem hat und zweitens zu blöd ist, von selbst an diese naheliegenden Lösungen zu denken. Till Raether beschreibt in «Bin ich schon depressiv, oder ist das noch das Leben?», wie derselbe Beratungsvorgang auf Depressive wirkt: «Sicher (?) ist das gut gemeint, aber es schwingt mit: Auf die Idee hättest du eigentlich auch allein kommen können. Wahrscheinlich bist du auf die Idee auch schon allein gekommen. Aber offenbar bist du zu bequem, die Idee in die Tat umzusetzen. Also muss da erst ich kom-

men, um dich noch mal ANZUREGEN. (…) Diese Art von Hilfsversuchen zahlt also wieder ein auf etwas, das ich als niedergeschlagener, handlungsunfähiger Mensch sowieso schon empfinde, und zwar eimerweise: Scham, wir sprachen darüber.»

DIE INSEL DER SAUMSELIGEN

Lob der LOBOs

> «Der deutsche Zeitungsmarkt bricht nur deswegen nicht zusammen, weil Leute wie ich zu träge sind, Probe-Abos rechtzeitig zu kündigen.»
> (Johannes Franzen, Twitter, 10. April 2021)

Bei den Gesprächen, die wir zu diesem Buch führten, geschah es ab und zu, dass uns besser organisierte Menschen Vorwürfe machten. Nur weil wir zu faul seien, uns ein bisschen am Riemen zu reißen, müssten andere unsere Versäumnisse ausbaden. Früher seien alle Menschen in der Lage gewesen, hin und wieder die Küche aufzuräumen, und überhaupt sei es nur die pünktliche, gewissenhafte und zuverlässige Arbeit der Organisierten, die uns diesen schönen Schlendrian ermöglichte. Dem möchten wir ein entschiedenes «Ja, aber!» entgegenhalten.

Einerseits ist die Frage müßig, ob wir dieses liederliche Leben führen dürfen, denn viel können wir ohnehin nicht daran ändern. Und wir haben es versucht, o ja, das haben wir. LOBOs verbringen mehr Zeit als andere Menschen mit dem Versuch, sich zusammenzureißen, genau wie viele Dicke mehr Energie ins Thema Gewichtskontrolle investieren. Es gilt allgemein als bequem, sich auf das Argument «Ich bin nun mal so!» zurückzuziehen, und zweifellos kann man durch geduldige Fördermaßnahmen die eine oder andere unterentwickelte Fähigkeit ein wenig besser ausbauen. Die Arbeit an Schwachstellen macht aber nicht nur viel weniger Spaß als der Einsatz der vorhandenen Fähigkeiten, sie ist auch nicht besonders effizient. Zum Trost haben wir hier einige Argumente zur Verteidigung der Prokrastination zusammengetragen.

Wahr ist zweifellos, dass mangelnde Gewissenhaftigkeit andere belastet. Aber es belastet andere Menschen auch, wenn man einen Beruf ausübt, in dem man offensichtlich falsch und deshalb unglücklich und missmutig ist. Das gilt sowohl beim dauerhaften als auch beim vorübergehenden Versuch, eine Lebensweise anzunehmen, die im Schritt kneift. Die wenigen Stunden, in denen wir den Selbstdisziplinanforderungen unserer Umwelt voll entsprochen oder wenigstens so getan haben, hatten wir jedenfalls so unfassbar schlechte Laune, dass die daraus entstandenen Zumutungen die der Prokrastination bei Weitem übertroffen haben.

Viel zu selten wird erwähnt, dass unser Organisationsdefizit an manchen Stellen ganz realen Nutzen für die Gesellschaft mit sich bringt. Es fängt damit an, dass der Staat in vieler Hinsicht von Prokrastination profitiert, vor allem bei Angestellten, die ihren Lohnsteuerjahresausgleich nicht einreichen. Nach Schätzungen des Bundes der Steuerzahler nimmt der Staat auf diese Art jedes Jahr über 500 Millionen unverdiente Euro ein. Davon lassen sich schon ein, zwei neue Buswartehäuschen bauen. Steuerschlamperei im Detail – die normalerweise dazu führt, dass der Staat profitiert – ist hier noch gar nicht eingerechnet. Banken führen Privatkonten überhaupt nur, weil es Menschen gibt, die ständig ihren Dispo bis zur Oberkante ausreizen und dafür schöne Zinsen zahlen. Würden alle Menschen klaglos ein diszipliniertes Leben führen, gäbe es keine kostenlose Kontoführung. Die Krankenversicherungsbeiträge wären noch viel höher, wenn Trägheit uns nicht daran hindern würde, mit jedem Schnupfen zum Arzt zu laufen. Die hohen Preise für Flugbuchungen zwei Stunden vor dem Start finanzieren die gern gesehenen Frühbuchungsrabatte. Und wahrscheinlich hat nur unpünktliche, unzuverlässige Verhütung bisher das Aussterben der Menschheit verhindert:

Als ich den Körper und seine Organe studierte (Aufbau, Funktionsweise, Funktionsausfall, Reparatur), war ich ganz gut unterwegs, ich schob alles Lernen nämlich stets nur bis zu dem Tag auf, an dem die erforderliche Seitenanzahl durch 100 dividiert die Anzahl der verbliebenen Tage bis zur Prüfung ergab. Von diesem Tag an schob ich mein Leben auf und lernte. Eine Planung, die stets tadellos zum Erfolg führte.
Ungebrochene Prokrastination ist mir nur in einem Bereich geblieben, ich kann keine Geschlechtsorgane, die habe ich konsequent die ganze Zeit über ausgelassen aus unüberwindlicher Langeweile. Sag mir Zyklus, Hormon und Spermiogenese, und ich renne wahlweise sofort schreiend davon oder schlafe unverzüglich ein.
Inzwischen habe ich zwei Kinder wegen diesem Aufschiebeverhalten, dass es nicht fünfzehn sind, ist Glück. Ich

weiß nicht, an welchen Tagen man Kinder kriegt, ich weiß auch nicht, was korrekterweise zu tun ist, wenn orale Verhütungsmittel wegen Besorgungs-, Aufbewahrungs- und Erinnerungsschwäche nur tageweise zur Verfügung stehen und man in seinem Leben noch keinen korrekten Pillenmonat abspulen konnte, man es aber nur zu derart mangelhaften Notfallgefühlen bringen kann, dass auch keine anderen Verhütungsmöglichkeiten aufs Tablett gezaubert werden können. Oder weiß ich doch, man müsste mal zum Arzt. Morgen!

(Astrid Fischer, Ärztin)

Auch im zwischenmenschlichen Bereich hat der Umgang mit LOBOs manches für sich. Wir geben Geliehenes zwar nur selten zurück, aber dafür vergessen wir, Geld, Bücher und Werkzeuge zurückzufordern, die wir selbst verliehen haben. Wir zetteln nicht ständig Rechtsstreitigkeiten an, weil es viel zu mühsam wäre, anwaltliche Hilfe zu suchen. Schon aus Faulheit halten wir gern die andere Wange hin. Wir sind nicht gleich beleidigt, nur weil unsere Verwandten unsere Geburtstage vergessen oder unsere Freunde mal mit zwei Jahren Verspätung auf eine Mail reagieren. Wir fragen nicht andauernd «Was tut dieser fremde Schlüpfer da in deinem Bett?», sondern sagen höchstens «Oh, ist das meiner? Der muss hier aber schon ewig liegen, ich kann mich gar nicht mehr erinnern, wann ich den gekauft habe». LOBOs sind bescheidene Menschen, die ihre eigenen Beschränkungen und die des Universums erkennen.

Aber nicht nur aus den Schwächen der LOBOs erwachsen

der Gesellschaft Vorteile. Clay Shirky hat in seinem 2008 erschienenen Buch «Cognitive Surplus» die Anzahl der in die Wikipedia geflossenen Arbeitsstunden mit 100 Millionen beziffert. Seitdem hat sich – zum Zeitpunkt der Buchüberarbeitung 2022 – die Größe der Enzyklopädie noch einmal verfünffacht. Beide Zahlen sind nur grobe Schätzungen, darauf kommt es aber nicht an, denn die nächste Zahl ist von uns arbeitssparend dahinbehauptet: In knapp 100 Prozent dieser Arbeitsstunden hätte eigentlich etwas anderes erledigt werden sollen. Die Wikipedia ist ein Monument der Prokrastination. Und sie ist nur eins von vielen freiwilligen, verteilten und Open-Source-Projekten im Netz, die enorme Nützlichkeit mit einem ebenso enormen Prokrastinationsverdacht verbinden.

Klar dürfte außerdem sein, dass die effektivsten wie auch die effekthaschendsten Kunstgriffe in der Geschichte der Arbeit allesamt von LOBOs in den letzten Minuten vor der Deadline erfunden worden sind. In komplizierten Projekten sind wir schon deshalb Gold wert, weil wir unter dem Druck, zwei Wochen nichts getan zu haben, in ein paar Stunden die rettende Idee haben können. Unsere Begeisterung mag kurz wie der Funkenschlag eines Feuerzeugs sein, lässt sich dafür aber ebenso oft entzünden. Und das auch mitten in der Nacht, wenn man uns anruft, Hilfe braucht und sonst keiner ans Telefon geht. Durch jahrelange Übung in der Beschönigung der Tatsachen gelingt es uns, Dinge aus voller Überzeugung für glänzender zu halten, als andere sie wahrnehmen, und uns so auch in schwierigen Situationen zu motivieren.

Wer sollte die Organisationselite an das Leben jenseits der Hyperproduktivität erinnern, wenn nicht wir? Wer würde den Schnitt dessen, was als gerade noch schaffbar gilt, auf dem jetzigen Niveau halten, wenn alle Menschen To-do-Listen in ihren Herzen trügen? Unser Mut, etwas eigentlich Notwendiges nicht zu tun, befördert den Fortschritt, denn er beweist der Welt und uns selbst immer wieder aufs Neue, dass scheinbar Unumgängliches und Selbstverständliches ab und zu infrage gestellt werden muss. Und obwohl man keinem Einzigen von uns zu erklären braucht, wie man herumliegt oder im Gras sitzt, bis die Hose grün und feucht ist, können und wollen wir arbeiten. Wenn die Rahmenbedingungen günstig sind und wir Lust darauf haben. Und wie wir dann arbeiten! Zielgerichtet, auf den Punkt, effizient und in glücklichen Fällen sogar am ursprünglich beabsichtigten Projekt. Unsere Ergebnisse sind oft besser als die der anderen – weil wir das, was wir tun, gern tun.

Mit Stress und Deadlines haben wir generell weniger Probleme; wir sind es nicht anders gewohnt, als dem Druck der letzten Minute standzuhalten und trotzdem klare Gedanken zu fassen. Wir haben im Zweifel häufiger schmerzhafte Niederlagen erlebt und können deshalb souveräner damit umgehen. Im Durchschnitt vertragen wir Kritik besser, denn auch hier ist unser Fell über die Jahre dicker geworden. Vermutlich sind wir auch weniger oft Arschlöcher, weil in uns jahrelang die Selbstzweifel genagt haben: «Bin ich vielleicht im richtigen Körper in der falschen Welt gelandet?» Und Zweifelnden fällt es schwerer, böse Menschen zu sein.

Das Scheitern ist unser Schlüssel zum Erfolg. Wir sind auf so viele verschiedene Arten, aber immer aus denselben Gründen gescheitert, und dieses Wissen ist ein Schatz in dem Moment, wo es wirklich drauf ankommt. Wenn es tatsächlich einmal um alles oder nichts gehen sollte, dann kennen wir die Sollbruchstellen, dann wissen wir um die Untiefen, dann ahnen wir jeden machbaren Fehler schon vorher, weil wir ihn im Zweifel schon einmal gemacht haben. Wenn es wirklich, wirklich wichtig ist, werden wir mit einer unfassbaren Energie und Motivation an die Aufgabe gehen. Vielleicht nicht sofort, aber ganz bestimmt morgen. Oder übermorgen.

NACHWORT ZUR ÜBERARBEITETEN AUSGABE

Sascha Lobo konnte beim Überarbeiten nicht mithelfen, weil er keine Zeit hatte. Also wirklich keine Zeit und nicht nur «keine Zeit». Ich sehe seinen Terminkalender, und schon der Anblick macht mich ganz müde. Deshalb ist diese kurze Geschichte der Buchüberarbeitung in der ersten Person verfasst. Sascha hätte aber bestimmt alles genauso gemacht.

1. Ich sammle vierzehn Jahre lang Material.
2. Ein Abgabetermin für die Neuausgabe wird vereinbart, der zu diesem Zeitpunkt ein Jahr in der Zukunft liegt.
3. Ich tue ein Jahr lang nichts, beziehungsweise natürlich sehr viel, aber ganz andere Dinge.
4. Drei Wochen vor dem Abgabetermin teile ich dem Verlag mit, dass es nicht klappen wird, und kündige einen neuen Terminvorschlag an.
5. Eine Woche nach dem ursprünglich vereinbarten Termin Mitte September schlage ich dem Verlag einen neuen Plan vor: «Abgabe Ende November, ich mache die wichtigsten Änderungen zuerst, und was dann Ende November nicht drinsteht, muss halt noch mal 15 Jahre auf die nächste Überarbeitung warten.» Auf diesen Plan bin ich stolz, weil ich nicht um eine Deadline gebeten, sondern selbst eine

vorgeschlagen und dabei der Versuchung widerstanden habe, nur unrealistische vier Wochen zu veranschlagen. Vor allem aber entfaltet die Drohung, dass Material uneingebaut bleiben wird, sofort eine gewisse Motivationskraft.

6. Ich gehe das Buch einmal durch und mache die einfachsten Änderungen sofort. Alles, worüber ich nachdenken muss, schreibe ich in eine Liste für später. Auch mit diesem Verfahren bin ich sehr zufrieden, denn wenn ich mir stattdessen vorgenommen hätte, alles sofort richtig zu machen, wäre das viel zu entsetzlich, und ich hätte das Gefühl, überhaupt nicht voranzukommen.
7. Im Laufe der nächsten Wochen arbeite ich diese Liste ab und motiviere mich dabei mit «Nur ein paar von den ganz einfachen Punkten» zur Arbeit.
8. Etwa eine Woche vor dem Abgabetermin kann ich mich dann auch den weniger einfachen Punkten widmen.
9. Der Abgabetermin wird ein letztes Mal um eine Woche verschoben.
10. Eine lange Liste mit neuer Literatur, nützlichen Tipps und wichtigen Ergänzungen bleibt uneingebaut zurück. Das Buch ist trotzdem besser als vorher. Der Rest muss eben bis zur dritten Überarbeitung warten.

Kathrin Passig, Dezember 2021

RIESENMASCHINE-GASTBEITRAG:
Die Zukunft der Prokrastination

Die Riesenmaschine (riesenmaschine.de) widmet sich den Themen Zukunft und Fortschritt. Wir haben ihre Autorinnen und Autoren im Jahr 2007 eingeladen, sich Gedanken über die Zukunft der Prokrastination zu machen. Da die Riesenmaschine bisher noch immer recht behalten hat, kann man sich schon einmal darauf einrichten, dass demnächst (Update 2022: immer noch demnächst) folgende Dienstleistungen und Geräte auf den Markt kommen werden:

1. Die Produktivitäts-Vorhersage

Sie sagt einem schon morgens, ob es überhaupt Sinn hat, heute auch nur ans Arbeiten zu denken oder ob man sowieso den ganzen Tag nur prokrastinieren wird. Aus dem Produktivitätsverhalten der letzten Tage und physiologischen Messwerten extrapoliert sie probabilistische Aussagen über die Produktivität der nächsten 24 Stunden: «Schwach ausgeprägter, flüchtiger Arbeitswille gegen zehn Uhr, kurze Arbeitsanfälle über den Nachmittag verstreut, abends ruhig. Arbeitswahrscheinlichkeit 5–15 Prozent». Der Vorteil: So, wie man bei vorhergesagtem Regen gar nicht erst vor die Tür geht, kann man jetzt einfach im Bett bleiben, wenn geringe Produktivität prophezeit wird. Am Abend ist man ausgeruht und vermeidet zudem das blöde Gefühl, den ganzen Tag trotz großer Anstrengungen nichts geschafft zu haben.

(Aleks Scholz)

2. Der Stressgenerierungsservice

Diese Dienstleistung kann gebucht werden als anonymes Geschenk für Freunde und Bekannte, von denen man weiß, dass sie nur unter Druck gut arbeiten können. Bestellt man das preisgünstige Basisangebot, so bekommt der Empfänger am Tag der allerletzten Deadline einmal pro Stunde telefonisch den Hauptgewinn bei einem Gewinnspiel mitgeteilt bzw. die Möglichkeit, sich an einer Meinungsumfrage zum Thema Lebensversicherungen zu beteiligen. Das Aufbaupaket umfasst mehrere Haustürbesuche von Menschen, die einem nachdrücklich einen Wechsel des Stromversorgers/des Telefonanbieters/der Religionsgemeinschaft ans Herz legen. Das «Rundum sorgenvoll»-Premiumprogramm führt darüber hinaus in zunehmender Frequenz Computerabstürze herbei.

(Klaus Cäsar Zehrer)

3. Der Parallelvisomat

Der Parallelvisomat ist ein kleines Gadget mit einem hochauflösenden 16-Millionen-Farben-Display, das einem eine Realität in einem nicht allzu weit entfernten Paralleluniversum zeigt (die Welt, in der Hitler den Krieg gewonnen hat, lässt sich erst auf dem Nachfolgemodell betrachten). Wenn man also eigentlich noch an einem Projekt arbeiten müsste, aber gleichzeitig Champions League läuft, kann man nun beruhigt in eine Kneipe gehen und das Spiel gucken. Der Parallelvisomat zeigt einem, was passiert wäre, wenn man den Schreibtisch nicht verlassen hätte: Natürlich hätte man in der Zeit nur verzweifelt herumprokrastiniert und kann entsprechend die Alternativtätigkeit reuelos genießen – besonders vor einer «Noch ein Bier?»-Entscheidung lohnt sich ein Blick!

(Michael Brake)

4. Das Erdrotationsentschleunigungsprojekt

Wie allgemein bekannt ist, verringert sich die Erdrotationsgeschwindigkeit aufgrund der Gezeitenreibung kontinuierlich, die Taglänge steigt pro Jahr um ca. 17 Mikrosekunden. Das ist natürlich viel zu wenig! In naher Zukunft wird es daher ein groß angelegtes und von sämtlichen Staaten unterstütztes Projekt geben, das die Erdrotation auf etwa 30 bis 40 Prozent des heutigen Standes reduziert. Der Tag vor der Abgabe, bekanntermaßen der einzige Zeitraum, in dem konzentriertes Arbeiten an einem Projekt überhaupt möglich ist, wird sich auf diese Weise auf 60–72 Stunden verlängern.

(Michael Brake)

5. Die Schattenwirtschaftsreform

Dieser Entwicklung liegt die wirtschaftswissenschaftliche Einsicht zugrunde, dass unversteuerte Arbeit nicht etwa aus Kostengründen floriert, sondern weil sie so praktisch ist. Nach einer fünfjährigen Übergangslösung «Schattenwirtschaftspauschale zum Ankreuzen in der Steuererklärung» greift daher eine Reform, die reguläre, versteuerte Arbeit von allem Verwaltungsaufwand freistellt, während alle heimlichen, unversteuerten Tätigkeiten nur noch nach Anmeldung, Schlangestehen auf Ämtern und Ausfüllen umfangreicher Formulare möglich sind. Scharfe Kontrollen sichern die Einhaltung.

(Kathrin Passig)

6. Das iProcrastinate

Das kurz iProc genannte Gerät kann alles, hat aber meistens keine Lust dazu. Die Musik, die man am Montag hören wollte, wird es kaum vor Donnerstag abspielen, zur Überbrückung zeigt es fadenscheinige Ausreden an («Musik wurde bereits an die Lautsprecher gesendet, müsste dort jeden Moment ankommen»). Seine Auslöseverzögerung beim Fotografieren kann mehrere Wochen betragen. Dabei arbeitet es unermüdlich an unbestimmten Prozessen, die ihm selbst wichtig erscheinen, und saugt so binnen weniger Stunden seinen Akku leer.

(Johannes Jander/Jan Bölsche)

7. Die arbeitssensitive Uhr

Analog zu den heute bereits erhältlichen Schlafphasenweckern verfolgt diese Uhr den Arbeitsfortschritt und passt Uhrzeit und Datum laufend dem Projektstatus an. Sie geht nie richtig, aber immer vor, wobei das Ausmaß der Abweichung auf unvorhersehbare Weise wechselt. Sitzt der Doktorand nur nasebohrend vor dem Rechner, gaukelt sie ihm vor, es sei bereits vier Jahre und elf Monate später.

(Johannes Jander/Moritz Metz)

8. Das Irrelevanz-Spektroskop

Der großen Ausrede, dass etwas Wichtiges verpasst wird, wenn man nicht häufig genug aus dem Fenster sieht, den E-Mail-Eingang überprüft und das Internet leer liest, kann letztlich nur technisch Einhalt geboten werden. Das Irrelevanz-Spektroskop übernimmt die Weiterleitung sämtlicher Informationskanäle (Internet, Post, in den ersten Versionen noch Fernsehen) und ignoriert mittels eines trainierbaren Filters alles, was keinen direkten Einfluss auf die zu schützende Person hat (z. B. Lenkwaffen-Einschläge im Umkreis von 10 km). Auf der sensitivsten Stufe schlägt es nur etwa einmal am Tag an, in der Standardeinstellung nur einmal in der Woche (sonntags). Zur Beruhigung sendet es fortwährend beliebige Ausschnitte der Irrelevanz zu den Bildschirmarbeitsplätzen der Nutzenden, die so über die korrekte Funktion des Geräts informiert sind.

(Roland Krause)

9. Nachhilfeunterricht in Prokrastination

Dass Prokrastination häufig zu Unzufriedenheit führt, liegt daran, dass sie fast immer von blutigen Amateuren betrieben wird. Wenn ein Zweitklässler, der nicht einmal schriftliche Division beherrscht, eine funktionierende Mondrakete zu bauen versucht, endet das Unterfangen ebenfalls mit Frustration und Tränen. Aus diesem Grund ist spätestens ab 2018 Prokrastination in der 10. Klasse Pflichtschulfach (3 Wochenstunden, statt Chemie), damit die Schüler angemessen aufs Berufsleben vorbereitet sind. Erwachsene können wertvolles Grundwissen nachträglich in staatlich geförderten Volkshochschulkursen oder via Telekolleg erwerben.

(Michael Brake)

10. Das Prokrastinationsroulette

Häufig wird gemutmaßt, dass prokrastinationsanfällige Menschen Probleme haben, ausreichend Geld zu verdienen. Das ist zwar Quatsch (siehe andere Stellen in diesem Buch), aber dennoch bietet sich in Zukunft ein einfacher Nebenverdienst für notorisch Prokrastinierende: Sie erhalten Geld dafür, sich bei der Arbeit mit mehreren Kameras überwachen zu lassen. Diese Videos werden live im Internet übertragen, und Menschen auf der ganzen Welt können, ähnlich wie beim Kuhroulette, darauf wetten, wer zuerst anfängt zu arbeiten und wann. Gegen Avancen der Wettmafia ist dieses System glücklicherweise völlig immun.

(Michael Brake)

GLOSSAR

Einige dieser Begriffe kommen im Buch gar nicht vor, weil wir vergessen haben, sie hineinzuschreiben. Aber zur Beschreibung von LOBO-Phänomenen sind sie in jedem Fall nützlich.

ADHS (im englischen Sprachraum ADHD)
Aufmerksamkeitsdefizitstörung. Gilt als Krankheit, könnte aber auch nur eine Ansammlung von Persönlichkeitsmerkmalen sein. Wir betrachten es als Accessoire, das immerhin bis etwa 5 Prozent der Bevölkerung ständig bei sich führt. ADHS kann in der Regel mit einer Mischung aus Medikamenten und Selbsterkenntnis unter Kontrolle gebracht werden.

Catch-22
Nach Joseph Hellers gleichnamigem Roman ein Problem, das seine eigene Lösung unmöglich macht. Man kann die Telefonstörungshotline nicht anrufen, weil das Telefon gestört ist. Zum Öffnen der Plastikverpackung eines Teppichmessers braucht man ein Teppichmesser. Die Fußdusche am Strand ist so angebracht, dass man nach ihrer Benutzung noch einmal durch den Sand laufen muss. Der gute Vorsatz, endlich eine Methode zu finden, wie man gute Vorsätze zum Funktionieren bewegt.

Erfahrungsblindheit

Die Unfähigkeit, aus Erfahrungen zu lernen. Sie äußert sich unter anderem in der Überzeugung, dass gute Vorsätze («Aufpassen», «Zusammenreißen», «beim nächsten Mal einfach dran denken») genügen, um das Wiederauftreten eines Problems zu verhindern.

GTD

Getting Things Done. Das in David Allens gleichnamigem Buch (Deutsch: «Wie ich die Dinge geregelt kriege») beschriebene System zur Aufgabenbewältigung und Lebensorganisation. Viel mehr wissen wir auch nicht darüber, werden das Buch aber schon bald einmal lesen.

Kauf-Wegwerf-Quotient

Ein KWQ unter 1 ist ideal, ein KWQ von 1 unbedenklich, bei allen Werten größer als 1 besteht Therapiebedarf.

LOBO

Lifestyle of Bad Organisation. Wenn Sie diesen Eintrag nicht lesen können, weil Sie das Buch verliehen haben, sich aber nicht so genau erinnern, an wen, aber auch nicht so ganz sicher sind, ob sie es nicht vielleicht doch längst zurückbekommen und dann verlegt haben, dann sind Sie vermutlich ein Anhänger oder eine Anhängerin dieses Lifestyles, kurz LOBO.

Mailkapitulation

Das Versenden eines Textbausteins an die Absender aller Mails im «Noch zu beantworten»-Ordner. Der Textbaustein enthält die Kapitulationserklärung, verbunden mit der Bitte, wichtige

Mails noch mal zu schicken, sowie ein Besserungsversprechen. Der Nutzen der Mailkapitulation ist zweifelhaft, denn schon wenige Monate später wird man wieder vor demselben Problem stehen, verschärft durch die Tatsache, dass die Mailkapitulation nicht öfter als alle fünf Jahre zum Einsatz gebracht werden kann, will man ihre ohnehin geringe Glaubwürdigkeit nicht noch weiter schwächen.

MBS

Mailbeantwortungsschwäche. Wer pro Tag mehr Mails mit der Markierung «zu bearbeiten» versieht, als er tatsächlich bearbeitet, steht über kurz oder lang mit Tausenden unbeantworteten Mails da. Dann hilft nur noch die → Mailkapitulation.

Neapolitanischer Hakenkreuzstau

Nach Luciano DeCrescenzos Beschreibung in «Also sprach Bellavista» ein unentwirrbar mit sich selbst verschränktes Problem: Die Wohnung müsste neu gestrichen werden, was nur geht, wenn vorher das herumstehende Zeug aus dem Weg geschafft wird, wozu man immer schon mal einige Regale anbringen wollte. An den vorher zu streichenden Wänden. Der Neapolitanische Hakenkreuzstau ist eine komplexere Variante des → Catch-22.

OHIO

«Only Handle It Once». Der Vorsatz, ab jetzt alles immer sofort beim ersten Auftauchen einer Aufgabe zu erledigen. Verwandt mit dem Plan des Löwen, endlich mal friedlich neben dem Lamm zu liegen, und dem Vorhaben, «nur eine einzige Runde» Tetris zu spielen.

Paradoxe Intervention

Der Versuch, Konzentrationsfähigkeit herzustellen, indem man bei der Arbeit laute Musik hört, Serien guckt, chattet und sich die Beine enthaart.

PBS

Postbewältigungsschwäche. Das verbreitete Syndrom untergliedert sich in Postöffnungsschwäche (PÖS), Postfertigmachschwäche (PFS) und Postwegbringschwäche (PWS). Eng verwandt ist die Mailbeantwortungsschwäche → MBS.

POKAP

Postkatastrophales Problemstadium. Die Sorte Problem, die so weit eskaliert ist, dass man sich jeden Gedanken daran verbietet und wimmernde Geräusche macht, wenn man von anderen darauf angesprochen wird. → PRÄKAP

PRÄKAP

Präkatastrophales Problemstadium. Noch ist das Problem so klein, dass man es durch Ignorieren bewältigen kann. Das PRÄKAP kann ohne Zwischenstadium ins POKAP übergehen.

Prokrastination

Dass der im Englischen gebräuchliche Begriff für «Aufschiebeverhalten» im Deutschen zunächst etwas sperrig wirkt, soll uns nicht weiter stören. 1967 bezeichnete der Psychologe Paul Watzlawick in einem Buchvorwort den Begriff «Kommunikation» als «im Deutschen ungewohnt». Vierzig Jahre später gibt es dreißig Millionen deutschsprachige Googletreffer für

«Kommunikation». Geh hinaus in die deutschsprachige Welt, nützliches Wort Prokrastination! 2048 zählen wir mal nach, wie es dir geht.

Providurium

Jedes Provisorium, das länger als fünf Jahre in Betrieb bleibt.

REP

Rapide eskalierendes Problem (Sporttasche voller nasser Handtücher, rot leuchtende Ölstandsanzeige, Katzenklo). REPs wirken sich im Zusammenspiel mit LOBOs so fatal aus, dass man am besten gar keine Handtücher, kein Öl und keine Katze besitzt.

Snooze

Zeiteinheit, die angibt, wie lange es noch bis zur vollständigen Umsetzung eines Plans dauern wird. Anders als andere Zeitangaben nimmt das Snooze nicht kontinuierlich ab, sondern springt irgendwann überraschend auf null. Ein Snooze entspricht wie beim Wecker fünf bis zehn Minuten, 1 Megasnooze dem Zeitraum bis zur Abgabe der Diplomarbeit.

Sockenbügeln

Allgemeine Bezeichnung für die Beschäftigung mit Aufgaben der alleruntersten Prioritätsstufe (engl. «Wash the Dog Priority»). Sockenbügeln ist eine verzweifelte Maßnahme für Situationen, in denen bereits das Erledigen des Mittelwichtigen dringend umgangen werden muss. Eine klassische Sockenbügeltätigkeit ist das Formatieren von Word-Dokumenten.

Temporale Selbstverletzung

Ein geheimer Hass auf das zukünftige Ich motiviert TS-Betroffene dazu, Objekte grob fahrlässig am ungeeignetsten Ort zu platzieren (volle Kaffeetasse auf dem Teppich, Umzugskartonstapel mitten im Flur, Bierflasche auf Balkongeländer, Zwiebackkrümel im Bett). Unter dem resultierenden Problem wird das zukünftige Ich zu leiden haben, was dem gegenwärtigen Ich eine subtile Befriedigung verschafft.

Yakshaving

Jede zunächst sinnlos scheinende Beschäftigung, die aber ein Problem löst, das ein weiteres Problem löst, und so weiter, bis das ursprüngliche Problem gelöst ist. Yakshaving steckt hinter dem häufig zu beobachtenden Phänomen, dass zur Erledigung gleich welcher Aufgabe (frühstücken, Post wegbringen) zuerst ein spezielles Adapterkabel gefunden werden muss. Der Begriff wurde vom MIT-Informatiker Carlin Vieri geprägt und entstammt der «Ren & Stimpy»-Folge «Yak-Shaving Day», die nichts mit dem Thema zu tun hat. Differentialdiagnose: → Neapolitanischer Hakenkreuzstau.

DANKSAGUNG

Es gäbe eigentlich kaum ein geeigneteres Buch, um anstelle der Danksagung eine kurze Entschuldigung zu drucken. Leider müssen wir die niedrigen an uns gestellten Erwartungen enttäuschen und präsentieren hier diejenigen, denen wir aus verschiedenen Gründen danken wollen:

Christoph Albers, Bettina Andrae, Jan Bölsche, Michael Brake, Chrissy Clayton, Don Dahlmann, Cedric Ebener, Mela Eckenfels, Claus Eschemann, Astrid Fischer, Eberhard Flutwasser, Eva, Julian Finn, Johannes Franzen, Nadine Honig Freischlad, Holm Friebe, Nina von Gayl, René Gisler, Uwe Heldt, Falko Hennig, Johnny Haeusler, Tanja Haeusler, Wolfgang Herrndorf, Thomas Hölzl, Markus Honsig, Lukas Imhof, Volker Jahr, Johannes Jander, Markus Kempken, Bernd Klöckener, Robert Koall, Roland Krause, Kurfuerstin, Angela Leinen, Horacio Lobo & Fabiola, Kai Roger Lobo, Wibke Lobo, Angelika Maisch, Moritz Metz, Fabian Navarro, Armin Ortmann, Annette Passig, Dieter Passig, Georg Passig, Gertrud Passig, Nathalie Passig, Natascha Podgornik, Till Raether, Jochen Reinecke, Stephanie Roßdeutscher, Tex Rubinowitz, Jochen Schmidt, Axel Schneider, Aleks Scholz, Kai Schreiber, Christoph Schulte-Richtering, Philip Steffan, Ulrike Sterblich, Dorothea Studthoff, Christoph Virchow, Malte Welding, Sabine Werthmann, Max Winde, Harriet Wolff, Klaus Cäsar Zehrer, das Café Liebling und alle, die dort arbeiten, Zentrale Intelligenz Agentur, Höfliche-Paparazzi-Forum, Riesenmaschine, Techniktagebuch, Twitter und schließlich die lieben Menschen, die unseren verschiedenen Aufrufen im Netz gefolgt sind und uns mit Beispielen, Geschichten und Erfahrungen versorgt haben.

Diese Liste ist nicht vollständig, was aber nur zum Teil an uns liegt. Aufrufe zum Einschicken von Anekdoten und Fragebögen für Betroffene von Betroffenen zum Thema Prokrastination und Desorganisation haben keinen besonders guten Rücklauf. Außerdem gibt es naturgemäß eine Reihe von Sollbruchstellen von der Niederschrift bis zur Einarbeitung ins Buch. In der ersten Ausgabe des Buchs stand hier «wir sind zuversichtlich, weitere interessante Fallstudien in die nächsten Auflagen oder ins Blog zum Buch (unter prokrastination.com) aufnehmen zu können». Der Blog existiert noch, das letzte Update dort erschien aber 2010. Seitdem gibt es gelegentlich Neuigkeiten bei Twitter unter @prokrastination. Wir danken allen, die sich ganz, ganz fest vorgenommen hatten, uns ihre Erkenntnisse zu schicken, und denen, die es getan haben.